Richard Schneider
Tatort Hypo Alpe Adria

Richard Schneider

TATORT HYPO ALPE ADRIA

Mit einem Vorwort von Veit Heinichen

Residenz Verlag

Bibliografische Information der Deutschen Nationalbibliothek
Die Deutsche Nationalbibliothek verzeichnet diese Publikation
in der Deutschen Nationalbibliografie; detaillierte bibliografische
Daten sind im Internet über http://dnb.d-nb.de abrufbar.

www.residenzverlag.at

Redaktionsschluss: 15. Dezember 2010

Alle Firmenbuchdaten Stand: 31. Oktober 2010

Der Verlag dankt Ljubica Obradović (Übersetzungen)
und Vanja Meandžija (Recherchen) für die Mitarbeit.

© 2010 Residenz Verlag
im Niederösterreichischen Pressehaus
Druck- und Verlagsgesellschaft mbH
St. Pölten – Salzburg

Alle Rechte, insbesondere das des auszugsweisen Abdrucks
und das der fotomechanischen Wiedergabe, vorbehalten.

Umschlaggestaltung: www.boutiquebrutal.com
Umschlagbild: Guenther Schiffmann/Bloomberg via Getty Images
Typografische Gestaltung, Satz: Ekke Wolf, typic.at
Lektorat: Rainer Schöttle
Gesamtherstellung: CPI Moravia

ISBN 978-3-7017-3227-2

Inhalt

Vorwort: Dreigroschenoper	**9**
Götterdämmerung	**15**
Risk controlling auf Kärntnerisch	**21**
Kriegsgewinnler und Profiteure	**25**
Die politischen Handlanger	**36**
Geheime Zwischenspiele	**41**
Haiders Bagdad-Millionen	**49**
Im Visier der Geheimdienste	**52**
Explosive Konten	**55**
Eine Behörde kommt auf Touren	**58**
Ein Immobilienreich als Exil	**61**
Geldwäsche und Fête blanche am Wörthersee	**66**
Die verschwundenen Juwelen	**69**
Sizilianische Eröffnung	**74**
Klagenfurt – Tummelplatz der Kriegsgewinnler	**79**
Humanitäre Hilfe als Feigenblatt	**82**
Feindliche Brüder	**84**
Bankenbande	**86**
Gewaschene Kredite	**90**
Generale Geschäfte	**94**
Die Kirche und ihre Kroaten	**98**
Illuminatio – Engel und Dämonen	**100**
Im Dunstkreis der Balkanmafia	**103**
Eine schmucke Geschichte	**107**

Inhalt

Ein Kroate in Paris	**110**
Sand und Säbel	**113**
General im Glück	**116**
Tudjmans Königsbote	**119**
Balkan ist überall	**123**

Medien, Mafia und andere Mächte	**125**
Ein Mann für alle Fälle	**128**
Bombenfreundschaft	**131**
»Call me Miroslav«	**134**
Dinner For Two	**138**
Belgrad ist nicht zu Hause	**143**
Scherbien	**146**

Das Reich der Oligarchen	**150**
Kreditvergabe im Blindflug	**154**
Das Beteiligungslabyrinth des Herrn G.	**158**
Ein Skandalfall wie jeder andere	**161**
Belgrad – Virgin Islands – Liechtenstein – Belgrad	**164**
Zusammenfluss von Geld und Macht	**170**
Faule Kredite	**173**

Der Hypo-Deal von Vodnjan	**177**
Die verkaufte Unschuld	**180**
Die Spur des Geldes	**190**
Sündenbock und Melkkuh	**200**
Thesen und Taten	**206**
Wo die Sünde wohnt	**209**

Inhalt

Sonne, Strand und Steueroasen · 215
Bank, *Skiper* und Steuermann · 215
Von der Mücke zum Mammutprojekt · 222
Skiper im Sturm · 228
Die Bank als Hotelier · 234
Ungehörte Vorwürfe · 238
Spezialservice für Privatkunden · 240
Liechtensteinspiele · 243
Die Zadar-Connection · 246

Jäger und Gejagte · 249
Der Korruptionshetzer · 249
Klagenfurt–München und zurück · 254
Der Bauer als Millionär · 256
Das Geständnis · 259
»Ich bin ein Bauernopfer« · 263
Alltag in Kärnten · 266

Anhang · 271
Organigramme · 273
Abkürzungen · 280
Hinweise zur Aussprache · 281
Personenregister · 282

Vorwort

Dreigroschenoper

Die Einstiegsszene eines Hollywood-Films vom Kaliber
»Watergate«: Der Erzbischof einer zentraleuropäischen
Hauptstadt greift zum Telefon und bittet seinen Kollegen in einem anderen Land gegen ein paar größere Ge-
fälligkeiten um Hilfe bei einem Grundstücksgeschäft an
der Adria, in der Nähe des dalmatischen Küstenstädt-
chens Zadar.
»Das ist doch sehr gewagt«, würde der gutgläubige
Leser behaupten, und auch als Autor akribisch recher-
chierter Kriminalromane käme ich niemals auf eine
solche Idee und würde mich schon aus rein rechtlichen
Gründen davor hüten, eine derartige Szene ohne beleg-
bare Grundlage zu erfinden. Zitieren jedoch ist erlaubt:
Dieses Szenarium findet sich in einem Bericht des kroatischen Geheimdienstes vom November 2007. Dieser
Bericht liegt dem Journalisten Richard Schneider vor,
dem Autor dieses dringend nötigen Sachbuches über
die wahre Dimension eines Bankenskandals, der zu
lange Zeit schon ruchbar war, doch stets als regionale
Eigenheit heruntergespielt wurde. So lange eben, bis die
Bombe platzen musste und er inzwischen die Fahnder
zahlreicher Länder beschäftigt, worüber wiederum die
Medien mehr oder weniger ausführlich berichten.
Dieses Buch jedoch geht über das, was die internationale Presse bietet, weit hinaus. Zum einen müsste der an

Vorwort

dem unglaublichen Fall Interessierte täglich die Medien der verschiedensten Länder konsultieren, um ein einigermaßen vollständiges Bild zu erhalten. Zum anderen enthält Schneiders Recherche eine Fülle an Details und O-Tönen, die dort eben nicht zu finden sind. Die Zeitungsreportage hat dafür keinen Raum, und oft genug werden brisante Meldungen vorfiltriert. Auch die Einschätzung des Skandals um die Hypo Group Alpe Adria differiert von Redaktion zu Redaktion. Ein national beschränkter Blickwinkel reicht nicht aus, die Machenschaften zu bewerten, die Beteiligten sind international tätig und in den verschiedensten Ländern zu Hause. Von Österreich, Slowenien, Kroatien, Deutschland, Italien, Ungarn, Belgien, den USA, der Schweiz und Liechtenstein aus haben sie ihr Netzwerk gesponnen und sich tollkühn daran bereichert. Die Trümmerbeseitigung und die Folgeschäden hingegen trägt – und das heißt: bezahlt – der Steuerzahler.

Zugegeben: Im Vergleich mit den großen Bankzusammenbrüchen erscheinen die Milliarden, die im Fall Hypo Group Alpe Adria verpufft sind, so manchem geradezu als Kleingeld. Was sind schon 3,7 Milliarden, die die BayernLB in den Wind schreiben musste, gegen die 50 Milliarden, die Bernie Madoff in den USA dank seines Schneeballsystems versenkte? Oder gegen den Schuldenberg von über 200 Milliarden US-Dollar durch die Insolvenz von Lehman Brothers? Die betrügerischen Positionen bei der französischen Société Générale sollen laut einer Pressemitteilung des Unternehmens einen Nominalwert von rund 50 Milliarden Euro gehabt haben.

Und die Beihilfen und Kreditgarantien für die bundes-
deutsche Hypo Real Estate betragen seit dem Jahr 2008
bis dato 102 Milliarden Euro. Worüber also soll man sich
da beim Fall Hypo Group Alpe Adria aufregen?
»Was ist der Einbruch in eine Bank gegen die Gründung einer Bank?«, ließ Bertolt Brecht 1928 einen Protagonisten in der Dreigroschenoper fragen. Diese These
scheint in der postideologischen Zeit von noch größerer
Aktualität zu sein. Richard Schneider zeigt in seinem
Werk die Zusammenhänge zwischen den Beteiligten
auf, die weit über das klassische Bankengeschäft hinaus-
gehen. Da wurden obskure Firmengründungen betrieben mit dem Ziel, sich ganze Landstriche entlang der
Adriaküste und im Binnenland Sloweniens und Kroatiens unter den Nagel zu reißen. Unternehmen wurden
strategisch in die Pleite gefahren; es wurde reichlich
daran verdient, und graue Eminenzen intrigierten mit
Hilfe kontrollierter Medien und darin erschienener pro-
pagandistischer Vernichtungsaktionen gegen die erklär-
ten Gegner. Die demokratische Rechtsordnung wurde in
mehr als nur einem Land ausgehöhlt.
    Tatsächlich unterscheidet sich der Fall Hypo Group
Alpe Adria schon dadurch von den meisten anderen
großen Firmencrashs, dass sich inzwischen die Geheimdienste halb Europas, aber auch der USA und Russlands
mit der Sache befassen – ein unmissverständlicher Hinweis darauf, dass die Vermischung von Politik, Wirtschaft
und organisierter Kriminalität sich längst etabliert hat
und dass die Schattengesellschaft sich am Bürger vorbei
mit Erfolg ein völlig eigenes Europa zu schaffen versucht.

Vorwort

Die Gesetzgeber vieler Länder haben dazu über lange
Zeit das Ihre beigetragen: In demokratischen Staaten,
deren Gesellschaftssystem auf der Marktwirtschaft auf-
gebaut ist, bedeutet jedes Wirtschaftsverbrechen einen
Schuss ins Rückgrat der Demokratie. Wenn Bilanzfälschung und Geldwäsche jedoch nur wie eine leichtere
Körperverletzung geahndet werden, solange bei solchen
Delikten nicht wegen organisierter Kriminalität und
Bandenbildung ermittelt wird, die Ermittlungsmetho-
den wie auch die dafür vorgesehenen Strafen nicht ent-
sprechend angepasst werden, haben die Täter auch in
Zukunft leichtes Spiel. Und wenn die hohen Herren in
Bayern jetzt darum ringen, als schmählich Betrogene be-
handelt zu werden, dann können sie sich leider die Frage
nach ihrer Kompetenz nicht ersparen. Wofür sieht das
Kapitalmarktrecht bei Firmenübernahmen denn eine
Due-Diligence-Prüfung vor? Wäre nicht vielleicht die
Wortschöpfung »Due-Dilettance« angebrachter, wenn
solche Fehler unterlaufen? Oder gilt schon wieder der
begründete Verdacht auf Interessenkonflikte zwischen
Politik und Wirtschaft, wenn diese heiklen Positionen
mit hoch dotierten, aber inkompetenten Managern besetzt werden? Diese Frage stellt sich freilich nicht nur
in Bayern, sondern, wie dieses Buch nachweist, in aller
Krassheit auch in Österreich, Kroatien und anderen
Ländern.

Fraglich bleibt, ob es dank dieser Einblicke in ein
fatales System zu Konsequenzen kommen wird, mit
denen die Volksvertreter sich ihrer verfassungsgemäßen
Verantwortung erinnern, ihre Wähler und Steuerzahler

Dreigroschenoper

zu schützen und die Attentäter mit den weißen Kragen wegen ihrer Attacken auf die demokratische Grundordnung in Zukunft konsequent zur Verantwortung zu ziehen. Es handelt sich nicht um Kavaliersdelikte, sondern vielmehr um die Taten einer kriminellen Vereinigung. Natürlich ist täglich mit neuen Katastrophenmeldungen aus dem Reich der Hypo Group Alpe Adria und über die Verstrickungen der Protagonisten zu rechnen. Doch wer sich nicht informiert, vergisst schneller. Richard Schneiders Buch hilft, dieses System und seine Zusammenhänge zu verstehen; es ist die erste Gesamtdarstellung dieses spektakulären Falls. Eine Grundlagenreportage, die das Vertuschen erschweren wird. Egal, was jetzt noch ans Tageslicht kommt. Denn am Ende will es natürlich wieder keiner gewesen sein, und niemand hat von nichts gewusst. Hollywood? – Nein, die bittere Realität eines hochkriminellen Netzwerks.

Veit Heinichen, im Oktober 2010

Götterdämmerung

Freitag, 13. August 2010. Über dem Wörthersee hängt ein Gewitter. Wolfgang Kulterer ist wie immer makellos gekleidet, als er um 7.40 Uhr seine Wohnung am Kreuzbergl verlässt und mit dem Lift in die Tiefgarage fährt, um in seinen silbergrauen Audi zu steigen. Doch der ehemalige Vorstandsvorsitzende der Hypo Group Alpe Adria kommt nicht einmal bis zum Auto. Kaum hat er den Aufzug verlassen, treten drei Männer aus dem Schatten und versperren ihm den Weg. Bei einem von ihnen handelt es sich um Oberstleutnant Bernhard Gaber, den Leiter der SoKo Hypo, der Kulterer schon mehrmals im Zuge der laufenden Ermittlungen rund um die Kärntner Skandalbank vernommen hat. Der Kripomann kommt auch diesmal gleich zur Sache: Er präsentiert dem verdutzten Ex-Banker einen Haftbefehl, legt ihm Handschellen an und bringt ihn ins Polizeigefängnis zum Verhör. Gleichzeitig werden im Auftrag der Klagenfurter Staatsanwaltschaft von rund 80 Polizeibeamten an zehn weiteren Standorten in Wien und Kärnten verschiedene Räumlichkeiten nach brisanten Unterlagen durchsucht, und auch eine Vertraute Kulterers wird vorläufig festgenommen.

Die Vorwürfe gegen den Ex-Chef der einstigen Landes- und Hypothekenbank, die im Dezember 2009 in einer Nacht-und-Nebel-Aktion notverstaatlicht werden musste – weil die damaligen Eigentümer, die Bayerische Landesbank, das Bundesland Kärnten und die Grazer

Wechselseitige Versicherung weder in der Lage noch
willens waren, weitere 1,5 Milliarden Euro in dieses Fass
ohne Boden zu kippen –, wiegen schwer. Konkret geht es
bei der unter dem Aktenzeichen 10 St 273/09g geführten
Causa um den Verdacht der Untreue, des Betrugs und
der Bilanzfälschung. Aber wahrscheinlich auch um Geldwäsche im großen Stil sowie um die Bildung einer kriminellen Vereinigung – wenngleich in allen Verdachts-
fällen noch die Unschuldsvermutung gelten muss.

Wie groß der im Kärntner Biotop unter den wohlwollend blickenden Augen des verstorbenen Landes-
hauptmannes Jörg Haider entstandene Hypo-Sumpf
tatsächlich ist, belegt eine Zwischenbilanz der am
15. Dezember 2009 vom Wiener Bundeskriminalamt ins
Leben gerufenen Sonderkommission: Demnach gab es
bisher allein auf Anordnung der Klagenfurter Staatsanwaltschaft 28 Hausdurchsuchungen, 130 Einvernahmen
und etwa 200 Kontoöffnungen in Österreich, Deutschland, Luxemburg, Liechtenstein und der Schweiz. Das
dabei sichergestellte Material umfasst über drei Millionen Aktenseiten, unzählige Datenträger und betrifft
etwa 2000 verdächtige Geschäftsfälle und Firmen. »Die
Herausforderung ist enorm«, meint Gaber illusionslos,
»aber wir geben unser Bestes, damit wir in zwei bis drei
Jahren wissen, was in dieser Bank wirklich passiert ist.«
Auf die immer wieder gestellte Frage nach weiteren Verhaftungen reagiert der Kriminalist eher mürrisch: »Bei
bisher 58 Beschuldigten gibt es sicher genügend Potenzial. Aber wir lassen uns von niemandem drängen.«
Vorerst sei wichtig, die richtigen Ermittlungsschritte zu

setzen, denn die Erhebungen zu diesem atemberaubenden Kriminalfall, der weit über den Rahmen eines Finanzskandals hinausgeht, laufen an mehreren Fronten gleichzeitig:

Abgesehen von den österreichischen Behörden versuchen auch Staatsanwälte aus München und ein Untersuchungsausschuss des bayerischen Landtages herauszufinden, wie es im Mai 2007 zu dem undurchsichtigen Verkauf der Kärntner Hypo Group Alpe Adria (HGAA) an die Bayerische Landesbank (BayernLB) kommen konnte, der dem Freistaat zumindest 3,7 Milliarden Euro Verlust bescherte, und wer alles bei dem schummrigen Handel auf Kosten der Steuerzahler profitiert hat. Im Zentrum des Verdachts steht hier der Vermögensverwalter Tilo Berlin, ein Wahl-Kärntner aus Hannover, der in den österreichischen Aristoclan Goess eingeheiratet hat und einer illustren Gruppe aus dem Geldadel zu einem ansehnlichen Geschäft verhalf, indem er für seinen Investorenzirkel kurz vor dem Hypo-Verkauf die Sperrminorität an der Bank erwarb. Aber auch der Ex-Chef der BayernLB, Werner Schmidt, sowie der komplette Bankvorstand sind im Visier der deutschen Gerichtsbehörden, die insgesamt gegen 16 Beschuldigte in der Causa ermitteln.

Gleichzeitig soll in Kärnten, zumindest behaupten das die Politiker, denen nun der Hypo-Klotz am Bein hängt, ein Untersuchungsausschuss des Landtags ergründen, ob und wie sich die Größen der Landesregierung und deren Freunde aus der Wörthersee-Society bei der Bank bedienten und ihren Parteien Finanzsprit-

Götterdämmerung

zen zukommen ließen. In Diskussion stehen dabei u. a.
ein unsportlicher Sponsorvertrag zwischen der Bay-
ernLB-Tochter Deutsche Kreditbank (DKB) und einem
Nachfolgeverein des FC Kärnten sowie eine dubiose
Honorarzahlung an den Villacher Steuerberater Dieter
Birnbacher. Im ersten Fall soll Haider nach einem Vier-
Augen-Gespräch mit Schmidt, das laut Tilo Berlin in
der Küche seines abgelegenen Ulrichshofs in Kärnten
stattgefunden hat, den Verkauf der Landesanteile von
einem zusätzlichen Fünf-Millionen-Euro-Sponsorver-
trag abhängig gemacht haben. Während im zweiten Fall
evident ist, dass der private Steuerberater des heutigen
Kärntner ÖVP-Landeshauptmanns, Josef Martinz, für
die Prüfung des Verkaufsvertrags der Kärntner Landesholding und Mehrheitseigentümerin der Hypo sechs
Millionen Euro in Rechnung stellte. Ursprünglich wollte
er für seine Leistungen sogar das Doppelte. Doch als die
Summe nach einem Jahr Geheimhaltung publik wurde,
musste er unter dem Druck der Öffentlichkeit seine horrende Forderung halbieren. Für die Prüfer des Landes-
rechnungshofes ist auch diese Summe nicht nachvollziehbar, weshalb im südlichsten Bundesland Österreichs
noch immer das Gerücht die Runde macht, ein Teil
des Honorars hätte der illegalen Parteienfinanzierung
gedient.

Und schließlich nehmen nicht nur kroatische und
liechtensteinische Staatsanwälte die finanziellen Fisch-
züge der Glücksritter vom Wörthersee unter die Lupe –
wobei es in Kroatien hauptsächlich um Korruption und
in Liechtenstein, das unter ausländischem Druck steht,

um Geldwäsche geht –, sondern auch eine interne Er-
mittlungstruppe des Finanzministeriums in Wien, die
sich plakativ »CSI-Hypo« nennt. Die »Al-Qaida-Truppe
des Finanzministers«, wie der enge Haider-Vertraute
und BZÖ-Nationalratsabgeordnete Stefan Petzner die
Einrichtung nennt, besteht aus etwa hundert Juristen
und Wirtschaftsexperten und soll den Augiasstall von
Klagenfurt von innen her ausmisten. Dabei geht es den
Tatortermittlern vor allem um die Beweissammlung für
spätere Schadenersatzklagen, weshalb sie sich bei ihrer
Arbeit in erster Linie auf das Umfeld des ehemaligen
Hypo-Managements konzentrieren.

Die Hundertschaften von Ermittlern erwartet tatsächlich eine Herkulesarbeit: Über die Jahrzehnte ist die
Geschäftstätigkeit der Kärntner Hypo zu einem weitge-
hend undurchschaubaren Geflecht von Beteiligungen,
Stiftungen und Tochterunternehmungen gewuchert,
und die Summen, mit denen das Finanzkarussell von
Klagenfurt geschmiert wurde, sind beängstigend. Bei
einem Kreditportfolio von insgesamt 37,8 Milliarden
Euro schätzte ein Positionspapier des Vorstandes zum
Zeitpunkt der Notverstaatlichung, dass 3,1 Milliarden
bis 2013 für faule Kredite zurückgestellt werden müssten. Mittlerweile wird befürchtet, es könnten mehr als
acht Milliarden sein. Allein die BayernLB, die 2007 eine
Mehrheit an der damals bereits maroden Bank erworben
hatte, verlor bei ihrem kurzen Ausflug in den Süden zumindest 3,7 Milliarden Euro. Und dann gibt es auch noch
Bürgschaften des Bundeslandes Kärnten: Sie betrugen
zuletzt 19 Milliarden Euro und damit das Zehnfache des

Götterdämmerung

jährlichen Landeshaushalts. Wären diese Verbindlichkeiten zum Tragen gekommen – das notorisch klamme
Haider-Reich wäre in den Ruin gestürzt.

Die Rettungsaktion des Staates sei »alternativlos«
gewesen, beteuerte der österreichische Finanzminister
Josef Pröll, nachdem er der Republik das Milliarden-
grab aufgebürdet hatte. Der Weg dorthin war jedoch
keineswegs unausweichlich, sondern seit Langem ab-
sehbar. Auch mit den Auswirkungen der globalen Finanzkrise haben die Milliarden-Verluste der Kärntner
Hypo nur rudimentär zu tun. Sie sind hauptsächlich
hausgemacht. »Allein schon der Umstand, dass es Banken gab, die die Krise mit noch verschmerzbaren Ver-
lusten bewältigen konnten, während auf der anderen
Seite manche mit aberwitziger Geschwindigkeit in den
Ruin rasten, zeigt deutlich, dass es auch eine Vermeid-
barkeit derartiger Folgen gab«, meint der ehemalige
Richter und Strafrechtsexperte an der Martin-Luther-
Universität Halle-Wittenberg, Christian Schröder. Die
Ausrede »Wirtschaftskrise« gilt also nicht: Gleichgültig
sahen Aufsichtsorgane und Politiker zu, wie sich die
ungestümen Geldjongleure der Hypo auf immer riskan-
tere Geschäftsfelder vorwagten. Niemand wollte es sich
mit dem seinerzeitigen Kärntner Landeshauptmann
Haider, dem erratischen Problemkind der österreichischen Innenpolitik, verderben, der sich schamlos bei
seiner großmannssüchtigen Provinzbank bediente, um
seine Eskapaden und Prestigeprojekte zu finanzieren:
»Landesvater und Landesbank, beide waren dem Wahn
verfallen, in der jeweiligen Champions League ihrer

Metiers ganz vorne mit dabei zu sein«, bringt es *Die Zeit*
auf den Punkt.

Risk controlling auf Kärntnerisch

Unzureichende Strukturen, überforderte Banker, chao-
tische Zustände, mangelnde Kontrolle, Überheblichkeit
und Selbstüberschätzung – kurz: die verhängnisvolle
Allianz von Inkompetenz und Impertinenz hat zweifel-
los einen beträchtlichen Anteil an dem Debakel. Aus-
schlaggebend war aber auch, dass das Ziel, in die Ober-
liga der europäischen Finanzdienstleister aufzusteigen,
anscheinend jedes Mittel rechtfertigte. Deshalb, so wer-
fen ihnen kroatische Ermittler vor, hätten sich die Pro-
vinzbanker auch gerne instrumentalisieren lassen, als es
darum ging, Geld aus dunklen Quellen zu waschen. Und
es war nur eine Frage der Zeit, bis wann sich auch Teile
des Hypo-Managements mit dem kriminellen Virus,
den ihre häufig zweifelhaften Geschäftspartner einge-
schleppt hatten, infizierten.»Die globalen Finanzmärkte
haben sich anscheinend in Tatorte verwandelt, wo sich
hochintelligente Individuen tummeln, die mit überlege-
nem Fachwissen und krimineller Energie eine Vielzahl
von Menschen schädigen und die Vernichtung gan-
zer Unternehmen organisieren«, lokalisierte als erster
Wolfgang Hetzer vom Europäischen Amt für Betrugsbekämpfung (OLAF) den Finanzmarkt als Tatort. Ähnlich
sieht es der Grazer Wirtschaftsanwalt Guido Held, dessen Kanzlei im Rahmen der CSI-Hypo tätig ist. Bisher

brachte die interne Aufräumtruppe des österreichischen Finanzministeriums bereits über 60 Anzeigen gegen frühere Manager ein. »Und wir werden täglich fündig«, sagt Held. Wie gering die Skrupel waren, die den Kärntner Höhenrausch hätten dämpfen können, offenbart aber erst die europäische Dimension dieses Skandals: Klagenfurt war die Drehscheibe eines Klüngels zwielichtiger Profiteure und korrupter Politiker, der von Belgrad über Zagreb bis München sowie von Italien über Montenegro bis in die Schweiz oder nach Liechtenstein seine Geschäftsfäden zog – und bis heute im Dienst gewisser politischer Interessen auf dem Pulverfass Balkan steht.

Auch der Verkauf der Skandalbank an die BayernLB soll politischen Interessen gedient haben. So sagte es jedenfalls der Hauptbeschuldigte im deutschen Ermittlungsverfahren, Werner Schmidt, vor der Staatsanwaltschaft aus. Konkret habe der damalige bayerische Finanzminister Kurt Faltlhauser, der laut *Süddeutsche Zeitung* selbst unter Druck seitens des damaligen Ministerpräsidenten Edmund Stoiber gestanden habe, im März 2007 auf den Kauf der HGAA gedrängt. Vor allem, nachdem sich die BayernLB im Dezember 2006 mit ihrem Angebot, die ziemlich ramponierte österreichische Gewerkschaftsbank BAWAG zu übernehmen, in Wien einen Korb geholt hatte und der Zuschlag an den US-Investmentfonds Cerberus ging. Die Abfuhr war für die BayernLB eine peinliche Niederlage: »Ihr seid zu blöd, eine Bank zu kaufen«, soll Faltlhauser den Vorstand seiner Landesbank abgekanzelt haben. In dieser Situation kam die Kärntner Hypo gerade recht. Als dann

Götterdämmerung

im Juli 2007 auch dieser Deal zu scheitern drohte, weil sich der kroatische Nationalbankpräsident Željko Rohatinski beim Verkauf der Zagreber Hypo-Tochter querlegte, drohte Edmund Stoiber Kroatien offen mit einer Belastung der gegenseitigen Beziehungen.

Der Rest ist mittlerweile Bankengeschichte: Auf Druck des damaligen kroatischen Premierministers Ivo Sanader, der sich zu Hause gerade mit Parlamentswahlen herumschlug, lenkte sein renitenter Notenbankchef ein, und die HGAA rückte für die Bayern in greifbare Nähe. Nichts schien mehr die Verhandlungen bremsen zu können: Der Kauf wurde durchgezogen, obwohl die eigenen Prüfer vor den hohen Risken gewarnt und die Kärntner Bank wörtlich als »ausgequetschte Zitrone« bezeichnet hatten.

»Wir weisen ausdrücklich darauf hin, dass zwischen erster und zweiter Datenphase eine Vielzahl von Ordnern ausgetauscht wurden«, heißt es in ihrem Abschlussbericht. Und die zur Verfügung gestellten Daten hätten »nur sehr eingeschränkt« ausgewertet werden können, da diese »in unsortierten Ordnern und unvollständig bereitgestellt wurden«. So klingt Risk controlling auf Kärntnerisch und Due Diligence auf Bayrisch, schreibt Joachim Riedl in der *Zeit*. Doch da war die Katze längst im Sack verpackt, und alle befanden sich in Feierlaune:

¤ Tilo Berlin, der mit seinen Investoren erst sechs Monate zuvor in die Bank eingestiegen war, freute sich über einen saftigen Gewinn von geschätzten 150 Millionen Euro.

¤ Jörg Haider, der aufgrund seiner ausschweifenden Brot-und-Spiele-Politik stets knapp bei Kasse war,

Götterdämmerung

hatte durch den Verkauf der Landesanteile wieder Spielgeld.

¤ Wolfgang Kulterer, der wissen musste, wie es um seine Bank bestellt war, konnte sich sorglos auf seinen englischen Landsitz zurückziehen und dort seinem Hobby, der Pferdezucht, frönen.

Und auch Werner Schmidt schien überglücklich. Jetzt war er mit seiner BayernLB endlich auch ein wichtiger Player im südosteuropäischen Finanzraum und stand zu Hause, nach seinem Pech mit der BAWAG, nicht mehr wie ein Trottel da.

Kriegsgewinnler und Profiteure

»Gott mög' abhüten von allem, was ein Glück ist«, lässt Friedrich Torberg seine Tante Jolesch sagen. Seit letztem Oktober geht nicht nur die Münchner Staatsanwaltschaft gegen den Bankvorstand a. D. vor: Auch der Verwaltungsrat des krisengeschüttelten Geldinstituts will – ähnlich wie die CSI-Hypo in Österreich – in einem Rundumschlag alle früheren Manager der BayernLB für das Milliardendebakel zur Kasse bitten. Eine Abrechnung mit unklarem Ausgang, denn auch in Deutschland gilt dieser Schritt als Novum in der Bankenszene. Ob tatsächlich jemals Geld in die jeweiligen Safes zurückfließen wird, hängt nicht zuletzt davon ab, ob sich hüben wie drüben nachweisen lässt, was die einzelnen Protagonisten vor Eintritt der desaströsen Folgen tatsächlich wussten oder hätten wissen müssen. Die laufenden Untersuchungen betreffen nicht nur die Bankiers und ihre Aufsichtsräte: Auch die zuständigen Wirtschaftsprüfer, Finanzmarktaufsichten, Nationalbankkontrolleure und politischen Bankkommissare, die die toll gewordenen Glücksritter in Klagenfurt und München gewähren ließen, stehen im Fokus der Ermittlungsbehörden. Doch je ehrlicher man es in Österreich und Deutschland mit der Aufklärung meint, umso weiter muss man auch den Untersuchungszeitraum abstecken. Und wer auf einem Friedhof gräbt, darf sich nicht wundern, wenn er auf mehrere Leichen stößt.

Kriegsgewinnler und Profiteure

Daher ist fraglich, ob eine lückenlose Aufklärung wirklich gewollt ist. Schließlich wurde die Basis dieses Finanzskandals bereits in den frühen Neunzigerjahren gelegt, während der Sezessionskriege in Jugoslawien, das sich unter einem vierjährigen UN-Embargo befand. Es war die Zeit der illegalen Waffenhändler und Embargobrecher, die ihre aberwitzigen Gewinne über Auslandskonten in halb Europa verschoben. Balkankenner behaupten, das schmutzige Geschäft mit der verbotenen Ware hätte erst richtig zu florieren begonnen, nachdem Deutschland und Österreich durch ihre vorlaute Anerkennung Kroatiens zu Weihnachten 1991 den nationalen Konflikt zu einem internationalen hochstilisiert hätten. Radiosender spielen jedenfalls noch heute den Popsong »Danke, Deutschland«, und die Behörden benannten Straßen und Plätze nach den seinerzeitigen Außenministern Hans-Dietrich Genscher und Alois Mock.

Es blieb auch nicht bei der bloßen verbalen Anerkennung, wie man heute weiß. Egal ob Handfeuerwaffen vom baden-württembergischen Waffenhersteller Heckler & Koch oder ob Munition der österreichischen Marke Hirtenberger: »Die Durchfahrt der Lastwagenkolonnen aus Deutschland und Österreich dauerte oft bis zu einer Stunde, während die jeweiligen Geheimdienste interessiert in die andere Richtung schauten«, erzählt Marin Tomulić, ein ehemaliger Waffenlieferant und enger Tudjman-Vertrauter Mitte Oktober 2010 im Extrazimmer eines Pariser Hotels in der Rue des Plantes im 14. Arrondissement. Sein Vater hatte noch mit dem

Kriegsgewinnler und Profiteure

kroatischen Staatsgründer zusammen bei den Partisanen gekämpft. Er selbst war während des »Unabhängigkeitskrieges«, wie er die letzten Balkankriege nennt, eine Art Königsbote zwischen Zagreb und dem Elysée-Palast gewesen. Dort ging unter Jacques Chirac das historische Wohlwollen für Serbien – nicht zuletzt aufgrund seiner Geheimdiplomatie – auch mit einer diskreten Unterstützung der jungen Republik Kroatien einher. »Die großen Geschäfte wurden immer von Regierung zu Regierung gemacht«, bestätigte auch der kroatische Ex-General und Vizeverteidigungsminister Vladimir Zagorec während seines von Kroatien beantragten Auslieferungsverfahrens in Wien und warnte Zagreb, »die Büchse der Pandora« zu öffnen. »Die Bezahlung der Waffen ist bei mir immer offiziell über Banken gelaufen«, sagt Tomulić, der sich auch immer als »offizieller« Waffenlieferant verstand: »Nicht so wie beim Zagorec, der vieles auf dem Schwarzmarkt kaufte und seine Händel auch oft in bar und zu überhöhten Preisen abgewickelt hat.« Man merkt sofort: Er ist nicht gut auf den Mann zu sprechen.

Tatsache ist, dass die kroatische Regierung damals über etliche Auslandskonten verfügte. Aufgrund der geografischen Nähe war Klagenfurt ein bevorzugter Bankenplatz. So etwa wurden im Mai 1991 allein bei der Bank für Kärnten und Steiermark 13 Fremdwährungskonten eröffnet, auf die in der Folge Spendengelder aus der ganzen Welt eingingen. Zeichnungsberechtigt waren der spätere Premierminister Hrvoje Šarinić, damals noch Tudjmans Büroleiter, und Gojko Šušak, der spätere Verteidigungsminister. Sämtliche Konten wurden im Juli

Kriegsgewinnler und Profiteure

1998 auf Null gestellt und geschlossen. Der Geldfluss über diese Konten betrug in sieben Jahren umgerechnet rund 45 Millionen Euro. Vor Eröffnung der Konten hat die Bank natürlich auch an das bestehende Waffen-Embargo gedacht:»Wir haben noch bei der kroatischen Regierung nachgefragt, ob das Geld nicht allenfalls für Waffeneinkäufe verwendet wird«, heißt es in einer Zeugenaussage des zuständigen Kundenbetreuers im Mai 2002,»uns wurde das Gegenteil bestätigt.«

Was immer das Gegenteil war – es ist noch heute Untersuchungsgegenstand der kroatischen Staatsanwaltschaft, da etliche Millionen von diesen Konten angeblich in private Kanäle geflossen sind.»Allein über diese Villacher Konten sind wir auf 88 weitere Konten weltweit gestoßen«, sagt der stellvertretende Generalstaatsanwalt Lazo Pajić, der in Kroatien auch für die Causa Hypo Alpe Adria zuständig ist. Auf ein entsprechendes Rechtshilfeersuchen hätten bisher nur Ungarn, die Schweiz, Liechtenstein, Zypern und Israel reagiert.»Österreich ist bisher auch nicht sehr kooperativ gewesen«, beklagt sich der kroatische Staatsanwalt. Das habe sich aber geändert, seit die Hypo-Affäre auch in Klagenfurt gerichtsanhängig ist:»Inzwischen sind wir ein Teil des internationalen Untersuchungsteams, und wir bitten die Österreicher, uns Bescheid zu geben, wenn es Hinweise auf Straftaten von kroatischen Staatsbürgern oder Unternehmen gibt.«

Seit geraumer Zeit befindet sich die Affäre rund um die HGAA auch im Visier mehrerer Geheimdienste: Angefangen vom deutschen Bundesnachrichtendienst (BND) über den französischen Inlandsnachrichtendienst DCRI bis hin zur amerikanischen CIA. Am intensivsten befasste sich der kroatische Inlandsgeheimdienst SOA mit den Geschäften der Bank. In einem 76 Seiten starken Dossier vom November 2007 wird auch das System, das die unterschiedlichen Transaktionen und Akteure miteinander verbindet, detailliert beschrieben. Generell ging es dabei um eine Neuverteilung der Reichtümer aus den Nachfolgestaaten Jugoslawiens. Dazu brauchten die Kriegsgewinnler der Sezessionskämpfe ein ebenso unauffälliges wie bedenkenloses Geldinstitut, über das sie ungeniert die Millionentransfers ihrer Privatisierungsgewinne abwickeln konnten – und die Kärntner Hypo Alpe Adria entsprach genau diesem Profil.

Der dokumentierbare Einstieg der Bank am Wörthersee in das Geschäft auf dem Territorium des zerfallenden Staates begann zu einem Zeitpunkt, als auf dem Balkan noch die Waffen sprachen. Mit dem »Kreditvertrag Nr. 82« vom 10. Januar 1995 – die kroatischen Krajina-Offensiven *Operacija Bljesak* und *Operacija Oluja* standen noch bevor[1] – gewährten die Klagenfurter der Republika Hrvatska (RH) ein Darlehen in Höhe von damals 140 Millionen Schilling (rund zehn Millionen Euro), das bei einer Laufzeit von fünf Jahren offiziell dem »Ankauf von Botschaftsgebäuden« für den jungen Staat dienen sollte. Dieser »Kommerzkreditvertrag« wurde »ausdrücklich

---

1   Operation Blitz *(Bljesak):* 1. Mai 1995; Operation Sturm *(Oluja):* 4. bis 8. August 1995.

Kriegsgewinnler und Profiteure

nicht im Rahmen der Hoheitsverwaltung abgeschlossen«, wobei es zu den Sicherheiten lapidar hieß, dass »der Hypo Bank genehme Pfänder erlegt werden«. Unterzeichnet hat diesen Vertrag auf kroatischer Seite nur der damalige Außenminister Mate Granić, was auf das Fehlen eines gültigen Regierungsbeschlusses hinweist. Jedenfalls taucht heute dieser Kredit in einer Liste der kroatischen Devisenkontrolle erneut auf: Er wurde offensichtlich nie getilgt und steht im Verdacht, schwarzen Transaktionen gedient zu haben. Ein Verdacht, der sich wie ein roter Faden durch einen großen Teil des kroatischen Hypo-Portfolios zieht.

Der Geheimdienstreport behauptet, Franjo Tudjman, der autokratische Staatschef Kroatiens, habe Mitte der Neunzigerjahre gemeinsam mit seinem Vertrauten Ivić Pašalić, dem Generalsekretär der nationalistischen Regierungspartei HDZ[2], den Plan gefasst, »200 Familien die Verfügungsgewalt über das kroatische Staatseigentum« zu übertragen. Pašalić sei deshalb in Verhandlungen mit der Hypo Alpe-Adria Bank (HAAB) getreten, die damals noch den bescheidenen Namen Kärntner Landes- und Hypothekenbank trug. Die politische Spitze habe sich deshalb für die HAAB entschieden, heißt es in dem geheimen Schriftstück, »weil sie mit Hilfe dieser Bank mehr als eine Milliarde Dollar unterschlagenes Staatsvermögen in Umlauf bringen konnte, das über

2   HDZ: *Hrvatska demokratska zajednica* (Kroatische demokratische Gemeinschaft).

Kriegsgewinnler und Profiteure

Pseudoinvestitionen, die von der HAAB erdacht worden
waren, kontinuierlich über Italien, Liechtenstein oder
die Schweiz wieder zurück nach Kroatien oder in andere
Republiken des ehemaligen Jugoslawien floss«. Wobei
unklar bleibt, ob die kroatischen Ermittler damit auch
auf Vermutungen anspielen, nach denen Nationalisten-
kreise rund um Tudjman bereits vor dem Zerfall Jugoslawiens hohe Devisenbeträge von Staatsfirmen abgezweigt und in Klagenfurt gebunkert haben sollen. Diesbezüglich soll es im Spätsommer 1998 in einem Café in
der Klagenfurter Bahnhofstraße mehrere Treffen auch
mit Vertretern der Hypo gegeben haben.

»Durch den Erwerb attraktiver Standorte in Istrien,
anschließend in Dalmatien und später auch in Konti-
nentalkroatien sicherte man mit Rückendeckung der
politischen Elite einerseits die Geldwäsche und andererseits auch das Einkommen der neuen ›Staatsstruk-
tur‹ langfristig ab«, heißt es in dem Report. Die Köpfe
hinter dem ausgeklügelten Finanzkarussell seien auf
kroatischer Seite der Tudjman-Berater Ivić Pašalić und
auf österreichischer Seite die früheren Hypo-Vorstände
Wolfgang Kulterer und Günter Striedinger – aber auch
Jörg Haider gewesen. Sie hätten die HAAB von Anfang
an »als Dienstleistungsbetrieb der politischen, media-
len und wirtschaftlichen Tycoon-Oligarchie konzipiert«,
vermuten die Agenten, »wobei mit dieser Bank beinahe
jeder kooperieren konnte, der in Verbindung zum organisierten Verbrechen oder zur Pašalić-Gruppe stand«.

Die meisten Namen, die der kroatische Inlandsgeheimdienst dann auflistet, rufen bei ehemaligen Hypo-

Kriegsgewinnler und Profiteure

Managern amüsierte bis furchterregende Erinnerungen hervor.

Ivić Pašalić, der von der Hypo einen Kredit in der Höhe von 30 Millionen erhielt, um in Zagreb ein Einkaufszentrum zu errichten, das freilich nie den Baubeginn erlebte.»Der Doktor«, wie ihn der Volksmund nennt, und ehemalige Physiklehrer trat als einer der Ersten der HDZ bei und stieg schon bald zum innenpolitischen Berater Tudjmans auf. Durch seine Machtposition brachte er alle staatlichen Institutionen auf HDZ-Kurs, wozu er auch öffentlich stand und notfalls das Gesetz beugte: »Das Gerichtswesen hat die nationalen Angelegenheiten zu unterstützen.« Nach Tudjmans Tod und der Niederlage der HDZ kam es zwischen Pašalić und dem neuen Parteivorsitzenden Ivo Sanader zu einem offenen Schlagabtausch, bei dem sich Sanader unter anderem auch mithilfe von Branimir Glavaš, einem mittlerweile verurteilten Kriegsverbrecher, durchsetzte. – Und kurz danach gab es bereits die ersten Gerüchte über Sanaders Verstrickung in dubiose Geschäfte der HGAA.

Miroslav Kutle, Tudjmans Tennispartner und einer der Mitbegründer der HDZ, der dank großzügiger Summen aus Klagenfurt vom kleinen Cafetier zu einem Tycoon aufstieg und in seiner Glanzzeit über ein Imperium von 150 Firmen, einen Verlag und eine Kaufhauskette verfügte. Allerdings soll der aus Bosnien stammende Diplomjurist, der als Achtjähriger mit seinen fünf Geschwistern nach Zagreb kam, in etlichen Fällen nur Treuhänder für ranghohe HDZ-Funktionäre gewesen sein. Der heute 53-Jährige gilt als eine der Schlüsselfiguren in der

Kriegsgewinnler und Profiteure

HGAA-Affäre und steht aufgrund der Aussage seiner
ehemaligen Sekretärin in Kroatien im Verdacht, Ivo Sanader für die Vermittlung eines Hypo-Kredits 400 000
D-Mark Provision bezahlt zu haben. Der Vorwurf wird
von beiden bestritten.

Ninoslav »Nino« Pavić, Gründer der Europapress Holding (EPH) und Herausgeber der zweitgrößten Tageszeitung *Jutarnji List* und u. a. des *Globus*, eines Wochen-
magazins, das in Kroatien etwa den Stellenwert wie
profil in Österreich oder *Focus* in Deutschland hat. Seit
Dezember 1998 ist die Essener WAZ Mediengruppe mit
50 Prozent an der EPH beteiligt. Hinter den Anteilen
von Pavić wird eine geheimnisvolle *Grupa* vermutet, der
auch hohe Funktionäre der kroatischen Regierungspartei HDZ angehören sollen. Im März 2003 explodierte
unter Pavićs Auto eine Bombe. Der Verleger, der nicht
im Wagen war, blieb unverletzt. Der Fall wurde nie aufgeklärt.

Goran Štrok, Amateurrallyefahrer und in England
lebender Sohn eines engen Tudjman-Freundes aus Se-
zessionskriegstagen. Ihm hat die HAAB angeblich mit
130 Millionen Euro ermöglicht, fünf Luxushotels in
Dubrovnik und Rijeka aus dem Privatisierungsfonds zu
erwerben. Als er die Kreditraten nicht bedienen konnte,
soll ihm die Bank zu einem weit überhöhten Preis Anteile abgekauft haben. Die Hintergründe werden von der
Staatsanwaltschaft Klagenfurt gerade überprüft.

Tomislav »Tomo« Horvatinčić, Zagreber Unternehmer,
Großsponsor der HDZ und Gründer der HOTO-Gruppe,
die sich auf Bürogebäude und Einkaufszentren speziali-

Kriegsgewinnler und Profiteure

siert hat. Mit wechselndem Erfolg, wie man hört: Ende 2005 kaufte die Hypo überraschend über ihre Immobilien AG den 22-stöckigen Hoto Business Tower und das Castellum Centar. Bei Ersterem handelt es sich um einen Büroturm, in dem die kroatische Telekom Hauptmieter ist; beim Castellum um ein Gebäude aus dem 19. Jahrhundert, in dem ein Bürokomplex und mit dem *Gallo* Zagrebs bestes Restaurant untergebracht ist. Es war der größte Immobiliendeal, der jemals in Kroatien abgewickelt wurde. Nur ein Jahr zuvor war die Errichtung bzw. die Renovierung der Immobilien von der Hypo finanziert worden, die den Kauf als Triumph vermarktete. Auch hier soll der Einstieg der Hypo nur deshalb erfolgt sein, weil die HOTO-Gruppe die Kredite nicht bedienen konnte. Laut einer zusätzlichen Gerüchteversion aus Zagreb soll jedoch diese Vorgehensweise bereits vor Baubeginn abgesprochen worden sein. Kurz nach Übernahme der HGAA durch die BayernLB wurde der Business Tower um 71,6 Millionen Euro an den Düsseldorfer Signa Property Fund verscherbelt. Wie hoch der Wertberichtigungsbedarf der Hypo bei diesem gigantischen Projekt war, ist nicht bekannt.

Und natürlich taucht auch der Hypo-Großkunde *Vladimir Zagorec* in der illustren SOA-Liste auf. Der General hatte unter Umgehung des Waffenembargos den Nachschub für die kroatische Armee organisiert und sich nach seinem Ausscheiden aus dem Staatsdienst in Wien als Geschäftsmann niedergelassen. Dabei legte er sich mit Hypo-Krediten vornehmlich in Istrien und Dalmatien ein riesiges Immobilienreich zu.

Kriegsgewinnler und Profiteure

Laut SOA-Bericht gehören die Aufgezählten zu den größten Nutznießern bei der Umverteilung des kroatischen Staatsvermögens: »Hauptsächlich bekamen sie von der HAAB Kredite gewährt und halfen im Gegenzug der Bank bei der Realisierung von Projekten, die der Geldwäsche dienten.« Um die Idee zu verwirklichen, hätte Pašalić über Vermittlung des Austro-Kanadiers und ehemaligen Formel-1-Rennstallbesitzers Walter Wolf »erste Verhandlungen mit Jörg Haider und der HAAB« aufgenommen. Wörtlich heißt es dazu: »Um das Tudjman-Pašalić-Projekt abzusichern, vereinbarte man eine Kooperation zwischen dem Komitat Istrien und dem Bundesland Kärnten sowie den Eintritt der Bank in Istrien.« Kurz darauf hätte die Kärntner Hypo begonnen, »massenhaft billige Immobilien und landwirtschaftliche Liegenschaften aufzukaufen, wobei sie anfänglich in einen Konflikt mit der TDR[3] geriet, die dieselben Ambitionen verfolgte«. Allerdings war die TDR mit ihrem Vorhaben bei der lokalen Regierungspartei Istarski demokratski Sabor (IDS) und ihrem Parteiführer Ivan Jakovčić stets auf Widerstand gestoßen, weshalb der Weg für die Kärntner, zu einem der größten Investoren in Istrien zu werden, frei war.

---

3   TDR *(Tvornica duhana Rovinj)* gehört heute zur Adris-Gruppe, die außer im Tabakbereich auch im Tourismussektor tätig ist. Dieser Sektor entstand aus der Zusammenlegung der Jadran d.d. und Anita d.d.

Kriegsgewinnler und Profiteure

Die politischen Handlanger

Am Beispiel Istrien wird deutlich, dass nicht nur die
HDZ und ihre Adlaten in den jeweiligen Gespannschaf-
ten, wie die Bundesländer in Kroatien heißen, in die
Hypo-Affäre verstrickt sind, sondern auch die Politiker
anderer Parteien. Im SOA-Bericht werden die Namen
quer durch die Bank auch schonungslos angeführt:
Ivo Sanader, ehemaliger Intendant am Theater in
Split und Tudjmans Nachfolger als Parteivorsitzender
der HDZ. Der langjährige kroatische Premierminister
(2003–2009) stammt aus einer strenggläubigen Arbei-
terfamilie und studierte in Rom und Innsbruck Philo-
logie, bevor er 1992 als Parlamentsabgeordneter in die
Politik ging. Der Uhrenliebhaber, der angeblich auf eine
stolze Sammlung von 150 zum Teil sehr teuren Exemplaren verweisen kann, spricht neben Kroatisch fließend
vier Sprachen und war von 1993 bis Anfang 2000 stell-
vertretender Außenminister seines Landes. Unter Tudjman war er innerhalb der Partei immer klein gehalten
worden. Nach Tudjmans Tod entmachtete Sanader als
neuer starker Mann der HDZ als Erstes die ultrarechten
Kreise, was ihm den Namen »Drachentöter« einbrachte,
und lenkte die Partei in Richtung Mitte und auf einen
klaren pro-europäischen Kurs. Als er am 1. Juli 2009 unerwartet seinen Rücktritt als Premierminister und Parteivorsitzender bekannt gab, wurde dieser Schritt sofort
in Zusammenhang mit dem Skandal rund um die Klagenfurter Hypo gebracht. Laut einem Bericht der kroatischen Antikorruptionsbehörde USKOK vom August

36

Kriegsgewinnler und Profiteure

2010 soll während seiner Regierungszeit die Korruption dem Land einen Schaden von mehr als zwei Milliarden Euro zugefügt haben: Der Ex-Premier wurde am 10. Dezember des Vorjahres aufgrund eines internationalen Haftbefehls in Österreich festgenommen. Nur einen Tag zuvor war seine parlamentarische Immunität überraschend aufgehoben worden.

Ivan Jakovčić, Župan von Istrien und Parteivorsitzender der IDS. Er ist in seinem Lande das, was Stoiber in Bayern und Haider in Kärnten waren, stammt aus Poreć, studierte in Zagreb Außenhandel und stieg, nachdem er mehrere Jahre in der Privatwirtschaft als Exportmanager tätig gewesen war, 1991 als Vorsitzender der Istrischen Demokratischen Versammlung (IDS) in die Politik ein. Als die kroatische Opposition 2000 die Parlamentswahlen gewann, bildet Jakovčić mit den Sozialisten ein Jahr lang eine Koalitionsregierung, in der er Minister für Europäische Integration wurde. Nach dem Regierungsaustritt der IDS kehrte er nach Istrien zurück und gewann bei den Kommunalwahlen 2001 mit seiner Partei die absolute Mehrheit. Jakovčić ist der am längsten amtierende Parteivorsitzende im modernen Kroatien und wurde zuletzt im Februar 2010 in seinem Amt bestätigt.

Stevo Žufić, Vorgänger von Jakovčić in der IDS und heute einer der erfolgreichsten Immobilienmakler in Poreć. Er war einer der ersten Lokalpolitiker, die mit der HAAB in Berührung kamen, wobei Žufić mit Jörg Haider die umstrittenen Grundstückstransaktionen mit der Gemeinde Vodnjan eingefädelt haben soll. Dabei ging es um rund 1,2 Millionen Quadratmeter Naturschutzgebiet,

Kriegsgewinnler und Profiteure

das nach dem Verkauf an Hypo-Akteure für ein gigantisches Tourismusprojekt, das bis heute nicht zustande kam, umgewidmet wurde (siehe Seite 177). Die von Žufić aufgebaute IDS gab ihr Debüt bei den Parlamentswahlen 1992, wo sie in allen drei istrischen Wahlbezirken eine Mehrheit errang. Der Wahlerfolg machte Istrien in der Folge auch zu einem besonderen Interessengebiet für Tudjman und seine HDZ, die in allen anderen Teilen Kroatiens dominierte.

Božidar Kalmeta, ehemaliger Bürgermeister von Zadar und jetziger Minister für Meer, Verkehr und Infrastruktur, ein Ministerium, das früher auch für den Tourismus zuständig war. Der studierte Agronom war jahrelang Manager bei Maraska gewesen, einem der bekanntesten Getränkehersteller Kroatiens und Großkunden der HAAB. Der leidenschaftliche Jogger wurde 2003 unter Sanaders erster Regierung zum Minister ernannt. In der Folge war sein Ministerium in mehrere Skandale verwickelt: 2007 wurde sein Fahrer wegen Erpressung angeklagt, weil er einem Cetingrader Geschäftsmann 100 000 Euro für die Bevorzugung bei einer öffentlichen Ausschreibung von Kalmetas Ministerium abgeknöpft haben soll. Zwei Jahre später flog bei der Kroatischen Eisenbahngesellschaft ein Unterschlagungsskandal auf. Und im November 2009 trat sein langjähriger Staatssekretär unerwartet zurück, nachdem auch bei der staatlichen Autobahngesellschaft Hrvatske autoceste, dem größten Subventionsempfänger aus Kalmetas Ressort, eine Korruptionsaffäre bekannt geworden war. Zuletzt hat die Autoceste im April des Vorjahres von einem Bankenkonsortium, das unter der Führung der Hypo-Bank Kroatien steht, 100 Millionen Euro Kredit bekommen. *Milan Bandić*, ehemaliges Mitglied der Sozialistischen Demokratischen Partei (SDP) und bereits zum vierten Mal Bürgermeister von Zagreb. Der 1955 in der Nähe des Städtchens Grude in der bosnischen Westherzegowina geborene Sohn eines Tabakbauern ist nicht ohne einen gewissen Charme: »Einem Stehaufmännchen gleich überstand der Politiker Korruptionsskandale und Niederlagen, um gleich darauf wieder gestärkt und populärer als zuvor aufzustehen«, schrieb *Die Presse* anlässlich der letzten kroatischen Präsidentschaftswahlen, bei denen er als unabhängiger Kandidat auftrat, woraufhin er aus der SDP ausgeschlossen wurde. Bandić, der nach dem Zusammenbruch Jugoslawiens bis zu ihrer Auflösung in der Kommunistischen Partei blieb, kam als 19-Jähriger nach Zagreb und wurde 2000 zum ersten Mal Bürgermeister. Er hat den Ruf, einer der aktivsten Politiker in der Geschichte der Stadt zu sein, und gilt als besonderer Förderer der Hypo-Bank und der von ihr finanzierten Horvatinčić-Projekte. Eines dieser Bauvorhaben provozierte im Spätsommer des Vorjahres einen Massenaufstand in Zagreb, im Zuge dessen es zu 142 Verhaftungen kam. Zuvor hatten Aktivisten tagelang in der Altstadt den Neubau eines Komplexes blockiert, der zwar über ein Einkaufszentrum und eine Tiefgarage verfügt, aber angeblich über keine Baugenehmigung. Während der Tumulte musste selbst der kroatische Staatspräsident und ehemalige Parteikollege von Bandić, Ivo Josipović, eingreifen und die Polizei auffordern, keine

Gewalt anzuwenden. Den Bürgermeister selbst hat das kaum aufgeregt. Er wohnt mit seiner geschiedenen Frau und der Tochter außerdem in Neu-Zagreb in einer 240 Quadratmeter großen Duplex-Wohnung, die aus zwei zusammengelegten Appartements besteht. Das obere Stockwerk, das auf seinen Namen im Grundbuch eingetragen ist, war im April 2010 noch mit einer Hypothek in Höhe von knapp 172 000 Schweizer Franken zugunsten der HABC belastet, während beim unteren die kroatische Hypo-Consultants als Eigentümer aufschien. Alle diese Politiker sollen laut kroatischem Geheimdienst enge Verbindungen zur Klagenfurter Skandalbank haben. »Die SOA sammelte Informationen dieser Art, gab sie der politischen Führung weiter und wies darauf hin, dass hinter der HAAB der rechte Flügel der HDZ und deren engere Interessen stehen«, berichteten die Agenten des Innenministeriums pflichtbewusst und ohne Ansehen der Person. Immerhin war Sanader zu diesem Zeitpunkt Premierminister von Kroatien. Dass die einzelnen Erkenntnisse trotzdem erst im Spätsommer 2010 über österreichische Medien für Schlagzeilen sorgten, obwohl der Bericht Monate auf einem kroatischen Webblog zu lesen war, spricht für die Selbstsicherheit der handelnden Akteure und für die Ignoranz der kroatischen Ermittlungsbehörden. Allerdings hat es schon immer geheißen, dass Tomislav Karamarko, der jetzige Innenminister und frühere Direktor der Geheimdienste SOA (Inland) und POA (Ausland), nur wenig Interesse hat, den Hypo-Skandal in Kroatien hochzuspielen.

Geheime Zwischenspiele

Über die pure Existenz des geheimen SOA-Berichts berichtete bereits im Mai 2010 Andreas Förster in der *Berliner Zeitung*. Der Journalist ist auf Geheimdienste spezialisiert und hat auch versucht, die Entstehungsgeschichte
zu recherchieren. Demnach hat der damalige BND-Re-
sident in Kroatien, Ralf Bosse, seit 2006 verstärkt nach
»strategischen Informationen« über die HGAA in Kroatien gesucht. »Bosse interessierte sich in den letzten
Monaten immer mehr für Informationen über die Hypo
Alpe Adria und die Einstellung der kroatischen Politik,
des Geheimdienstes und der Staatsanwaltschaft zu der
Bank«, weiß Förster. Dazu habe der BND-Mann »zu
mindestens zwei Informanten, darunter ein ehemaliger
hochrangiger kroatischer Geheimdienstler, engen Kontakt gehalten«.

Bei Letzterem könnte es sich um den 2005 im Laufe
einer Abhöraffäre zurückgetretenen Chef der kroatischen Spionageabwehr (POA), Franjo Turek, handeln.
Die Hintergründe seines Rücktritts sind geradezu film-
reif: Der ehemalige Geheimdienstdirektor, der auch
nach seiner Entlassung sein Netzwerk pflegte, hatte sich
geweigert, Sanaders Wunsch zu erfüllen und den britischen MI6 bei einer illegalen Abhöraktion in Kroatien zu
unterstützen. Konkret ging es dabei darum, den auf der
Flucht befindlichen Ex-General und Oberkommandie-
renden der Krajina-Offensiven, Ante Gotovina, aufzu-
spüren und nach Den Haag auszuliefern. Die britischen
Kollegen wollten dazu nicht nur sämtliche Telefonge-

spräche aller Gotovina-Sympathisanten abhören (was
praktisch halb Kroatien betroffen hätte, da der Ex-General noch heute vielerorts als Volksheld gilt), sondern sich
während dieser Aktion auch in den Büroetagen der POA
einnisten. Für Turek, der in der Flucht des beliebten Ex-
Generals keine nationale Bedrohung Großbritanniens
ausmachen konnte, ein unannehmbares Ansinnen. Eine
Einstellung, die ihn letztlich seinen Job kostete, da Sanader bei seinen laufenden EU-Beitrittsgesprächen auch
auf die Fürsprache Londons angewiesen war. Tureks
Nachfolger, Joško Podbevšek, hatte diesbezüglich weniger Skrupel und versorgte die vom MI6 importierten Ab-
hörvehikel, deren abgefuckte Erscheinung geschickt das
mehrere Millionen teure Equipment verbarg, sogar mit
kroatischen Nummernschildern. Obwohl Gotovina den
James-Bond-Imitaten damals durch die Lappen ging,
hat sich die Aktion anscheinend gelohnt: Zumindest
hat England seine ablehnende Haltung zum EU-Beitritt
Kroatiens revidiert. Für Ivo Sanader indes könnte der
Weitblick noch zu einem Bumerang werden. Jedenfalls
fällt auf, dass seither sukzessive Informationen über
seine angeblichen Verstrickungen in den Hypo-Skandal
durchsickern, womit auch sein plötzlicher Rücktritt Anfang Juli 2009 in einem anderen Licht erscheint.

So ungewöhnlich die enge Zusammenarbeit der POA
mit dem britischen MI6 war, so historisch sind die Verbindungen zwischen dem kroatischen und dem deutschen
Nachrichtendienst. Zu dem Thema gibt es bereits mehrere kompetente Bücher: Zum Beispiel *Deutschland und
»seine« Kroaten* von Ulrich Schiller, in dem man erfährt,

Kriegsgewinnler und Profiteure

dass Stjepan Djureković, der ehemalige Exportdirektor der INA in Zagreb, des größten Mineralölkonzerns Ex-Jugoslawiens, 1982 vom Belgrader BND-Residenten nach Deutschland geschmuggelt wurde, als ihm in seiner Heimat der Boden zu heiß geworden war. Der Mann hatte 89 Millionen Dollar unterschlagen. Oder das Buch *Der Wiesel spricht (Lasica koja govori)* von Bozidar Spasić, in dem der letzte Abwehr-Chef der jugoslawischen Geheimpolizei UDBA in seinen Erinnerungen kramt. Dort heißt es ergänzend zum Djureković-Fall,»dass Belgrad die Dimension erst bewusst geworden ist, als die jugoslawische Präsidentschaft von der Veruntreuung plus Geldwäsche plus Spionage für den BND erfahren hat«. Dementsprechend flott schickte die UDBA auch ein Killerkommando nach Deutschland, das den Verräter nur wenige Monate später in einer Garage im bayerischen Wolfratshausen hinrichtete. Sie hatte nationalistischen Exil-Kroaten als Druckerei für ihre antijugoslawischen Pamphlete gedient. Die Täter, unter denen auch der spätere serbische Freischärler Arkan gewesen sein soll, entkamen über die Grenze, noch ehe die Polizei alarmiert war.»Unsere Jungs waren da schon in Jugoslawien, tranken Whisky und badeten bei Sveti Stefan in der montenegrinischen Adria«, erinnert sich Spasić in seinen Memoiren. Zu dieser Zeit hat der BND den kroatischen Geheimdienst quasi schon längst in der Tasche gehabt. »Und da besaßen die deutschen Geheimdienstler weder einen Maulwurf noch einen Draht, der ihnen die Pläne zur Ermordung des kroatischen Überläufers im Juli 1983 gemeldet hätte?«, wundert sich Schiller über die rei-

43

Kriegsgewinnler und Profiteure

bungslose Exekution:»Aber vielleicht ist ja alles ganz anders gewesen.« Für Antun Duhaček, der schon unter Tito UDBA-Direktor war, ist Schillers Ironie berechtigt.

In einem Interview mit dem Journalisten und Buchautor Jürgen Elsässer – der für die *Frankfurter Allgemeine Zeitung*»zu den klugen Köpfen im Linksmilieu zählt, weswegen er dort auch keinen Einfluss hat« – behauptet Duhačec, dass der kroatische Geheimdienst seit Ende der Achtzigerjahre quasi die Balkanfiliale des BND gewesen sei. Und man habe lange darauf hingearbeitet:

In der Nachkriegsära war Jugoslawiens Staatssicherheitsdienst noch strikt zentralistisch und serbisch orientiert. Ab 1966 kam es allerdings zu einer Föderalisierung innerhalb der UDBA, die wie der militärische Abschirmdienst KOS 1946 aus der gefürchteten OZNA entstanden ist. Bald darauf war der kroatische Einfluss schon ähnlich groß wie der serbische. Führender Kopf der Kroaten war bis Anfang der Achtzigerjahre Ivan Krajačić, der zweite Mann sein politischer Zögling und Nachfolger, Josip Manolić. Beide arbeiteten insgeheim auf ein unabhängiges Kroatien hin. Das war auch im Interesse Deutschlands, insbesondere nachdem Klaus Kinkel 1979 Chef des im bayerischen Pullach beheimateten Bundesnachrichtendienstes wurde.»Das waren enge Kontakte, aber sie mussten noch verdeckt abgewickelt werden«, erzählte Titos Geheimdienstchef dem Journalisten Elsässer. Die heiße Phase begann dann Ende der Achtzigerjahre, als aus dem Apparat, den Manolić und sein Förderer Krajčić sukzessive aufgebaut hatten, der offizielle Geheimdienst des heutigen Kroatiens wurde. Duhaček dazu:»Ab Mai

Kriegsgewinnler und Profiteure

1990 funktionierte dieser Geheimdienst wie ein Anhängsel des BND. Die deutsche Seite verlangte eine totale Unterordnung des kroatischen Dienstes, und die hat sie auch bekommen. Sie bestimmte auch, welche kroatischen Emigranten Pässe bekamen und welche nicht.« Der Hintergrund dazu: 1945 hatten Ustascha-Faschisten das Land verlassen müssen und waren entweder nach Kanada oder Australien ausgewandert. Als sich die Unabhängigkeit Kroatiens abzuzeichnen begann, wollten viele wieder zurückkehren. Manchmal waren es auch nur mehr deren Söhne, die nach Kroatien strebten. Dort hätten sich dann die Heimkehrer oft in verschiedene Regierungsämter eingekauft. »Der Posten eines Ministerialbeamten zum Beispiel hat 300000 D-Mark gekostet«, erzählt Duhaček: »Tudjman setzte voll auf diese Leute.«

Egal wie dominant die Forderungen des BND waren: Die Kroaten wollten in die Unabhängigkeit und hätten dafür selbst mit dem Teufel Geschäfte gemacht. Bei einem persönlichen Treffen zwischen Bundesaußenminister Hans-Dietrich Genscher und Manolić im Februar 1990 – kurz vor den ersten demokratischen Parlamentswahlen in Kroatien, das damals noch zu Jugoslawien gehörte – soll Genscher seinem Gegenüber 800 Millionen Mark für den Freiheitskampf versprochen haben. »Manolić wollte das Geld gleich mitnehmen«, behauptet Duhaček. Aber Deutschland habe ihn bis auf die Zeit nach den Wahlen vertröstet. Laut Duhaček sind die Millionen dann im März 1990 von BND-Agenten in Zagreb wirklich übergeben worden – und zwar Cash. Den Einwurf, dass das verdammt viel Geld zum

Tragen sei, lässt Duhaček nicht gelten: »Die Deutschen haben dafür ja auch etwas bekommen.« Konkret hätte Manolić bereits im Februar ein weitreichendes Geheimabkommen mit Genscher getroffen, das drei wesentliche Punkte betraf:

¤ Die Zusammenarbeit des von Manolic kontrollierten Dienstes mit dem BND beim Vorgehen gegen Jugoslawien und Serbien.

¤ Manolić unterstellt einen Teil seiner Informanten direkt dem BND, was vor allem das Agentennetz in Belgrad betraf.

¤ Dafür stellt der BND alle Aufklärungsergebnisse zur Verfügung, die er und befreundete Nato-Dienste in und über Jugoslawien sammeln; speziell was die Situation der Jugoslawischen Volksarmee JNA und ihre Truppenbewegungen betrifft.

Der Deal kam einer Übergabe Jugoslawiens an Deutschland gleich: »Im Februar 1990 hieß der BND-Chef nicht Klaus Kinkel, sondern Hans-Georg Wick, ehedem Botschafter in Moskau und BND-Chef von 1985 bis 1990«, erinnert sich Ulrich Schiller in seinem Buch über die deutschen Kroaten. »Ich habe Wick anlässlich einer Veranstaltung in Berlin um ein Gespräch über Kroatien gebeten. Die Antwort war ein bedauerndes Nein.« Dafür war Duhaček umso gesprächiger: »Es gibt noch bessere Beispiele für die Macht des BND über seine kroatischen Partner«, erzählte er Elsässer: »Zum Beispiel verlangte der BND 1993/94 eine Säuberung des kroatischen Dienstes. Alle Leute, die aus der Partisanenzeit stammten,

Kriegsgewinnler und Profiteure

mussten gehen – bis auf Tudjman, für den man keinen
Ersatz gehabt hat.« Einer der Ersten, den diese Säube-
rungsaktion getroffen hat, war Manolić selbst. Seinen
Posten bekam Tudjmans Sohn Miroslav. Sein Vorgänger verließ daraufhin mit Stipe Mesić und einigen anderen Geschassten frustriert die HDZ und gründete eine
eigene Partei. »Im Gegensatz dazu«, vergleicht Duhaček,
»ist der Einfluss der US-Amerikaner geradezu harmlos
gewesen.« Als amerikanische Militärberater 1995 die
kroatische Offensive zur Eroberung der Krajina dirigier-
ten, sei dies auf Wunsch der Deutschen geschehen: »Kohl
und Genscher wollten sich nicht die Finger schmutzig
machen. Ein deutscher Militäreinsatz wäre auch verfas-
sungsmäßig nicht gedeckt gewesen.« Dafür hätten die
Deutschen heimlich Waffen geliefert, vor allem Restbe-
stände aus den ehemals sozialistischen Ländern Polen,
Tschechoslowakei und DDR: »Mit diesen Waffen waren
die Kroaten auch bestens vertraut.« Es ist beängstigend:
Laut Duhaček wurde somit Jugoslawien nicht nur von
seinen eigenen Leuten verraten, sondern der Sezessions-
krieg von westlichen Mächten auch bewusst und aktiv
gesteuert. Wobei als humanitäres Feigenblatt für alles
der »serbische Nationalismus« herhalten musste, den
es zu allem Unglück auch wirklich gab. Der letzte Präsident von Titos Jugoslawien war der Kroate Stipe Mesić.
Bei seiner Antrittsrede 1991 war für ihn schon alles klar:
»Ich werde der letzte Präsident Jugoslawiens sein. Nach
dem Ende meiner Regierungszeit wird es dieses Land in
dieser Form nicht mehr geben.« Einige Jahre später, vor
dem UN-Tribunal in Den Haag, sollte er mit dem Finger

47

auf Slobodan Milošević zeigen und sagen:»Sie haben Jugoslawien zerstört.«

Was haben diese ganzen Geheimdienstgeschichten mit dem aktuellen Hypo-Fall zu tun?, werden manche fragen. Die Antwort ist: Einiges! Denn die Zeit vor und nach den Sezessionskriegen war die Brutstätte der heutigen Affäre. Angefangen von illegalen Waffenhändlern über gewissenlose Embargobrecher bis hin zu korrupten Politikern: Sie alle verdienten am Zerfall Jugoslawiens Unsummen, die sie über ausländische Banken – und speziell mit Hilfe der HGAA – beiseite schafften. Nur wenn man die Geschichte und die Rolle der verschiedenen Protagonisten und Regierungen kennt, die dabei heimlich im Hintergrund die Fäden zogen, kann man auch die politische Dimension dieses europäischen Bankenskandals erkennen. Es ist auch nicht irrelevant zu wissen, ob und an wen der BND die Erkenntnisse aus dem SOA-Bericht über die Hypo Alpe Adria weitergegeben hat.»Der Dienst unterrichtet ausschließlich das Bundeskanzleramt sowie die zuständigen parlamentarischen Gremien über konkrete Aufklärungsziele«, meinte ein Sprecher zur *Berliner Zeitung*. Wenn nun die politischen Entscheidungsträger in München tatsächlich über die haarsträubenden Vorgänge Bescheid wussten und trotzdem, so wie behauptet wird, den BayernLB-Vorstand zu einem Kauf gedrängt haben, dann haben diese Herren ein Problem. Auch dann, wenn in Deutschland dieser Frage nicht nachgegangen werden sollte – der österreichische Staat wird sich brennend dafür interessieren. Es heißt, die Bayern fühlen sich von der HGAA schändlich hintergangen. Sie wollen des-

halb die Republik Österreich auf Schadenersatz verkla-
gen. Dieses Ansinnen kann sich der weiß-blaue Löwe in
die Mähne schmieren, wenn rauskommen sollte, dass es
der eigene Geheimdienst war, der seine Landesbank an
den Ufern des Wörthersees auflaufen ließ.

Haiders Bagdad-Millionen

Es war nur eine Frage der Zeit, bis der Deutsche Bundesnachrichtendienst auch direkt mit der HGAA-Affäre
in Zusammenhang gebracht wurde. Ende Oktober 2010
war es so weit: Der verstorbene Kärntner Landeshauptmann Jörg Haider sei bei einer seiner umstrittenen
Irak-Reisen vom BND finanziert worden, berichtete das
österreichische Nachrichtenmagazin *profil*. Die Agenten
aus Pullach seien dabei vor allem an Haiders ausgezeich-
neten Kontakten zum damaligen Machthaber Saddam
Hussein interessiert gewesen. Aber es dürfte auch darum
gegangen sein, Haiders Nahost-Eskapaden zu observie-
ren. Die Aktion soll die deutschen Schlapphüte mehrere
Hunderttausend Euro gekostet haben. Finanziert habe
die Reise in einem Privatjet die Salzburger Zweignie-
derlassung der in Malta beheimateten HCL International Ltd. (HCL). Der Laden war offiziell eine Detektei,
in Wirklichkeit ein Tarnunternehmen des BND. Inzwischen wurde das Salzburger Büro über einen Konkurs
liquidiert. »Der Bundesnachrichtendienst kann dazu
aus grundsätzlichen Erwägungen keine Stellungnahme
abgeben«, gibt sich die BND-Pressestelle gegenüber den

profil-Autoren Michael Nikbakhsh, Ulla Schmid und Martin Staudinger geheimnisvoll. Nur Wochen zuvor hatte das Trio, das in schöner Regelmäßigkeit die üblichen Verdächtigen in der Hypo-Affäre vor sich hertreibt, mit der Meldung aufhorchen lassen, dass Haider in Liechtenstein über mehrere Geheimkonten verfügt habe. In seinen besten Zeiten sollen darauf bis zu 40 Millionen Euro gebunkert gewesen sein. Einer der Hauptsponsoren des Kärntner Populisten sei Saddam Hussein gewesen: »Über zehn Millionen Euro, wahrscheinlich 15 Millionen haben sie damals aus dem Irak heimgebracht. Denen war nichts zu blöd«, notierte auch der ehemalige FPÖ-Generalsekretär und Haider-Vertraute Walter Meischberger in sein Tagebuch. Der Tiroler Ex-Nationalrat, der heute als Lobbyist seine Brötchen verdient, will diese Information aus Gesprächen mit dem ehemaligen Protokoll-Chef der Kärntner Landesregierung und früheren Haider-Sekretär Franz Koloini erfahren haben. Bei einem Besuch im Wiener Restaurant *Fino* habe dieser »aus der Schule geplaudert«, wird Meischberger von Florian Klenk in der Wiener Stadtzeitung *Falter* zitiert, die das Tagebuch veröffentlicht hat.

Der Inhalt sorgte wochenlang für aufgeregte Schlagzeilen. Eine weitere interessante Notiz betrifft Karl-Heinz Petritz, Haiders ehemaligen Pressesprecher: »Der soll ziemlich in der Hypo-Sache stecken und am Deal von Tilo Berlin kräftig mitverdient haben. Das wäre an sich noch nichts Schlimmes, aber die Herkunft des Geldes schon.« Fünf Millionen Euro sollen es gewesen sein, die angeblich in einem Koffer aus der Schweiz nach

München gebracht und in die Hypo investiert worden sind. Dabei soll es sich um Geld vom Konto der ermordeten Söhne Saddam Husseins gehandelt haben. Petritz bringen solche Vorwürfe zur Weißglut: »Ich verklage jeden, der das behauptet.« Er wisse auch nichts von Geheimkonten, und ihm sage »der Hausverstand«, dass die behaupteten Summen »viel zu hoch gegriffen sind«. Er könne für die Jahre von 1999 bis 2004, als er in Kärnten war, »de facto ausschließen«, dass Haider derartige Geschäfte gemacht hätte. »Wie soll jemand, der vor lauter Arbeit kaum Zeit zum Essen hatte, so nebenbei nach Vaduz fahren?«, fragt sich der ehemalige Vertraute: »Haider war nie in Liechtenstein.« Nach der Veröffentlichung der Tagebücher waren sich dann auch Walter Meischberger und seine Quelle Franz Koloini nicht mehr sicher, wer nun eigentlich wem was erzählt hat: Er habe sich nur auf »Gerüchte« berufen, die ihm Haiders Ex-Sekretär zugetragen habe, relativierte Meischberger – gegen den im Zuge der Buwog-Affäre separat ermittelt wird[4] – seine privaten Aufzeichnungen. Und der »schöne Franz«, wie Koloini genannt wurde, ein ehemaliger Kellnerlehrling, bevor er zu Haiders »Buberlpartie«[5] stieß,

---

4   Meischberger hat bei der Privatisierung der Bundeswohnungsgesellschaft Buwog an die Immofinanz 2004 fast 8 Millionen Euro Provision kassiert. Dabei soll es zu illegalen Absprachen gekommen sein. Die Staatsanwaltschaft ermittelt und hat bei einer Hausdurchsuchung auch das Tagebuch beschlagnahmt.

5   Eine Gruppe junger Politiker, die während Haiders politischem Aufstieg (1986 bis 1999) dessen engsten Kreis bildeten. Sie kamen alle nicht aus dem Parteiapparat und waren nur ihm gegenüber loyal.

Kriegsgewinnler und Profiteure

will von Meischberger selbst auf die ominösen Spenden angesprochen worden sein:»Ich habe ihm dann gesagt, das hätte ich auch gehört. Ich könne es aber weder bestätigen noch verneinen.« Sollte sich wider Erwarten herausstellen, dass die Konten doch existieren, wird für Petritz jedenfalls keine Welt zusammenbrechen:»Dann hat es der Jörg wieder einmal geschafft, uns alle zu überraschen.«

Im Visier der Geheimdienste

Für *profil* deutet vieles darauf hin, dass die BND-Aktion bei Haiders Irakreise»in Absprache mit dem US-amerikanischen Geheimdienst CIA erfolgt ist«. Das scheint plausibel: Die beiden Dienste unterhalten traditionell enge Kontakte. Speziell wenn es um den Kampf gegen einen gemeinsamen Feind geht – und was früher der Bolschewismus war, ist heute der internationale Terrorismus. In den inoffiziellen Abteilungen der jeweiligen Dienste findet dieser Kampf schon lange über alle nationalen Grenzen und auch über politische Gegensätze und Differenzen hinweg statt.»Einer der bekanntesten europäischen Rechtspopulisten an der Seite Saddam Husseins, und das am Vorabend des Krieges: Das musste auch das Weiße Haus auf den Plan rufen«, folgert *profil* nicht zu Unrecht. Dafür spricht auch der Umstand, dass sich im Sommer 2010 der Vizedirektor der CIA, Michael J. Morell, höchstpersönlich in Wien über den Ermittlungsstand in der Causa Hypo Alpe Adria erkundigt hat.

52

Der amerikanische Spitzenagent soll bei der Gelegenheit sogar einige Unterlagen beigesteuert haben. Und der kroatische Geheimdienst SOA bringt Haider ebenfalls mit der CIA in Verbindung, wenn auch nur über einen Mittelsmann. Namentlich handelt es sich dabei um den Austro-Kanadier und Ex-Formel-1-Rennstallbesitzer Walter Wolf, der während der Sezessionskriege auch im Waffengeschäft tätig war. »Wolf lieferte der CIA Angaben zu russischen Kapitalzuflüssen in die HAAB sowie zu Transaktionen aus arabischen Ländern, die über kroatische Verbindungen, aber auch über Jörg Haider persönlich, abgewickelt wurden«, behauptet der kroatische Staatssicherheitsdienst. Der umtriebige Geschäftsmann, unter dessen Namen in Ex-Jugoslawien sogar eine eigene Zigarettenmarke vertrieben wird, habe die CIA von Anfang an auch »über die Verwicklungen der HAAB in den Waffenhandel« informiert. Insbesondere als dieser Ausmaße erreichte, welche die kroatischen Bedürfnisse überstiegen und er sich der internationalen Kontrolle entzog. Demnach haben die einstigen Helden der Nation nicht nur Kroatien aufgerüstet, sondern auch mit anderen Ländern einen regen Warenhandel geführt – und was den Amis besonders sauer aufstieß: auch mit dem Irak.

Einer der Hauptbeteiligten bei diesen Geschäften war laut SOA Vladimir Zagorec, ein gelernter Geometer und ehemaliger Inhaber eines kleinen Jagdwaffengeschäfts in Velika Gorica, einer mittelgroßen Stadt südlich von Zagreb. Der frühere Chefwaffeneinkäufer und General a. D. gehört zu jenen Militärs, die erst während des Krie-

Kriegsgewinnler und Profiteure

ges Karriere machten. Seine militärische Laufbahn begann 1993 als Chauffeur von General Ivan Čermak[6], der zu diesem Zeitpunkt Vize-Verteidigungsminister und oberster Logistiker der kroatischen Armee war. Schon nach einigen Monaten beerbte Zagorec seinen Chef auf dessen Posten und übernahm die Aufrüstung des jungen Staates. Als Vertrauensmann Tudjmans konnte er dabei unkontrolliert über Millionen verfügen; als zweitwichtigster Mann im Verteidigungsministerium genoss er auch die Protektion des langjährigen Kriegsministers Gojko Šušak. Nach dessen Tod wurde Zagorec die heimliche Nummer Eins im Verteidigungsministerium, obwohl er nie Minister war. Als Andrija Hebrang, der tatsächliche Ressortchef, ihn entlassen wollte, musste dieser selbst gehen. »Zagorec hat den Präsidenten mit irgendwas in der Hand gehabt«, vermutet der ehemalige Tudjman-Vertraute Marin Tomulić: »Ich habe nie erfahren, womit.« Erst nach dessen Tod und der Niederlage der HDZ bei den Wahlen 2000 musste Zagorec sein Ministerium verlassen, blieb aber noch ein paar Monate Direktor der RH Alan d.o.o., jener staatlichen Agentur, über die sämtliche Waffeneinkäufe gelaufen sind. Die Zeit reichte, um dort alle verdächtigen Spuren zu verwischen und Beweismaterial gegen andere zu sichern. Die noch vorhandenen Dokumente sind für Zagorec eine Art

---

6   Čermak war oberster Kommandant der Krajina-Offensive »Sturm«
    (August 1995) und ist Angeklagter im Den Haager Kriegsverbrecher-
    prozess.

Lebensversicherung und angeblich bei seinem Anwalt Zvonimir Hodak deponiert. Seine eigenen Deals soll der General im Kriminal ohnedies meist ohne Zeugen und ohne schriftliche Aufzeichnungen abgewickelt haben. Daher ist auch nicht bekannt, über wie viel Geld die RH Alan zuletzt verfügt hat. Der Großteil war auf etliche Auslandskonten verteilt und wird auf einige hundert Millionen Euro geschätzt. Einige dieser Konten waren von Zagorec persönlich eröffnet worden, der nach dem Tod von Tudjman und Šušak auch der Einzige war, der darauf Zugriff hatte. Nach seiner Entlassung aus dem Staatsdienst, so vermuten kroatische Ermittlungsbehörden, soll Zagorec das Staatsvermögen heimlich auf Privatkonten umgeschichtet haben.

Explosive Konten

So wie General Ante Gotovina – der in Den Haag wegen Vertreibung und Ermordung serbischer Zivilisten angeklagt ist – genießt auch Vladimir Zagorec in weiten Teilen Kroatiens den Ruf eines Volkshelden, der in schwierigen Zeiten geholfen hat, das Land zu verteidigen: Kein anderer Armeeangehöriger, auch nicht Franjo Tudjman, wurde mit mehr Orden ausgezeichnet. Das erklärt auch, weshalb der passionierte Zigarrenraucher bis zum Machtwechsel und der Abwahl der HDZ im Jahr 2000 unantastbar blieb, obwohl es schon früh Gerüchte über veruntreute Staatsgelder gab. Tudjmans Waffengeneral stand auch nie auf der Liste der Chefanklägerin

des Haager Tribunals, Carla Del Ponte. Im Gegensatz zu
Gotovina war Zagorec nie in Kampfhandlungen oder gar
Menschenrechtsverletzungen involviert. Der stramme
Militär war nicht einmal ein Schreibtischtäter: Von sei-
nem Büro im Verteidigungsministerium aus wurden
auch keine Truppen verschoben – sondern nur enorme
Geldsummen.

Wann immer Zagorec Bares brauchte, ging er zu Biljana Sučić: Die frühere Kabinettchefin unter Finanzminister Jozo Marinović arbeitete in der Devisenabtei-
lung der Privredna Banka Zagreb (PBZ) und war auch
für die Finanzen des staatlichen Waffenmonopolisten
RH Alan zuständig. Sučić schätzt, dass sie in ihrer akti-
ven Zeit Anweisungen von rund zwei Milliarden Dollar
durchgeführt hat. Das meiste wäre für die Aufrüstung
bestimmt gewesen und sei über verschiedene Scheinfir-
men gelaufen:»Denn wir mussten wegen des Waffenembargos sehr vorsichtig sein.« Weit über 500 Millionen soll allein Zagorec von der RH Alan bekommen
haben, ohne dass sie je erfahren hätte, wofür das Geld
verwendet worden wäre.»Es hieß immer, das falle unter
Staatsgeheimnis«, wundert sie sich noch immer. An-
gefordert hätte das Geld entweder Zagorec selbst oder
seine Sekretärin Snježana Šiprak.»Kleinigkeiten bis zu
500 000 Euro« seien meist von einem seiner Leute abgeholt worden.»Manchmal habe ich auch eine Order auf
meinen Pager bekommen«, erzählt Sučić und blättert
einen Terminkalender aus dem Jahre 1997 auf.»Anruf
von Snježana um 13.15 Uhr, Auszahlung an Latham &
Watkins: 115 000 Dollar«, steht dort am 2. Januar:»Ich

glaube, das waren Anwaltskosten für das Haager Tribunal.« Am gleichen Tag um 10.55 Uhr sei auch eine Nachricht auf ihrem Pager eingegangen:»67 000 Dollar für Virginia; 27 500 Dollar für Blackstone«, lautete der Befehl. Was sich hinter diesen Namen verbirgt, will sie nicht verraten:»Das ist eine Frage für Herrn Zagorec.« Sučić, die heute Terezija Barbarić heißt und angeblich nie ohne kugelsichere Weste und Waffe das Haus verlässt, erinnert sich nicht gern an diese Zeit:»Ich war ziemlich naiv und habe meinen Job sehr ernst genommen. Als ich merkte, was wirklich ablief, gab es keinen Weg mehr zurück.« Franjo Tudjman und Gojko Šušak hätten ihr persönlich verboten, den Job zu wechseln. Es gab auch keinen Ersatz: Sie war die Einzige, die sich im internationalen Bankgeschäft auskannte und mehrere Sprachen beherrschte.»Das erste Auslandskonto für Kroatien hat Tudjmans Bürochef Hrvoje Šarinić 1990 in Zürich eröffnet«, erzählt die blondgefärbte Brillenträgerin, die heute unerkannt in einem Steueramt sitzt: »Doch als der Krieg ausbrach, hat die Schweizer Regierung darauf bestanden, das Konto aufzulösen.« Diesbezüglich ist Österreich offensichtlich großmütiger gewesen: Die ersten Konten gab es bei der Bank für Kärnten und Steiermark sowie der ehemaligen Österreichischen Länderbank in Villach, später folgte ein weiteres bei der Kärntner Sparkasse in Klagenfurt. Aber auch bei der Banca die Credito di Triest, der Banca Commerciale Italiana in Palermo und der Londoner Midland Bank war das kriegführende Kroatien als Kunde willkommen. Und irgendwann zierten sich auch die Schweizer nicht mehr

Kriegsgewinnler und Profiteure

und gaben der neuen Staatsregierung bei der Union
Bank of Switzerland in Genf das Konto mit der Nummer
511.629 KH. Zeichnungsberechtigt sei immer nur eine
Handvoll hochrangiger Politiker und HDZ-Funktionäre
gewesen. Zagorec soll bei diesen Konten laut Sučić nicht
dazugehört haben: »Jedenfalls nicht bis 1998.« Er hätte
ohnedies seine eigenen Konten und Schließfächer gehabt: Zuerst bei der Bawag in Graz und später bei der
Hypo Alpe Adria in Klagenfurt und in Liechtenstein.

Eine Behörde kommt auf Touren

Anfang 2001, nachdem die seit 1990 regierende HDZ-
Partei des 1999 verstorbenen Tudjman abgewählt war,
leitete die sozialliberale Koalition unter Premierminister
Ivica Račan nach einem Kassensturz bei der RH Alan eine
interne Untersuchung im Verteidigungsministerium
ein. Parallel dazu wurde die Behörde zur Bekämpfung
von Korruption und organisierter Kriminalität USKOK
gegründet. Die Leitung untersteht einem Staatsanwalt,
der vom Generalstaatsanwalt nach Rücksprache mit dem
Justizminister ernannt wird. Seine Nominierung erfolgt
auf vier Jahre, mit der Möglichkeit einer Wiederwahl.
Derzeitiger USKOK-Chef ist Dinko Cvitan, amtierender
Generalstaatsanwalt ist Mladen Bajić. Letzterer untersteht im Gegensatz zu seinen Kollegen in Österreich
oder Deutschland nicht dem Justizministerium, sondern
dem Parlament. Dementsprechend schwierig gestalten
sich auch eventuelle Ermittlungen gegen Mitglieder

einer Regierungspartei. In der Vergangenheit standen daher auch nur eher belanglose Delikte im Fokus der nationalen Korruptionsbekämpfung. Seit dem Rücktritt von Premierminister Ivo Sanader im Juli 2009 und dem Amtsantritt seiner Nachfolgerin Jadranka Kosor wird jedoch scharf geschossen: Dabei stehen auch ehemalige Minister sowie die Chefetagen zahlreicher Staatskonzerne im Visier – und je schwächer die HDZ im Parlament wird, umso stärker kommen die USKOK-Ermittler auf Touren.

Eine ihrer ersten Operationen trägt den Codenamen *Maestro* und ist noch immer am Laufen. Dabei geht es um Korruptionsvorwürfe im Bankenbereich, die insbesondere die Leitung des kroatischen Privatisierungsfonds HFP betreffen. Die Ermittlungen umfassen auch den Geschäftsbereich der HGAA und sorgten im Juni 2007 mit der Verhaftung von drei der vier Vizepräsidenten des HFP für einen gewaltigen Paukenschlag. Im Zuge dieser Operation stieß die Antikorruptionsbehörde Ende 2008 auch auf die Affäre Brodosplit, bei der es um die angebliche Veruntreuung von drei Millionen Euro bei den Privatisierungsbestrebungen zweier Werften in Split geht. In diesem Zusammenhang untersucht die USKOK auch eine mutmaßliche Verstrickung des ehemaligen Premierministers Ivo Sanader, der nur ein halbes Jahr nach Auffliegen dieses Skandals unerwartet zurücktrat. Im selben Fall soll laut kroatischen Medien auch gegen den amtierenden Verteidigungs- und ehemaligen Wirtschaftsminister Branko Vukelić ermittelt werden.

Im März vergangenen Jahres setzte die USKOK zu

Kriegsgewinnler und Profiteure

einem weiteren Paukenschlag an: Da wurde im Zuge
der *Afera spice* Sanaders letzter Vizepremier und Wirtschaftsminister Damir Polačec verhaftet. Bei dieser Affäre geht es um den Verdacht der Veruntreuung von rund
34 Millionen Euro. Beschuldigt sind mehrere ehemalige
Direktoren des Nahrungsmittelkonzerns Podravka d.d.,
die versucht haben sollen, sich durch Scheindarlehen
25 Prozent der Aktien des staatsnahen Unternehmens
zu erschleichen. Polančec wies jegliche Verantwortung
in diesem Fall von sich, trat jedoch zurück, um die Regierung Kosor nicht zu belasten, wie er den Medien mit-
teilte. Laut USKOK muss er aber über die Machenschaften zumindest informiert gewesen sein: Immerhin war er
vor seiner Bestellung zum Minister Direktor dieses Konzerns gewesen und hat auch später noch großen Einfluss
auf das Unternehmen ausgeübt.»Außerdem wäre ohne
sein Wissen eine derart kompakte Aktienübernahme
nicht durchführbar gewesen«, heißt es aus USKOK-Krei-
sen – und mit der Verhaftung des kroatischen Industriellen Robert Ježić und seines Gönners Ivo Sanader erreichte die Arbeit der Antikorruptionsbehörde im letzten Dezember einen vorläufigen Höhepunkt.

Die konsequente Vorgehensweise kommt nicht von
ungefähr: Die auf allen Ebenen wuchernde Korruption
ist eines der Haupthindernisse im laufenden EU-Bei-
trittsprozess. Auf dem jährlichen Korruptions-Index
von Transparency International hält sich Kroatien auf
einer Skala von Null (sehr korrupt) bis Zehn (frei von
Korruption) zurzeit bei 4,1 Punkten. Analysten beziffern
den durch Korruption entstehenden Schaden mit rund

60

800 Millionen Euro pro Jahr. Soll das Land in die Europäische Union aufgenommen werden, muss es den gegenwärtigen Korruptionssumpf schnellstens austrocknen. Das weiß auch die jetzige Regierungschefin Jadranka Kosor, was die ehemalige Journalistin noch in Gewissenskonflikte bringen könnte. Immerhin war Kosor neun Jahre lang stellvertretende Vorsitzende der HDZ und die rechte Hand von Ivo Sanader. Der Ex-Premier übte an den Ermittlungen unter seiner Nachfolgerin auch bereits mehrfach Kritik. Seiner Meinung nach würden die Untersuchungen gegen Mitglieder der HDZ nur zur Destabilisierung der Partei beitragen. Im Gegensatz dazu goss sein ehemaliger Parteikollege, Ex-Präsident Stipe Mesić, geradezu Öl ins Feuer, indem er stets auch die Einvernahme Sanaders zu gewissen Korruptionsfällen forderte. Womit auch künftig für Spannung gesorgt ist: Denn im Gegenzug drohte Sanader schon vor seiner Verhaftung, er werde bei dieser Gelegenheit der Antikorruptionsbehörde auch einiges über Mesić erzählen.

Ein Immobilienreich als Exil

Die bisher größte USKOK-Aktion lief bereits Anfang 2001 unter strengster Geheimhaltung an. Konkret geht es bei der *Operacija Dragulji* (Operation Juwelen) um die Unterschlagung von mehreren hundert Millionen Euro im Zusammenhang mit dem illegalen Waffenhandel während des Kroatienkrieges. Als die Geheimoperation begann, war der ehemalige Chefwaffeneinkäufer

Kriegsgewinnler und Profiteure

Kroatiens, Vladimir Zagorec, gerade dabei, sich in Österreich ein neues Leben aufzubauen. Er bewohnte im steirischen Örtchen St. Marein im Mürztal eine Villa am Gärtnerweg, die offiziell einem Ziviltechniker aus Kapfenberg gehörte, in dessen Unternehmen der gelernte Geometer und Diplomingenieur nach eigenen Angaben vorübergehend auch in »leitender Funktion« tätig war. Was genau seine Funktion war, weiß keiner. Kroatische Ermittler vermuten, dass sie überhaupt nur Tarnung war, um unauffällig seiner tatsächlichen Beschäftigung als Konsulent beim griechischen Geschäftsmann und internationalen Waffenhändler Konstantinos Dafermos nachgehen zu können. Gleichzeitig hat sich der hochdekorierte General a. D. ein umfangreiches Immobilienimperium[7] aufgebaut, das vor allem mit Krediten der HGAA finanziert wurde. Das gesamte Kreditvolumen Zagorecs liegt laut Ex-Hypovorstand Wolfgang Kulterer bei rund 140 Millionen Euro. Die kroatische Staatsanwaltschaft vermutet eine Kreditlinie von 260 Millionen. Die Wahrheit liegt wahrscheinlich wie immer in der Nähe der Mitte.

Seine ersten Spuren als Unternehmer hinterließ der ehemalige Waffenschieber 2003 mit der Börseplatz 1 Erwerbs- und Entwicklungs GmbH. Über sie kaufte er mit dem Immobilienentwickler Georg Schwarcz von der Österreichischen Post AG die frühere Wiener Telegrafenzentralstation, ein denkmalgeschütztes Gebäude,

---

7 Siehe Organigramm, Seite 273, 274.

Kriegsgewinnler und Profiteure

aus dem die beiden ein Luxushotel machen wollten. Der Kaufpreis in Höhe von 22 Millionen Euro stammte von der Klagenfurter Hypo, die mit diesem Betrag noch immer in der Luft hängt, während sich Schwarcz als Geschäftspartner bereits verabschiedet hat. An seine Stelle trat dann im Mai 2006 die CEE Invest Holding AG des Ex-Steuerberaters der Bank, Hermann Gabriel. Inzwischen ist Zagorec über eine Privatstiftung alleiniger Besitzer des Objekts, dessen Umbau bis heute wegen gewisser Denkmalschutzauflagen nicht realisiert werden konnte. Normalerweise müssten solche Probleme schon bei der Planung berücksichtigt sein, weshalb hier der Verdacht einer reinen Immobilienspekulation im Raum steht, an der auch ehemalige Hypo-Manager beteiligt sein sollen.

Auch der Salzburger Kranhersteller und Großindustrielle Hubert Palfinger hat sich vorzeitig aus einem Zagorec-Projekt zurückgezogen. In diesem Fall wäre es um den Bau eines Büro- und Wohnkomplexes in der kroatischen Hafenstadt Pula gegangen, der über die 2003 gegründete österreichische PZ Investment GmbH (PZ GmbH) und deren kroatische Tochter PZ Ulaganja d.o.o. (PZ d.o.o.) durchgeführt werden sollte. Erstere Gesellschaft wurde im September 2005 wieder gelöscht. Die PZ d.o.o. gehört inzwischen der Liechtensteiner Altus Invest Establishment, die ihren Sitz in der Vaduzer Kanzlei der Gebrüder Hoop & Hoop hat. Palfinger, dessen Unternehmen bei der Herstellung von Mobilkränen Weltmarktführer ist, will nach Aussage seines Konzernsprechers Hannes Roither mit diesen Firmen keine Geschäfte gemacht haben: »Es hat zu keinem Zeitpunkt eine Geschäftsbe-

ziehung zwischen der Palfinger-AG-Gruppe und Herrn
Zagorec gegeben«, versichert Roither. Es hätte lediglich
»zwischen 2002 und 2005 Überlegungen zu möglichen
gemeinsamen Immobilienprojekten in Kroatien gegeben«. Allerdings sei kein einziges Projekt umgesetzt
worden: »Herr Palfinger hat sich daher aus den gemeinsamen Projektgesellschaften wieder zurückgezogen.«
Laut Roither gab es, »solange Herr Palfinger involviert war, auch keine Finanzierungen über die Hypo
Alpe Adria«. In einem Bericht der Österreichischen Nationalbank (OeNB) vom 25. Mai 2007 wird diese Situation anders dargestellt. Dort heißt es zu einem für die
PZ d.o.o. genehmigten Rahmenkredit von neun Millionen Euro bei einer Laufzeit bis 2016 wörtlich: »Zum
Zeitpunkt der Kreditantragstellung (11/2004) bestand
noch folgende Eigentümerstruktur: Capital Investment
GmbH (100-prozentige Tochtergesellschaft von Hrn.
Palfinger) und Hr. DI Zagorec halten je 50 Prozent an
der PZ Investment GmbH, Salzburg (Geschäftsführer
waren Hr. Palfinger und Hr. DI Zagorec), diese Gesellschaft hat wiederum 100 Prozent an der PZ Ulaganja gehalten.« Nicht erwähnt wird in dem OeNB-Bericht, dass
im Dezember 2004 – also einen Monat nach Kreditantrag – Palfingers Capital Investment Alleingesellschaf-
terin der PZ GmbH und damit auch der kroatischen
Tochtergesellschaft wurde. Laut einer Kreditaufstellung
von PriceWaterhouseCoopers waren bei der PZ d.o.o. im
November 2009 rund 10,4 Millionen Euro ausständig.
Die hinterlegten Sicherheiten wurden dabei mit Null
bewertet. Ein Manko, das auch zwei Jahre zuvor von den

OeNB-Prüfern bekrittelt wurde. »Die Kredite wurden trotz fehlender Eigenmittel zugezählt«, heißt es in ihrem Bericht. Darin warnen sie auch generell vor Kreditvergaben bei Beteiligung liechtensteinischer Gesellschaften: »Da derartige Konstruktionen sich grundsätzlich dazu eignen, missbräuchlich verwendet zu werden.« Abgesehen von diesem vergessenen Projektkredit müssen die »Überlegungen zu möglichen gemeinsamen Immobilienprojekten«, wie Roither die Geschäftsbeziehung seines Konzernchefs zu Zagorec beschreibt, auch bei anderen Vorhaben bereits konkret gewesen sein. So etwa wurde im Mai 2004 die Salzburger Hotel Investment GmbH mit der Wiener PZ GmbH als übernehmende Gesellschaft verschmolzen. Gegründet hat die Hotelgesellschaft Anfang 2002 Palfingers Capital Investment, die bereits ein Jahr später die Hälfte ihrer Anteile an Zagorec abtrat. Ob auch ein Vermögen bei der Verschmelzung eingebracht wurde, lässt sich nicht feststellen. Es ist aber anzunehmen, dass ein gewisser Wert – und sei es nur ein steuerlicher – vorhanden war, da eine Einbringung sonst kaum einen Sinn gehabt hätte.

Genauso undurchsichtig ist die gegenseitige Geschäftsbeziehung bei der ebenfalls Anfang 2002 gegründeten MT Log Consult GmbH. Sie verlief ähnlich wie die zuvor beschriebene, nur mit umgekehrten Vorzeichen: Diesmal wurde das Unternehmen von Zagorec gegründet, der dann Anfang Januar 2005 seine Anteile an die Revisa Wirtschaftsprüfung GmbH & Partner abtrat, die als Treuhandgesellschaft für Palfinger fungieren soll. Geschäftszweck der MT Log, die jahrelang keine Bilanzen legte, soll die Entwicklung von Logistik-Systemen sein. Als sicher gilt, dass sie nie etwas mit Immobilienprojekten in Kroatien zu tun hatte. Trotzdem steht auch diese Gesellschaft – neben allen anderen Palfinger/Zagorec-Unternehmungen – im Fokus der kroatischen Staatsanwaltschaft, die hinter den meisten Geschäftsaktivitäten des Ex-Generals die raffinierte Verschiebung von unterschlagenen Staatsgeldern vermutet.

Geldwäsche und Fête blanche am Wörthersee

Die Verhaftung von Vladimir Zagorec am 13. März 2007 verlief genauso diskret, wie der Mann bis dahin seine Geschäfte abgewickelt hatte: Egal, ob früher als Ex-Vizeverteidigungsminister und Chefwaffeneinkäufer für Kroatien oder später als Immobilienhändler in Wien. Die fünf Männer, die gegen 17 Uhr vom Wiener Kohlmarkt in die Wallnerstraße einbogen, waren leger gekleidet und gingen zielstrebig ins Haus Nummer zwei. Nach knapp einer Stunde verließ die Gruppe genau so unauffällig, wie sie gekommen war, wieder das Gebäude in Begleitung des Ex-Generals und seines Anwalts. Die Verhaftung selbst soll völlig reibungslos über die Bühne gegangen sein.»Er hat sich wie ein Sir verhalten, wie es sich für einen ehemaligen Minister gehört«, erinnert sich einer der beteiligten Verfassungsschutzbeamten. Der Kroate sei in keiner Weise überrascht gewesen und habe mit der Festnahme gerechnet.»Es gab eine Terminanfrage der Polizei, der Herr Zagorec natürlich zugestimmt

Kriegsgewinnler und Profiteure

hat«, bestätigte auch Rechtsanwalt Gerald Ganzger die in fast schon amikaler Atmosphäre stattgefundene Polizeiaktion gegenüber dem *profil.* Seine Kanzlei Lansky, Ganzger & Partner hatte kurzfristig die Vertretung des prominenten Klienten übernommen, in der Folge aber das Mandat zurückgegeben, da man sich nicht auf eine einheitliche Verteidigungsstrategie einigen konnte. Zagorec wollte weiterhin lauthals den kroatischen Volkshelden markieren, während Ganzger lieber in aller Ruhe eine Imagekorrektur in Richtung politisches Opfer angestrebt hätte.

Zagorec, der seit seiner Entlassung aus dem Staatsdienst im Jahre 2000 in Österreich lebte und dem die kroatische Justiz inzwischen die Veruntreuung von Staatsgeldern vorwirft, blieb allerdings nur drei Tage in Auslieferungshaft. Dann kam der gelernte Geometer, der sich während des letzten Balkankrieges mit enormer Geschwindigkeit im kroatischen Verteidigungsministerium vom Chauffeur zum Cheflogistiker hochgedient hatte, nach Hinterlegung einer Kaution in Höhe von einer Million Euro wieder frei. Während des fast 18 Monate lang dauernden Auslieferungsverfahrens konnte sich der General a. D. in Österreich vollkommen frei bewegen und wurde nicht müde, sein Gastland bei jeder Gelegenheit zu loben:»Meiner Ansicht nach gäbe es Kroatien nicht, hätte Österreich nicht in diesem Ausmaß, also politisch, humanitär, wirtschaftlich und auf alle anderen Arten, geholfen.« Heute sind es gerade diese »anderen Arten« der Hilfe, die auch im Zuge der aktuellen HGAA-Ermittlungen immer wieder hochkommen und für manche der Beteiligten noch zum Problem werden könnten: Denn Zagorec hat des Öfteren betont, dass er seine Waffengeschäfte immer mit dem Wissen aller involvierter Staaten abgewickelt hätte – trotz bestehendem UN-Embargo.

»Wehe dem Land, wenn Zagorec nach Kroatien ausgeliefert wird und er im Zuge seines Prozesses – und sei es nur, um seine Unschuld zu beweisen – alle Hintergründe seiner Waffendeals auffliegen lässt«, warnte damals der österreichische Nationalratsabgeordnete der Grünen, Werner Kogler. Für den Politiker, der für seine Partei auch im seinerzeit gerade laufenden Parlamentarischen Banken-Untersuchungsausschuss saß, zeichnete sich bereits während der diesbezüglichen Zeugeneinvernahmen ab, dass »ein Großteil der finanziellen Transaktionen anscheinend über österreichische Banken gelaufen ist«. Genau auf diese Vermutung gründete sich auch ein Rechtshilfeansuchen der kroatischen Staatsanwaltschaft DORH, in dem auch erstmals der Ex-Vorstand der Kärntner Hypo, Günter Striedinger, und der ehemalige Steuerberater der Bank, Hermann Gabriel, namentlich als Helfershelfer des geschäftstüchtigen Waffenlieferanten genannt werden. Es bestehe bei dem Finanzkarussell des Trios der »hinreichende Verdacht, dass es sich um einen klassischen Fall von Geldwäsche handelt«, schrieb der stellvertretende Generalstaatsanwalt Lazo Pajić im März 2007 nach Wien. Damals war Striedinger in der HGAA bereits Geschichte und die Verkaufsverhandlung mit der BayernLB gerade im vollen Gang. Zwar wurde Zagorec später von Österreich widerwillig an Kroatien ausgeliefert: Doch in Kärnten, das während der Sezessionskriege im zerfallenden Jugoslawien ein Tummelplatz der kroatischen Kriegsgewinnler war, die dort ihre Beute bunkerten, wurden die gerichtlichen Untersuchungen gegen die vermuteten Handlanger relativ bald ergebnislos eingestellt. »Damals hat ja noch der Haider regiert«, heißt es dazu in Klagenfurt. Und *Die Zeit* spöttelte: »Schwarzgeldjäger und Fête blanche am Wörthersee – eine absurde Vorstellung.«

Die verschwundenen Juwelen

Die Verhaftung Vladimir Zagorecs erfolgte aufgrund eines internationalen Haftbefehls: Der 1963 in Zagreb geborene Ex-General soll »als Mitarbeiter und Amtsträger im Verteidigungsministerium ... in seiner Funktion als Ministerialdirektor für Beschaffung, Herstellung und Nachschub ... am 7. September 1993 vom deutschen Staatsbürger Josef Rothaichner eine unbestimmte Menge von Juwelen im Gegenwert von 5 Mio. US-Dollar« unterschlagen haben. Die Edelsteine hätten sich in »zwei schwarzen sogenannten Fliegertaschen« befunden und wären Zagorec als Sicherheit und gegen eine entsprechende Anzahlung in Devisen für einen noch nicht abgewickelten Waffendeal übergeben worden. »Vladimir Zagorec hat die Juwelen in Empfang genommen und in den Safe seines Büros gelegt, wobei er bewusst versäumte, dies in den amtlichen Unterlagen des Verteidigungsministeriums zu vermerken«, heißt

Kriegsgewinnler und Profiteure

es im Rechtshilfeansuchen der DORH. Als Rothaichner
weder die bestellten Waffen lieferte noch die erhaltene
Anzahlung zurückbezahlte, habe Zagorec »diese Juwelen in der Absicht, sich zu bereichern, für sich behalten.
Dies geschah am 17. Februar 2000, als er aus dem Amt
des Ministerialdirektors enthoben wurde.« Aufgrund
der »hinreichenden Verdachtslage« habe das Zagreber
Gespannschaftsgericht ein Strafverfahren gegen den
Beschuldigten eröffnet und »wegen Nichterscheinen
vor Gericht, Zeugenbeeinflussung und der schwerwie-
genden Tatumstände eine Untersuchungshaft angeordnet«, begründet Pajić seinen Auslieferungsantrag im
Detail.

Zagorec hat diesen bis zuletzt bekämpft. Das Verfahren durchlief alle Instanzen. Doch Ende September 2008
unterschrieb auch Justizministerin Maria Berger (SPÖ)
die Verfügung zur Auslieferung des Ex-Generals und
ließ einen Haftbefehl wegen Fluchtgefahr ausstellen.
Diesmal lief seine Verhaftung allerdings nicht so diskret
ab: In der Nacht auf den 27. September stürmten Cobra-
Beamte seine Wohnung und nahmen ihn fest. Bereits
am nächsten Morgen schrieb seine Anwältin Elisabeth
Rech der Justizministerin eine E-Mail: »Ich darf Sie
nochmals ausdrücklich und eindringlich darauf hinwei-
sen, dass für meinen Mandanten Gefahr für Leib und
Leben besteht, sollte der von Ihnen angeordnete Vollzug
zur Auslieferung nach Kroatien tatsächlich erfolgen.«
Es half nichts: Der Ex-General wurde nur Tage später
nach Zagreb überstellt und im März 2009 nach einem
aufsehenerregenden Prozess wegen Amtsmissbrauch

und Veruntreuung zu sieben Jahren Haft verurteilt. Das Urteil wurde ein Jahr später vom Obersten Gerichtshof Kroatiens bestätigt und ist seither rechtskräftig. Es sei im Rahmen des Gerichtsverfahrens zweifelsfrei erwiesen worden, dass Zagorec die Tat begangen habe, hieß es in der Urteilsbegründung, die sich auf die Aussagen von drei Belastungszeugen stützte – diese waren: Ex-Sekretärin Snježana Šiprak, Terezija Barbarić, die beim staatlichen Waffenmonopolisten RH Alan, wo Zagorec Direktor war, die Finanzen geschaukelt hatte – und vor allem auf die Aussage von Hrvoje Petrač, einem gefürchteten Unterweltboss.

Petrač entstammt ebenfalls dem Waffenschiebermilieu und war einst ein enger Mitarbeiter von Zagorec, ehe es zwischen den beiden zum Bruch kam. Als Grund werden in Zagreber Mafiakreisen Zwistigkeiten bei der Aufteilung der ins Ausland verschobenen gemeinsamen Waffenerlöse genannt. Ein anderes Gerücht besagt, dass Zagorec sich permanent geweigert habe, die Flucht seines Generalskollegen Ante Gotovina, der nach Den Haag ausgeliefert werden sollte, mitzufinanzieren: Im Gegensatz etwa zur Hypo, die über Petrač drei Millionen Euro beigesteuert haben soll. Als sicher gilt, dass es um Geld gegangen ist, denn am 23. Februar 2004 wurde der damals 16-jährige Sohn Zagorecs entführt und erst vier Tage später nach Zahlung eines Lösegeldes von 750 000 Euro wieder freigelassen. Petrač wurde als Drahtzieher der Kindesentführung überführt und noch im selben Jahr zu sechs Jahren Haft verurteilt. Der Urteilsspruch erfolgte in Abwesenheit, da sich der umstrittene Geschäftsmann und Hypo-Kunde – er betreibt u.a. ein Versicherungsunternehmen – gleich nach der Tat mit einem gefälschten Pass nach Griechenland abgesetzt hatte. Dort wurde der Kindesentführer, gegen den ein internationaler Haftbefehl bestand, Ende August 2006 in der westgriechischen Hafenstadt Igoumenitsa aufgegriffen und nach Kroatien ausgeliefert. Seine erste Reaktion war eine offene Drohung gegen Ivo Sanader: »Ich wünsche meinem Ministerpräsidenten *Smranader* viel Glück bei seinem politischen Selbstmord«, meinte Petrač nach seiner Verhaftung gegenüber Journalisten. Wobei der Name kein Versprecher, sondern ein Wortspiel war: Denn Smrad ist das kroatische Wort für Gestank. Sanader hatte Petrač bei der EU in Brüssel nicht nur als Hauptfluchthelfer Gotovinas, sondern auch als »die Hauptfigur der organisierten Kriminalität in Kroatien« angeschwärzt.

Trotz dieses Leumunds war es nicht zuletzt die Aussage Petračs, die Zagorec bei seiner Verhandlung zum Verhängnis wurde. Nicht geglaubt hat das Gericht hingegen dem wichtigsten Entlastungszeugen, Josef Rothaichner, jenem Mann, der 1993 die Fliegertaschen mit den Edelsteinen an Zagorec übergeben haben soll. Der Deutsche hatte dies vor Gericht standhaft bestritten. Das Gericht verwarf auch die Behauptung des Verteidigers Zvonimir Hodak, dass Rothaichner damals nur ein »Bote« in Zagorecs Büro gewesen sei. Es handle sich bei ihm eindeutig um einen Waffenhändler, der Kroatien unter anderem auch mit Helikoptern versorgt hätte. Dass er dies vor Gericht nicht zugeben wolle, sei

vollkommen verständlich, da für Kroatien im Kriegsjahr
1993 ein UN-Waffenembargo in Kraft war, urteilte das
Gericht. Zagorec selbst hatte alle Vorwürfe zurückgewie-
sen. Er sei Opfer einer Verschwörung: »Ich bin nur eine
kleine Maus, gegen die der ganze Staat ist – mit Präsident Mesić an der Spitze.«
Der damalige Staatspräsident Kroatiens, dessen
Wahlkämpfe hauptsächlich von Petrač finanziert worden sein sollen, gilt als erklärter Zagorec- und Sanader-
Gegner und tat sich bei seiner politischen Selbstfindung
immer schwer: Er war einer der ersten Mitstreiter der
HDZ, trat aber im Mai 1994 nach Meinungsverschie-
denheiten mit Tudjman aus der Partei aus und gründete
mit dem Ex-Geheimdienstchef Josip Manolić die Kroatischen Unabhängigen Demokraten (HND). Gleichzeitig
musste er den Vorsitz im Parlamentspräsidium, den er
seit 1991 innehatte, räumen, worauf er vollkommen ins
politische Abseits glitt, zumal er nur drei Jahre nach der
HND-Gründung erneut die Seiten und zur Kroatischen
Volkspartei (HNS) wechselte. Als er dann 1997 vor dem
Internationalen Strafgerichtshof für das ehemalige Jugoslawien (ICTY) als Zeuge gegen einen kroatischen General aussagte, war er bei den Nationalisten seines Landes endgültig unten durch. Der Akt gilt als politische Abrechnung mit Franjo Tudjman, den er nach dessen Tod
(1999) im Februar 2000 als gewählter Staatspräsident beerbte. Der heute 76-Jährige blieb bis zum vorigen Jahr in
diesem Amt. Sein heutiger Nachfolger, der Sozialdemo-
krat Ivo Josipović, will die politischen Spielchen um Zagorec, Petrač & Co. nicht länger mitmachen. Er verlangt

gerade in der Causa Hypo Alpe Adria eine schnelle und effiziente Aufklärung, ohne Rücksicht darauf, wen es trifft:»Es ist mir wirklich vollkommen gleichgültig, wer in die ganze Sache involviert ist. Das kann unser ehemaliger Premierminister oder der ehemalige bayerische Ministerpräsident oder sonst wer sein. Für alle müssen die gleichen Kriterien gelten.«

Sizilianische Eröffnung

Für das österreichische Wochenmagazin *News* war das Auslieferungsverfahren rund um Zagorec ein »Polit-Schach auf Kroatisch«, bei dem der Ex-General unfreiwillig das Spiel seines Lebens spielte. Sein Einsatz war jedenfalls hoch: Es ging zumindest um seine Freiheit und unter Umständen sogar um sein Leben. Und die Gegenspieler, Ex-Präsident Stjepan »Stipe« Mesić sowie sein Springer, der verurteilte Entführer von Zagorecs Sohn, Hrvoje Petrać, waren harte Rivalen. Als Schiedsrichter fungierte, ebenfalls unfreiwillig, Österreichs Justizministerin Maria Berger, die in letzter Instanz über den Ausgang des Verfahrens zu entscheiden hatte, während ihr mehrere Staaten und Waffenkonzerne, die während des Kroatienkrieges trotz eines UN-Embargos Waffen ins Land geschmuggelt hatten, über die Schulter blickten. Zagorec soll nämlich seinen Anwälten Dokumente übergeben haben, die etliche von ihnen belasten könnten.»Sollte jemand damit ein Problem haben, möge er sich an Präsident Mesić wenden«, ließ Zagorec über *News* ausrichten: »Ich schrecke nicht davor zurück, diese Dokumente der UNO zu übergeben.«

Das Spiel um Zagorecs Auslieferung begann dementsprechend aggressiv mit einer Sizilianischen Eröffnung, was laut Schachlehrbuch fast immer zu einem scharfen Kampf führt: Mesić schickte am 25. Mai 2007 – also nur zwei Monate nach Antragstellung – seinen nationalen Sicherheitsberater, Saša Perković, als Königsbauern in einem Doppelschritt nach Wien, um mit Zagorec einen geheimen Deal auszuhandeln. Das Treffen fand im Radisson SAS Hotel statt, dessen lauschige Bar von der Rezeption aus leicht zu überblicken ist, während man umgekehrt auch jeden Neuankömmling sofort im Auge hat. »Der Präsident lässt grüßen«, meinte Perković freundlich und versuchte sogleich Zagorec zu überreden, freiwillig nach Kroatien zurückzukehren, um in Ruhe über alles zu reden. Auf dessen Einwand, dass er schon in der ersten Nacht umgebracht werden könnte, konterte Mesićs Sicherheitschef: »Natürlich«, aber es gebe einen Ausweg, wenn ihm Zagorec brisante Unterlagen aushändige, die Tudjman und andere Mesić-Gegner belasten könnten. In diesem Fall könne er mit einer Einstellung des Verfahrens rechnen. Unklar ist, ob die kroatische Staatsanwaltschaft im Voraus über dieses Treffen informiert war. Fest steht, dass es vom österreichischen Verfassungsschutz auch auf Video aufgenommen worden ist.

Wie man ebenfalls weiß, ist der beschuldigte Ex-General nicht auf den Kuhhandel eingegangen und hat die Partie bisher unbeschadet überlebt. Mesić spielt nicht mehr den König und kann daher auch nicht mehr bedroht werden. Zagorec sitzt bis auf Weiteres im Gefängnis und kann keine regulären Züge mehr unternehmen. Im Schach wird das als Pattstellung bezeichnet und gilt als Rettungsanker für den unterlegenen Spieler. Womit sich die Frage erhebt: Wer waren in diesem kroatischen Politschach die Hintermänner der Spieler?

Aufgeatmet über den Spielstand werden all jene haben, deren Schicksal untrennbar mit dem Ausgang dieser Partie zusammenhing. Dazu kommen einige in Frage: Nur drei Tage vor dem ominösen Treffen zwischen Zagorec und Perković wurde zum Beispiel Europas Bankenwelt von einer Sensationsmeldung überrascht: Die Bayerische Landesbank (BayernLB) habe 50 Prozent plus eine Aktie an der Hypo Alpe-Adria-Bank International AG erworben, hieß es in einer Presseaussendung der HGAA. Der Kaufpreis hätte 1,625 Milliarden Euro und eine Sonderdividende von rund 50 Millionen Euro betragen. Ab 1. Juni 2007 würde Tilo Berlin, bis dahin Vorstand der Berlin & Co. AG – wie geplant –, den Vorstandsvorsitz der HGAA übernehmen. BayernLB-Chef Werner Schmidt bezeichnete die Mehrheitsbeteiligung überschwänglich als »eine einmalige Win-win-Situation für alle Beteiligten«: Der HGAA stehe »ein starker Partner zur Seite, der zudem in der Mitte Europas über eine herausragende Marktstellung« verfüge; während sich für die BayernLB »ein großes Potenzial in wesentlichen Zukunftsmärkten und im Retailgeschäft« erschließe. Auch Kärntens Landeshauptmann Jörg Haider konnte seine Begeisterung über den gelungenen Bankendeal, der unter strengster

Geheimhaltung ablief, kaum zügeln:»Wir freuen uns, dass wir einen starken und verlässlichen Partner gewonnen haben. Es sind Freunde aus Bayern, mit denen wir in Bezug auf die wirtschaftliche Entwicklung Kärntens und die neuen Märkte in Südosteuropa gleiche Interessen verfolgen.« Genauso euphorisch zeigte sich Wolfgang Kulterer, damals noch Aufsichtsratsvorsitzender der HGAA:»Mit der BayernLB beteiligt sich unser Wunschkandidat.« Den Kunden biete die neue Partnerschaft »die Sicherheit eines starken, langfristig orientierten Eigentümers«. Und auch dem designierten Hypo-Vorstand Tilo Berlin, der bei diesem Handel, wie man heute weiß, fast 150 Millionen Euro verdiente, fiel ein Stein vom Herzen:»Als wir im letzten Jahr unsere Beteiligung an der HGAA erwarben, war es nur eine Hoffnung, einen starken Partner wie die BayernLB zu gewinnen. Berlin & Co. trägt gerne dazu bei, diese neue und aussichtsreiche Konstellation zu ermöglichen.« Sprach's und hatte vor lauter Dankbarkeit wahrscheinlich auch schon jenen Beratungsvertrag vom 23. April 2008 im Kopf, der Schmidt nach seinem Rauswurf aus der BayernLB für 20 Besprechungstage 10 000 Euro pro Tag garantierte.

Man kann sich die Spannung vorstellen, mit der man von Klagenfurt bis München die politischen Spielchen zwischen Zagreb und Wien im Zusammenhang mit dem Auslieferungsverfahren von Zagorec verfolgte. Kaum auszudenken, wenn der ehemalige Waffenschieber mitten in den Vertragsverhandlungen zwischen der HGAA und der BayernLB ein Störfeuer eröffnet hätte. Laut SOA-Bericht wäre er dazu fähig gewesen:»Zagorec

Kriegsgewinnler und Profiteure

gab Kulterer und Günter Striedinger zu verstehen, dass er, sofern sich nicht bereit wären, ihn vor einer schnellen Auslieferung zu schützen, durchaus in der Lage sei, einen Skandal hervorzurufen und die Reputation der HAAB sowie anderer Banken zu schädigen, denn er wisse einiges über ihre Geschäfte in Südosteuropa.« Die Verwirklichung dieser Drohung wäre einer Massenhinrichtung gleichgekommen. Nicht nur in Österreich und Deutschland, sondern auch in Kroatien, wo vor allem in der Umgebung des ehemaligen Tudjman-Beraters Ivić Pašalić die Nerven blank lagen. »Mesić musste ihrer Meinung nach unbedingt aufgehalten werden, da er die strafrechtliche Verfolgung eines jeden fordert, auf dessen privaten Konten in Österreich, der Schweiz und in anderen Ländern Geld einging, das aus kroatischem Staatsvermögen stammt«, analysierten die SOA-Agenten im November 2007 ihre Erkenntnisse. Gleichzeitig sei sich Pašalić »darüber im Klaren, dass Zagorec unter seiner Aufsicht stehen muss, denn wenn er ihn in Schutz nimmt, schützt er zugleich seinen Reichtum«. Mesić sei »immer mehr frustriert, da die Staatsanwaltschaft die Existenz von rund 80 Auslandskonten zwar rekonstruieren konnte, aber keine handfesten Beweise hat, um eine gerichtliche Untersuchung gegen die Staatsplünderer aus der kroatischen Polit-Spitze (Familie Tudjman, Pašalić u. a.) einzuleiten«. Daher hätte er voreilig beschlossen, »Saša Perković, seinen Berater für nationale Sicherheit, zu einem Handel mit Zagorec zu entsenden, da er Interesse an Dokumenten und Informationen hatte, mit denen er eine Untersuchung in die Wege leiten könnte«.

Klagenfurt – Tummelplatz der Kriegsgewinnler

Eigentlich wollte Tilo Berlin in aller Ruhe zwei Wochen Skifahren gehen. Seine Berlin & Co. Luxemburg S.a.r.l. hatte fristgerecht die zweite Tranche über 125 Millionen Euro für die Kapitalaufstockung der HGAA überwiesen. Und die vereinbarte dritte Rate in Höhe von 400 Millionen Euro war erst Mitte Juli fällig. Damit hielt der gebürtige Hannoveraner bereits 9,1 Prozent am Klagenfurter Geldinstitut und war der angestrebten Sperrminorität wieder einen Schritt näher. Doch der März 2007 war nicht sein Ruhemonat: Zuerst kam es zwischen dem Investmentbanker und Wolfgang Kulterer erstmals zu einem handfesten Krach. Bereits am zweiten Urlaubstag erhielt Berlin eine SMS, in der ihm der damalige Hypo-Aufsichtsratschef von einem idealen Kandidaten für die Grigg-Nachfolge berichtete. Der stellvertretende Vorsitzende der Grazer Wechselseitigen Versicherung AG (GRAWE), Siegfried Grigg, war Kulterer kurzfristig als Vorstandschef nachgefolgt und wollte wieder in das Versicherungsgeschäft zurück. Berlin hielt den Mann ohnedies in dieser Position für überfordert und hatte mit Kulterer schon des Öfteren die Führungsfrage diskutiert, wobei er sich geschickt immer wieder auch selbst ins Spiel gebracht haben soll. Die Entscheidung wurde jedoch stets aufgeschoben. »Einerseits mangelte es an geeigneten Kandidaten, andererseits machte eine weitere Interimslösung auch keinen Sinn«, notierte Berlin in seinen privaten Aufzeichnungen über den Hypo-Deal. Kulterers Vorschlag wäre ein Italiener gewesen, angeblich der zweite Mann in der UniCredit und hoch interessiert. Um Fakten zu schaffen, soll er – hinter Berlins Rücken – auch schon einen gemeinsamen Termin mit BayernLB-Vorstand Schmidt arrangiert haben. »Meine Skepsis galt schon aus Prinzip, da mir nicht klar war, welche wirklichen Ziele mit der Besetzung verfolgt wurden«, hielt Berlin fest und rätselte für sich selbst: »Wollte er einen guten oder einen gängelbaren Kandidaten? Ging es um eine Abhängigkeit von Kulterers Gnaden oder war der Handlungsdruck wirklich so groß?« Jedenfalls habe er Kulterers Vorpreschen als »Vergewaltigungsversuch« empfunden und ihn gefragt, »ob er einen Vogel hätte«. Einen so harschen Ton sei man von ihm bis dahin nicht gewohnt gewesen, amüsierte sich Berlin laut seinen Notizen, aber Kulterer habe sofort gemerkt, dass es ihm ernst sei: »Er zog zurück, der Italiener verschwand von der Bildfläche, und ich bin heute noch über die Motivation dieses Ansinnens mehr als verblüfft.« Seiner Meinung nach hätte ein Kandidat, der nicht einmal die Landessprache spricht, in dem extrem sensiblen österreichischen Umfeld nicht den Funken einer Chance gehabt.

Was Berlin den Urlaub zusätzlich verdarb, war ein Schreiben der Finanzmarktaufsicht (FMA), das kurz nach Einzahlung der zweiten Kapitalaufstockung bei ihm einging: »So musste am Tag vor Ablauf der Genehmigungsfrist noch der abwegige Nachweis erbracht werden, dass keiner unserer Investoren durch ›Ostgelder‹ finanziert war«, ärgerte sich der hobbymäßige Hochlandrinder-Züchter, der auf der Ulrichsberg-Alm nahe

Kriegsgewinnler und Profiteure

Klagenfurt ein schmuckes Landgut bewirtschaftet. Der Nachweis selbst war kein Problem: Finanziert hatte die Tranche zur Gänze der Londoner Hedgefonds Cheyene Special Situations Fund L.P. sowie die in Berlin ansässige Heinz Dürr GmbH, die zusätzlich noch ein Sicherheitspolster von fünf Millionen Euro beigesteuert hatte. Aber der Bauer als Millionär empfand die FMA-Anfrage als eine reine Schikane, hinter der er die Mitbewerber der HGAA, »vor allem die mächtige Raiffeisenorganisation«, vermutete: »Es kann doch nicht verboten sein, eine südosteuropäische Bank mit südosteuropäischen Investorengeldern zu finanzieren.«

Was Berlin anscheinend nicht wusste: Zu jenem Zeitpunkt lag den österreichischen Behörden ein brandaktuelles Rechtshilfeersuchen der kroatischen Staatsanwaltschaft vor, bei dem es um den Verdacht der »klassischen Geldwäsche« insbesondere über die HGAA ging. Zudem ermittelten die DORH und die kroatische Antikorruptionsbehörde USKOK wegen der vermutlichen Unterschlagung von Staatsgeldern, die jetzt auf Bankkonten in Österreich liegen sollten, »wobei diese Geldmittel für humanitäre Hilfe und ähnliche Zwecke während des Unabhängigkeitskrieges« bestimmt gewesen wären, ließ der stellvertretende Generalstaatsanwalt Lazo Pajić seinen Kollegen Oberstaatsanwalt Stefan Florian Benner in Wien wissen. Ein Großteil dieser Mittel sei auf Privatkonten umgebucht worden, um damit u. a. auch »Einfluss auf politische und wirtschaftliche Ereignisse in Kroatien« nehmen zu können, vermutet Pajić.

Kriegsgewinnler und Profiteure

Humanitäre Hilfe als Feigenblatt

Die kroatischen Untersuchungen in dieser Affäre dauerten bereits acht Jahre und richteten sich in erster Linie gegen Tudjmans einstigen Waffengeneral Vladimir Zagorec. Im Zuge dessen seien die Ermittler auch auf etliche Auslandskonten gestoßen, über die Kroatien während des Embargos den Zahlungsverkehr für Waren und Waffen abgewickelt habe. Nicht gefunden habe man indes die dazugehörenden Unterlagen und Kontoauszüge. »Wenn man rechtschaffen gehandelt hätte, dann würde in den Archiven des Verteidigungsministeriums, des Innenministeriums, bei RH Alan, im Büro des Präsidenten und in der PBZ die komplette Dokumentation darüber zu finden sein, wer was gekauft hat und wie viel für etwas über wessen Konto bezahlt wurde«, meint Pajić und gibt auch indirekt zu, dass der humanitäre Anstrich dieser Auslandskonten nur ein Feigenblatt war: »Es muss klar sein, dass nicht das ganze Geld gestohlen wurde, weil es eine Tatsache ist, dass wir moderne Waffen hatten, mit denen wir uns befreit haben.« Dafür sprechen auch die drei Namen jener Personen, die Zugriff auf diese Konten hatten.

Das war erstens Gojko Šušak, der 1998 verstorbene Verteidigungsminister (1992–1998) Tudjmans, ein Absolvent der pädagogischen Akademie in Rijeka, der vor seiner Einberufung zur jugoslawischen Volksarmee nach Kanada floh. Dort begann der Exilkroate als Pizzabäcker und Bauarbeiter, ehe er zu einem erfolgreichen Unternehmer aufstieg und zum Millionär wurde. 1989 kehrte er in seine Heimat zurück und trat der HDZ bei, der er ein Einstandsgeschenk von vier Millionen US-Dollar machte. Als Verteidigungsminister begnügte er sich mit einem symbolischen Gehalt von 750 Euro und gab offen zu, dass er überhaupt keine Kompetenzen für diesen Job hätte. Seinen Stab setzte er aus kriegserfahrenen Bekannten und Verwandten zusammen, unter ihnen der spätere General Ante Gotovina. Šušak starb an Lungenkrebs und bekam ein Ehrengrab auf dem Zagreber Mirogoj-Friedhof in der »Allee der Verteidiger Kroatiens«.

Zweitens: Jozo Martinović, der ebenfalls bereits verstorbene Ex-Direktor der Privadna banka Zagreb (PBZ) und spätere Finanzminister (1991–1992). Laut seiner ehemaligen Kabinettschefin, Biljana Sućić, über deren Schreibtisch während des Krieges sämtliche Auslandsüberweisungen gingen, war Martinović ein politisch unbedarfter Patriot, der den Posten des Finanzministers und seine HDZ-Mitgliedschaft nur aus Pflichtgefühl angenommen habe. Nach seiner kurzen Karriere als Finanzminister kehrte er zusammen mit Sućić wieder zur PBZ zurück, jener Bank, welche die einzige Auszahlungsstelle für den staatlichen Waffenmonopolisten RH Alan war. Martinović gilt in Kroatien bei vielen als Hauptexekutor der »Staatsplünderung«, während Šušak der Kopf hinter den diversen Aktionen gewesen sein soll.

Und drittens: Hrvoje Šarinić, der vierte Premierminister (August 1992 bis April 1993) Kroatiens, der einer wohlhabenden Familie entstammt und in Zagreb Architektur und Bauwesen studierte. Nach dem Studium schickte ihn sein damaliger Arbeitgeber zur Weiterbildung nach Frankreich, wo er anstatt drei Monate 25 Jahre blieb und Kernkraftwerke baute: zuerst eines in Bordeaux und zwischen 1974 und 1980 auch zwei für das Regime in Südafrika. Šarinić, der 1987 nach Kroatien zurückgekehrt ist, um seinen Ruhestand zu genießen, soll noch heute gute Beziehungen zur internationalen Atomlobby haben. Nur zwei Jahre danach wurde er wieder aktiv, bot Tudjman in einem Brief seine Hilfe an und rückte in der Folge als Büroleiter zu einem seiner engsten Mitarbeiter auf. Nach einem kurzen Intermezzo als Premier wurde Šarinić 1993 zum Chef für nationale Sicherheit bestellt. In dieser Position traf er sich auch zehnmal heimlich mit Slobodan Milošević und war später Leiter des kroatischen Teams bei den Verhandlungen mit den Serben. Ende der Neunzigerjahre wurde er parteiintern demontiert, da er ständig auch privat in irgendwelche Korruptionsfälle verwickelt war. Nach den verlorenen Wahlen im Jänner 2000 verließ Šarinić zusammen mit dem ehemaligen Außenminister Mate Granić die HDZ und gründete das Demokratische Zentrum (DC).

Feindliche Brüder

Dass Serben und Kroaten während der jugoslawischen Sezessionskriege nicht immer Feinde waren, ist erwiesen. Vor allem in Bosnien und Herzegowina kam es auf Kosten der Bosniaken immer wieder zu politischen Verbrüderungen zwischen den beiden Ethnien. Aber auch auf Offiziersebene gab es regelmäßige Treffen, bei denen Feuerpausen, Waffen- und Treibstofflieferungen und sogar gemeinsame Militäraktionen gegen die bosnische Armee ausgehandelt wurden. An einer dieser Zusammenkünfte soll auch Finanzminister Jozo Martinović teilgenommen haben. Und laut einer Tagebuchaufzeichnung des ehemaligen Militärkommandanten der bosnischen Serben, Ratko Mladić, einem der letzten noch auf der Flucht befindlichen Angeklagten im Haager Kriegsverbrecherprozess, soll Kroatien am 8. Juli 1993 an die Serben für Waffen und »andere geleistete Dienste« 1 191 246 D-Mark bezahlt haben. In seinem Tagebuch berichtet Mladić auch von einem Gespräch mit Slobodan Praljak, einem bosnisch-kroatischen General und engen Vertrauten von Verteidigungsminister Gojko Šušak, das angeblich am 5. Oktober 1992 stattgefunden hat. Dabei habe der Kroate versichert, dass Zagreb nicht wirklich an einem Krieg gegen die Serben interessiert sei, da die eigentliche Gefahr von den Muslimen ausgehe. Wörtlich soll Praljak – der auch für die Zerstörung der Brücke von Mostar verantwortlich sein soll – gesagt haben: »Unser Ziel ist die Banovina[8] von 1939. Wenn wir das nicht erreichen, setzen wir den Krieg fort.« Damals, im August 1939, am Vorabend des Zweiten Weltkriegs, hatten sich Serben und Kroaten in diesem Gebiet des heutigen Bosnien-Herzegowina auf die Bildung einer kroatischen

---

8   Die Banovina oder Banija, früher auch Banska krajina genannt,
    ist ein gering besiedeltes Gebiet in Zentralkroatien. Die Mehrheit
    der Bevölkerung vor dem letzten Balkankrieg stellten die Serben,
    gefolgt von den Kroaten.

Verwaltungseinheit geeinigt. Allerdings zu spät: Das Königreich Jugoslawien ging bald darauf unter.

Bankenbande

Das sechsseitige Rechtshilfeersuchen der DORH kam in Österreich höchst ungelegen: Es platzte mitten in die heißeste Phase der Verkaufsverhandlungen mit der BayernLB. Und zur gleichen Zeit liefen ein parlamentarischer Untersuchungsausschuss und eine von der Finanzmarktaufsicht angeordnete Nationalbank-Prüfung der HGAA. Abgesehen davon wurden auch jene Banken aufgeschreckt, bei denen die Republik Kroatien während der Kriegsjahre ein Konto hatte. Direkt betroffen hat es die Kärntner Sparkasse AG in Klagenfurt und die Bank für Steiermark und Kärnten AG (BKS) in Villach. Indirekt sind auch die Wiener Creditanstalt AG (CA) und die Steiermark-Zentralen der Bank Austria AG (BA) sowie der Bank für Arbeit und Wirtschaft AG (BAWAG) in Graz in die Affäre hineingezogen worden. Was dem Wort Bankenbande einen Beigeschmack von Wahrheit gibt, wie Karl Kraus sagen würde.

Zagorec will auf keines dieser Konten Zugriff gehabt haben: »Ich hatte nirgendwo eine Unterschriftsberechtigung. Bei keiner Bank und bei keinem Konto der Republik Kroatien, weder bei österreichischen noch bei englischen noch bei deutschen noch bei irgendwelchen anderen Banken auf dieser Welt. Niemals!«, schwört er. Genau genommen behauptet das nicht einmal die kroa-

Kriegsgewinnler und Profiteure

tische Staatsanwaltschaft: Sie geht vielmehr davon aus, dass der Ex-General zeichnungsberechtigte Helfershelfer hatte und einfach Scheinrechnungen stellte. Jedenfalls gäbe es etliche Überweisungen auf anonyme Privat- oder dubiose Firmenkonten. So etwa wurden vom Villacher BKS-Konto des Unterstützungsfonds für Kroatien in der Zeit vom September 1991 bis Mai 1992 rund 2,9 Millionen US-Dollar auf zwei Konten bei der Kärntner Sparkasse überwiesen, die beide auf den Mädchennamen Dragica lauteten. Verwendungszweck: Beschaffung von Hausrat und Nahrungsmitteln. Unterlagen dazu, wie Bestell- oder Lieferscheine, konnten nicht gefunden werden. Und die staatliche RH Alan zum Beispiel – wo Zagorec übrigens auch Geschäftsführer war – zahlte innerhalb von zwei Jahren, angeblich für Ersatzteile, zugunsten einer gewissen Aritmo Inc. aus Ramsey, Isle of Man, 13,8 Millionen US-Dollar auf ein Konto bei der Grazer Bank Austria ein. Weitere fünf Millionen Dollar bekam eine gleichnamige Firma, nur diesmal war sie aus Delaware, USA, und hatte ein Konto bei der CA am Wiener Stephansplatz.

Aber auch die BAWAG-Filiale in der Grazer Annenstraße soll mit Zagorec lukrative Geschäfte gemacht haben. Konkret über den griechischen Geschäftsmann und internationalen Waffenhändler Konstantinos Dafermos, für den der Kroate bekanntlich als Berater tätig war und mit dem die Bank »seit dem Jahre 1985 in angenehmer und umfangreicher Geschäftsbeziehung steht«, wie laut Wochenmagazin *Format* aus einem Kreditakt hervorgeht. Der Grieche, gegen den bereits die ita-

Kriegsgewinnler und Profiteure

lienischen Behörden wegen illegalen Waffenhandels vorgingen, hatte bei der BAWAG mindestens sieben Konten: Und zwar über die Wiener Firmen Scorpion Services Export-Import GmbH und die DACO Immobilienverwaltung GmbH – die beide an einer Zagorec-Adresse firmierten – sowie über die griechische Scorpion International Services S.A. und die Costrafinanz S.A. aus Panama. Dabei dürfte vor allem das Konto der Costrafinanz die kroatischen Behörden interessieren: Jedenfalls hat Zagorec am Nachmittag des 24. Februar 2004 von Zagreb aus versucht, über dieses Konto das Lösegeld für seinen entführten Sohn flüssig zu machen. Ein Unterfangen, das letztlich nur daran scheiterte, dass es sich bei diesem Tag um einen Faschingsdienstag handelte, an dem sich die österreichischen Banken vor als Räubern maskierten Witzbolden schützen und bereits mittags schließen. Glücklicherweise sprang die Hypo-Zagreb ein, bei der Zagorec das Geld auch gleich persönlich abholen konnte. Ausbezahlt wurde es über ein Firmenkonto der PZ Ulaganja d.o.o., die er mit dem Salzburger Kranhersteller Palfinger betrieb.

Abgesehen von diesen bekannten Grazer BAWAG-Konten wird noch nach einem weiteren, anonymen Gelddepot bei dieser Bank gefahndet. Denn laut DORH hat im November 2006 Hrvoje Petrač in seiner Hauptverhandlung ausgesagt, »dass ihm Vladimir Zagorec im Jahr 2000 mitgeteilt habe, dass in der BAWAG in Graz ein Konto der Republik Kroatien geführt werde, auf dem 35 Millionen US-Dollar hinterlegt seien«. Der Ex-General soll auch stolz erzählt haben, »dass er der

einzige noch lebende Verfügungsberechtigte wäre«, da
Franjo Tudjman, Gojko Šušak und Jozo Martinović bereits verstorben seien. Zagorec soll seinem damaligen
Geschäftspartner angeboten haben,»dieses Geld vom
Konto abzuheben und in den Erwerb von Immobilien
zu investieren, was Petrač jedoch ablehnte«, steht im
Rechtshilfeersuchen. Vom parlamentarischen U-Aus-
schuss dazu befragt, erwiderte Zagorec:»Ich weiß selber nicht, wie ich das erklären soll. Wie kann man ein
Rechtshilfeersuchen an ein anderes Land stellen, ohne
die Anschuldigungen zu überprüfen? Noch dazu, wenn
sie von jemandem kommen, der meinen Sohn entführt
hat?« Die Behauptungen seien völliger Nonsens, und es
täte ihm leid,»dass es dadurch in Österreich zu Unan-
nehmlichkeiten gekommen ist. Sowohl bei Banken als
auch bei Personen, die mit mir geschäftlich verbunden
sind. Nur weil irgendjemand irgendwann gesagt hat: Ja,
es gibt Konten!« Als Privatperson habe er drei österreichische Konten. Sein Gehaltskonto sei bei der Bank Austria gewesen. Das Konto habe er heute noch.»Alle meine
Konten wurden im Jahr 2000 eröffnet, als ich begonnen
habe, in Österreich geschäftlich tätig zu sein«, sagte er
unter Wahrheitspflicht aus. Zur Hypo sei er wie jeder
andere Kunde gekommen:»Da sie in Kroatien äußerst
bekannt und stark präsent ist, war das ganz normal. Hier
gab es keinerlei geheime Spielchen – sollte jemand so
etwas assoziieren.«

Gewaschene Kredite

»Die Hypo Group Alpe Adria hält mit Nachdruck fest, dass die Geschäftsverbindung zwischen Herrn Zagorec und der HGAA nachgewiesenerweise erst im Januar 2004 aufgenommen wurde. Das gilt für die gesamte Hypo Group konzernweit, auch für die Tochtergesellschaften in Kroatien«, heißt es in einer Pressemitteilung der Bank vom 2. April 2007. »Die Finanzierungen, die Herrn Zagorec oder eine seiner Firmen betreffen, belaufen sich auf ca. 4 Millionen Euro. Weitere fünf Projektfinanzierungen in Höhe von 70 Millionen Euro beziehen sich auf mehrere exzellente Immobilienprojekte in Kroatien.« Diese seien »ausschließlich und ausreichend« hypothekarisch besichert: »Die in den Medien kolportierten, angeblichen dreistelligen Millionenbeträge sind völlig aus der Luft gegriffen«, wird versichert.

»Die im Internet verfügbare Pressemitteilung zur Causa Zagorec und den ihm nahe stehenden Rechtsträgern« sei »richtig und vollständig«, beruhigte zwei Wochen später Siegfried Grigg in einem Legal Expert Meeting seine Vorstandskollegen und gab auch generell Entwarnung: Die Nationalbankprüfer seien bereits außer Haus und hätten keine wesentlichen Beanstandungen gemacht, teilte er erleichtert mit. Und die am 29. März 2007 erfolgte Ausdehnung der Prüfung auf Geldwäsche im Zusammenhang mit Zagorec »sei primär nur deshalb erfolgt, weil die OeNB den Prüfbericht erst nach Beendigung des Bankenausschusses im Sommer fertigstellen möchte, um dessen Anforderung durch Ausschussmitglieder und die anschließende Weitergabe an Medien zu verhindern«, wird Grigg im Abschlussbericht einer Legal-Due-Diligence-Prüfung zitiert, die im Auftrag der BayernLB von der Wiener Dorda Brugger Jordis Rechtsanwälte GmbH durchgeführt wurde.

Es ist gut, dass der Illusionist inzwischen wieder in die Versicherungswirtschaft gewechselt hat. So braucht er sich nicht mehr mit dem schriftlichen Ergebnis der OeNB-Prüfung herumzuschlagen, in dem insgesamt neun »wesentliche Gesetzesverletzungen« im Bezug auf das Bankwesengesetz (BWG) festgestellt werden: angefangen von Eigenkapitalunterschreitungen über fehlerhaftes Risikomanagement bis hin zur mangelnden Sorgfaltspflicht im Rahmen der Geldwäschebestimmungen. Ob die Prüfungsausweitung auf Geldwäsche/Zagorec tatsächlich nur eine Farce war, wie Grigg andeutete, lässt sich für Außenstehende nur schwer beurteilen. Fakt ist, dass die Prüfer dafür vor Ort nur knapp drei Wochen Zeit hatten. Und Tatsache ist weiters, dass jene zehn Seiten, die sich auf diese Zusatzprüfung beziehen, in dem dem Bankenausschuss letztlich doch noch vorgelegten Schlussbericht zur Gänze fehlen: Wobei nebenbei verwundert, dass der Mangel keinem einzigen der Ausschussmitglieder aufgefallen ist – zumindest hat nie jemand die fehlenden Seiten reklamiert.

Wie dem OeNB-Bericht entnommen werden kann, war die Prüfung bereits abgeschlossen, als der Nachtragsauftrag kam: »Nach mehreren telefonischen Gesprächen wurde die Bank kurzfristig von der Wiederaufnahme informiert und gebeten, die Unterlagen ent-

Kriegsgewinnler und Profiteure

sprechend vorzubereiten.« Dann hatten es die Prüfer allerdings mit zwei Knacknüssen zu tun: Erstens mussten sie bei ihren Feststellungen das BWG bezüglich der Definition Gruppe verbundener Kunden (GvK) beachten. Durch dieses Gesetz werden die Banken praktisch bei ihren Großkrediten überwacht und gezwungen, unüberschaubare Klumpenrisiken zu vermeiden. Allerdings kann die GvK-Regelung – wie auch bei Zagorec in einigen Fällen vermutet – dadurch umgangen werden, dass ein Kreditkunde die Mehrheits- oder Bestimmungsrechte eines Unternehmens einfach einem Dritten (Treuhänder etc.) überträgt. Das zweite Problem, bei dem die OeNB-Prüfer im konkreten Fall an ihre Grenzen stießen, war die Zuordnung etlicher Kredite aufgrund liechtensteinischer Gesetze. So etwa sind die Kredite für sämtliche kroatische Projekte, die Zagorec zugeordnet werden, an verschiedene Vaduzer Anstalten ausbezahlt worden, die ihrerseits wiederum irgendwelchen Ermessensstiftungen gehören.[9] Dabei handelt es sich um eine Besonderheit im liechtensteinischen Gesellschaftsrecht: Im Gegensatz zu österreichischen Stiftungen, wo die Begünstigten bzw. die wirtschaftlich Berechtigten eindeutig definiert sein müssen, liegt es im Fürstentum im Ermessen des eingesetzten Stiftungsrates, wer Nutznießer ist. Deshalb konnten die OeNB-Prüfer auch keinen dieser Hypo-Kredite einer GvK zuordnen, obwohl bei allen Kreditanträgen mit Gerald Hoop dieselbe Person unter-

9   Siehe Organigramm, Seite 275, 276.

Kriegsgewinnler und Profiteure

schrieben hat. »Ein direkter Zusammenhang mit Hrn.
DI Zagorec kann nicht hergestellt werden«, mussten die
Prüfer resignieren: »Ein eventueller lässt sich nur aus
Indizien wie gleiche Anwälte, Steuerberater, Treuhänder
und Geschäftsführer konstruieren.«

Wer immer dieses Geschäftsmodell entwickelt hat:
Es ist irgendwie genial und entbindet jede Bank von
einer eventuellen GvK-Meldung, die in herkömmlichen
Kreditfällen bei Überschreiten einer gewissen Summe
gesetzlich vorgeschrieben ist. Allerdings hebelt dieses
System auch sämtliche bankinternen Pouvoir-Grenzen
aus und erschwert zum Beispiel einem gewissenhaften
Aufsichtsrat die Kontrolle größerer Kreditengagements.
Für die OeNB-Prüfer ist das System jedenfalls nicht zu
knacken gewesen. »Aus den vorgelegten Kreditunterla-
gen kann der Sachverhalt nicht abschließend beurteilt
werden«, heißt es in ihrem Resümee. Doch sie warnen:
»Aufgrund der Häufigkeit der Geschäfte und der damit
befassten Personen (Gerald Hoop) sowie dem Umstand,
dass wesentliche Elemente der Geschäftsverbindung
(z. B. wirtschaftlich Berechtigte) der Bank angeblich
nicht bekannt sind, besteht aus Prüfersicht ein erhöhtes Risiko.« Dabei sei nicht nur ein gesteigertes Betrugs-
risiko gegeben: »Derartige Konstruktionen sind grundsätzlich auch dazu geeignet, nicht werthaltige Forderungen als werthaltig darzustellen«, geben sie zu bedenken
und kommen im letzten Absatz auf den Punkt: »Darüber
hinaus können Kunden, die nicht willens sind, ihre wirtschaftlichen Verhältnisse darzulegen und Hintergründe
zu ihren Geschäften zu bieten, ihre Geschäftsbeziehung

zum Institut immer für die Betreibung von Geldwäscherei missbrauchen.«

Generale Geschäfte

Angeblich darf man einen Millionär alles fragen, nur nicht, wie er seine erste Million gemacht hat. Die erste dokumentierte Geschäftsverbindung zwischen Vladimir Zagorec und der HGAA stammt aus dem Juni 2004. Da eröffnete der Ex-General bei der Hypo Alpe-Adria Bank Austria (HAAB) mit einer Bareinlage von 500 000 Euro ein Wertpapierdepot. Über die Einzahlung existiert eine interne Mitteilung der Stabsstelle Recht/Geldwäsche, die sich mit der Mittelherkunft beschäftigt. Darin kommt der Verfasser zu dem Schluss, dass es grundsätzlich »glaubwürdig und nachvollziehbar« sei, dass der von Günter Striedinger eingeführte Kunde, »der stets in hohen Führungspositionen tätig war, sich im Laufe der Jahre den in Rede stehenden Betrag redlich erworben hat«. Vier Monate später eröffnete Zagorec bei der gleichen Bank ein Girokonto. Diesmal zahlte er 132 000 Euro ein, worüber ebenfalls eine Aktennotiz des Filialleiters vorliegt. Auch er erkennt unter Hinweis auf die bereits erfolgte Überprüfung »keinen begründeten Verdacht auf Geldwäsche«. Über dieses Konto hat Zagorec später hauptsächlich seine Versicherungsbeiträge und Kreditkartenabrechnungen bezahlt. Die einzige größere Kontobewegung gab es am 6. März 2006, als er 129 300 Euro abhob. Am gleichen Tag zahlte er bei der Neueröffnung eines Festgeldkontos bei der HAAB 147 000 Euro ein. Auch dazu gibt es eine kurze Notiz, in der jetzt nur mehr auf die bereits bestehenden Konten Bezug genommen wird. So viel zur Geschäftsverbindung zwischen dem Privatmann Vladimir Zagorec und der HGAA. Zum Zeitpunkt seiner Verhaftung wiesen diese Konten ein Plus von insgesamt 634 000 Euro aus. Der Summe stand ein offener Privatkredit der HBInt in Höhe von 988 000 Schweizer Franken (rund 612 000 Euro) gegenüber. Er stammt aus der Umschuldung eines Kredits der Hypo Alpe-Adria Bank Kroatien (HBC), den Zagorec im Februar 2004 für das Lösegeld seines Sohnes aufgenommen hatte. Aber die privaten Finanzen des Ex-Generals bei der Hypo gehen eigentlich keinen etwas an. Seine Privatgeschäfte sind auch nicht Gegenstand der laufenden Ermittlungen. Abgesehen davon hat Zagorec seine erste Million redlich verdient. Sie landete auf einem Girokonto der Aktor Immobilienverwertung GmbH und stammt aus dem Verkauf eines 50-Prozent-Anteils an einer Immobilie in der Wiener Schellinggasse, wofür er im März 2007 1,5 Millionen Euro bekommen hat. Gekauft hat er die Beteiligung im April 2005 mit einem HAAB-Kredit in Höhe von 500 000 Euro.

Interessant sind für die gerichtlichen Ermittler von Zagreb über Klagenfurt bis Liechtenstein in erster Linie jene Geschäfte, die der frühere Waffenschieber mithilfe der HGAA in Kroatien gemacht hat. »Wir verfügen über Informationen, dass Vladimir Zagorec über verschiedene Handelsgesellschaften in Kroatien von 2001 bis heute Baugrundstücke an unterschiedlichen Standorten erworben hat, um dort Geschäftshäuser mit Büros, Läden und Ferienwohnungen zu errichten«, meldete die DORH nach Wien: »Diese Projekte im Wert von 260 Millionen Euro werden von der Hypo Alpe-Adria-Bank International AG aus Klagenfurt finanziert.« Besichert seien diese Finanzierungen durch verstecktes Vermögen, das sich Zagorec als Beamter des Verteidigungsministeriums durch Unterschlagungen angeeignet hätte. Es lägen auch Aussagen vor, wonach »Herr Striedinger als Vorstandsmitglied dieser Bank, zusammen mit Hermann Gabriel, der als Steuerberater für diese Bank tätig war«, über die heimlichen Einlagen in Österreich und im Fürstentum Liechtenstein Bescheid wüsste. »Die beschriebene Vorgangsweise bietet hinreichenden Verdacht, dass es sich um einen klassischen Fall von Geldwäsche handelt«, erfuhr das österreichische Justizministerium bereits im März 2007: »Wegen der Bedeutung dieser Strafsache und der Tatsache, dass der Beschuldigte versuchen könnte, mit den o. a. und anderen Personen aus der Hypo Alpe-Adria-Bank Unterlagen zu vernichten oder sie mit den Geschäftsunterlagen in Kroatien ›in Einklang zu bringen‹, ersuchen wir Sie, die Sache so schnell wie möglich in Angriff zu nehmen.«

Seither kommt der Ex-General, den bis dahin außerhalb Kroatiens kaum jemand wirklich kannte, nicht mehr aus den Schlagzeilen, während sich zwei Anwaltskanzleien gleichzeitig um seine Verteidigung bemühen. Drei weitere hat Zagorec, der als eine der Schlüsselfiguren im Klagenfurter Bankenskandal gilt, bereits verschlissen. Für seinen kroatischen Anwalt Zvonimir Hodak ist er ein

Kriegsgewinnler und Profiteure

Justizopfer: »Er diente als Blitzableiter für andere und ist das Paradigma für das Kriminelle in Kroatien schlechthin«, beklagte sich der Advokat bei der Zagreber *Standard*-Korrespondentin Veronika Wengert. Nicht einmal der Bankenausschuss habe hinsichtlich des Geldwäscheverdachts Indizien gebracht, »dass Zagorec in Bezug auf die Hypo etwas getan habe, das nicht im Einklang mit der österreichischen Rechtssprechung stand«. Was, wie man inzwischen weiß, angesichts des lückenhaften OeNB-Berichts, der den Parlamentariern vorgelegt wurde, kaum möglich war. Auch sonst habe sein Mandant keine krummen Dinger gedreht: Er habe Projekte an attraktiven Standorten entlang der kroatischen Küste gehabt, wofür sich Firmen aus Liechtenstein interessierten. Und Zagorec sei eine Art Vermittler zwischen ihnen und der Hypo-Bank gewesen. In der Folge hätte er über Bekannte weitere Immobilien ausfindig gemacht und sie diesen Firmen, an denen er teilweise auch beteiligt gewesen sei, angeboten. Danach seien für vier Projekte in Zagreb, Hvar, Pula und Rovinj insgesamt 40 Millionen Euro an diese Unternehmen ins fürstliche Steuerparadies geflossen. »Sie sollten irgendwann verkauft werden«, diktierte er der *Standard*-Journalistin ins Mikrofon: »Der Gewinn wäre für alle gewesen. Und die Hypo hätte ihr Geld plus Zinsen zurück erhalten.« Doch dann kam die Geschichte mit den Edelsteinen dazwischen.

Die Kirche und ihre Kroaten

Es ist eine traurige Angelegenheit, die eines der dunkelsten Kapitel der kroatischen Geschichte aufschlägt. Denn die Edelsteine stammen vermutlich aus dem Besitz von Juden, die während des Zweiten Weltkriegs unter dem Poglavnik, dem Führer der Ustaša-Bewegung, Ante Pavlević, ermordet wurden oder aus dem Unabhängigen Staat Kroatien (NDH) fliehen mussten. Tudjman soll sie Anfang der Neunzigerjahre von dem im März 2002 verstorbenen Franjo Kardinal Kuharić bekommen haben. Der 1919 in Gornji Pribić, einem kleinen Dorf im Bistum Krašić, als jüngstes von dreizehn Geschwistern geborene Bauernsohn wuchs in ärmsten Verhältnissen auf und wurde im Juni 1945 vom damaligen Zagreber Erzbischof Alojzije Stepinac zum Priester geweiht. Letzterer war wegen seiner zeitweiligen Nähe zu Pavlević einer der umstrittensten Kirchenmänner Kroatiens. »Er hat den neuen Staat ausdrücklich begrüßt. Er sprach vom Zeichen des ›Wirkens der göttlichen Hand‹, von der Stimme des Blutes, von einem Ereignis im Range einer Zeitenwende, der sich der katholische Klerus nicht verschließen dürfe. Später wird er sich allerdings kritisch über die Verfolgungsmethoden der Ustaša äußern.«[10] In der Zwischenzeit dienten die Klöster, mit Wissen und Billigung des Vatikans, als Waffenlager, und zahlreiche Franziskanermönche betätigten sich persönlich

10   Ulrich Schiller in: *Deutschland und seine Kroaten,* Donat Verlag 2010.

als KZ-Wächter in Jasenovac, dem kroatischen Maut-
hausen. Auch Stepinac wurde mehrfach vorgeworfen,
als von Papst Pius XII. eingesetzter Militärvikar für die
Ustaša-Armee an der Ermordung von Serben beteiligt
gewesen zu sein. Seine Anhänger hingegen behaupten,
er habe viele Opfer des faschistischen Regimes gerettet.
Nach eigener Aussage hing von ihm im Jahr 1942 das
Schicksal von 7000 Menschen ab. Zweimal wurde an die
Kommission der israelischen Gedenkstätte Yad Vashem
der Antrag gestellt, Stepinac den Titel *Gerechter unter
den Völkern* zuteil werden zu lassen. Zweimal wurde er
abgelehnt: Man habe nicht infrage gestellt, dass er jüdi-
schen Bürgern geholfen hätte, sickerte bei der ansonsten
geheimen Entscheidung durch, aber die Schwere seiner
Schuld, die Untaten des Klerus verschwiegen zu haben,
letztendlich höher bewertet.

1946 wurde Stepinac vor ein jugoslawisches Gericht
gestellt. Der Vorwurf lautete auf Zusammenarbeit mit
dem Ustaša-Regime, Zwangskonvertierung der ortho-
doxen Christen und Widerstand gegen die neue Macht.
»Das kroatische Volk hat sich durch einen Volksent-
scheid für den kroatischen Staat entschieden, und ich
wäre ein Nichtsnutz gewesen, hätte ich den Pulsschlag
meines kroatischen Volkes nicht verspürt, das ein Sklave
im ehemaligen Jugoslawien war«, verteidigte sich der
Kirchenmann, der in dem Schauprozess zu 16 Jahren
Zwangsarbeit verurteilt wurde. Zuvor hatte Josip Broz
Tito dem Apostolischen Nuntius angeboten, Stepinac
zu versetzen. Doch der Vatikan hatte auf den Vorschlag
nicht reagiert: Pius XII., der das Verfahren als »den trau-

rigsten Prozess in der Kirchengeschichte« bezeichnete, hatte im Kampf gegen den Kommunismus seinen Märtyrer. Und von da an fragte niemand mehr im Westen nach der Ratline, jenem Fluchtweg, den Tausende Faschisten – auch ein Ante Pavlević und ein Klaus Barbie – mithilfe des Vatikans genommen hatten, um der irdischen Gerechtigkeit nach Südamerika zu entkommen. Der promovierte Theologe und Philosoph wurde nach sechs Jahren Haft entlassen und unter Hausarrest gestellt. Er stand bis zu seinem Tod 1960 unter ständiger Beobachtung und konnte nie sein im November 1952 verliehenes Kardinalsamt ausüben. 1998 wurde der einstige Militärvikar des faschistischen NDH-Staates von Papst Johannes Paul II. selig gesprochen. Der serbische Dissident und Schriftsteller Milovan Djilas tat dies schon zu Lebzeiten: »Ich glaube, und nicht nur ich«, meinte er 1956 in einem Interview mit der *Hrvatska revija*, »dass Stepinac ein redlicher, charakterfester Mensch ist, den man nicht brechen kann. Er wurde wirklich rechtmäßig verurteilt, aber wie oft war es in der Geschichte der Fall, dass gerechte Menschen aus politischer Notwendigkeit verurteilt wurden?«

Illuminatio – Engel und Dämonen

Wenn schon nicht bei der Juwelen-Affäre, so hatte die katholische Kirche zumindest bei einem der zahlreichen Zagorec-Unternehmen ihre göttliche Hand im Spiel: Und zwar bei der Molteh d.o.o., die in der Zagreber In-

nenstadt auf kirchlichem Grund und Boden ein Büro-
und Einkaufszentrum errichtet hat. Laut SOA verkaufte
Zagorec die von der Klagenfurter Hypo mit rund neun
Millionen Euro kreditierte Projektgesellschaft während
seines Auslieferungsverfahrens »zum Schein« an das
tschechische Immobilien-Konsortium Ungelt/Spectrum
Group of Companies, das den Ankauf und die Fertigstel-
lung mit Hilfe der österreichischen Investkredit, einer
Tochter der Volksbanken AG, finanziert hat. Bei dem
angeblichen Scheinverkauf soll sogar der Erzbischof
von Prag, Miroslav Vik, beim Zagreber Kardinal Josip
Bozanić zugunsten der neuen Eigentümer, die bereits
»einige Geschäfte für die Kirche in Prag« erledigt hätten, interveniert haben. Auch der Ex-General soll seinerzeit nur über Vermittlung der Kirche zu dem Projekt
gekommen sein: Konkret über den Franziskanermönch
Ivan Tolj, einem Verwandten des Verlegers und Gesell-
schafters der Europapress Holding (EPH), Nino Pavić.
Der Franziskaner hätte auch längere Zeit als Vermittler
beim Anteilsverkauf des EPH-Verlags an den deutschen
Medienkonzern WAZ fungiert, behauptet der kroatische
Geheimdienst.

Inzwischen hat die Molteh nicht nur ihren Namen
sondern auch den Besitzer erneut gewechselt: Sie heißt
heute Illuminatio d.o.o., gehört mehrheitlich einer ge-
wissen Nteolindo AG aus Zypern und ist noch immer
Gegenstand eines heftigen Rechtsstreits zwischen den
Anwälten der Investkredit und der liechtensteinischen
Diagono Stiftung, dem ehemaligen Eigentümer der
Molteh, die im Auftrag des Zagorec-Treuhänders Gerald

Kriegsgewinnler und Profiteure

Hoop von der Salzburger Kanzlei Herbst Vavrosky + Kinsky vertreten wird. Für die Investkredit, die Mitte 2007 die Kärntner Hypo als Finanzier abgelöst hat, ist der Fall mittlerweile »ein Sumpf unglaublichen Ausmaßes«, heißt es in einer E-Mail der zuständigen Sachbearbeiterin vom 1. April 2009: »Aus nicht erklärlichen Gründen« würden Kontoauszüge fehlen. Im Wesentlichen könne man sagen, »dass es den Anschein hat, dass aufgrund der Vielzahl von Baufirmen und Einrichtungshäusern es so ausschaut, als ob gröbere Renovierungen und Ersatzinvestitionen in Privathäusern gemacht wurden«. Höchst interessant seien auch »diverse Zahlungen im Zusammenhang mit den anderen Projektgesellschaften des Herrn Zagorec in Dubrovnik, Pula und Hvar.« Auch Kredite für diese Projekte seien der Molteh zugeordnet worden. Es habe große »Zahlungen an Firmen in Liechtenstein etc. für höchst zweifelhafte Consultingleistungen und Marktstudien sowie Spenden an Sportvereine« gegeben. »Unter uns«, meint die Dame an einen Kollegen, »mir ist das ein Rätsel, wie da die Hypo hat mitspielen können. In meinen kühnsten Träumen hätte ich nicht gedacht, dass es so was gibt.«

»Die bisherigen Unterlagen lassen darauf schließen, dass Zahlungen für andere Projekte in beträchtlicher Höhe getätigt wurden, welche nicht als Projektkosten für den Kaufgegenstand in Zagreb angesehen werden können«, fasst Reinhard Perstel von der Wiener Kanzlei Abel & Abel den Standpunkt der Investkredit zusammen. Als Beispiel »werden in der Anlage Rechnungen der Firma Wempe Feine Uhren und Juwelen übermittelt, welche den Ankauf von Uhren im Wert von 44 988 Euro … durch den vorhergehenden Geschäftsführer der Molteh d.o.o., Herrn Roman Binder, belegen«. Die Antwort seines Salzburger Kollegen Nikolaus Vavrosky lässt zumindest den Verdacht der Korruption zu: »Es ist richtig, dass die von Ihnen erwähnten Armbanduhren für die Projektgesellschaft angeschafft wurden. Ich brauche nicht näher zu erklären, zu welchem Zweck dies erfolgte. Jedenfalls standen die Armbanduhren ordnungsgemäß im Eigentum der Molteh d.o.o. und wurden für die Projektumsetzung verwendet«.

Im Dunstkreis der Balkanmafia

Als Zagorec im Januar 2009 erstmals wegen der Juwelen-Affäre in Zagreb vor Gericht stand, fürchteten nicht nur einstige Partnerbanken wie die HGAA peinliche Enthüllungen: Der Prozess barg auch die Gefahr, zu einer Abrechnung mit der von nationalistischer Propaganda verbrämten autoritären Tudjman-Ära zu führen. Aber Zagorec verlor kein Wort über die Herkunft der Edelsteine. Im Gegenteil, er bestritt sogar ihre Existenz. Die Verteidigungsstrategie war klar: Was nicht vorhanden ist, kann nicht gestohlen werden. Seiner Behauptung standen allerdings drei Zeugenaussagen entgegen: Hrvoje Petrač, Ex-Geschäftspartner von Zagorec, erzählte dem Gericht, dass ihm der Angeklagte die Edelsteine gezeigt und ihn gebeten habe, diese zu verkaufen. Es habe sich um Smaragde, Rubine und Saphire gehandelt. Er hätte

Kriegsgewinnler und Profiteure

es versucht, doch niemand habe Interesse gezeigt. Zagorecs Ex-Sekretärin und die Ex-Geliebte von Petrač will die Juwelen ebenfalls bei Zagorec gesehen haben. Genauso wie Biljana Sućić, die Ex-Finanzchefin der staatlichen Beschaffungsagentur RH Alan. Zu den zahlreichen Zeugen, die während der laufenden Ermittlungen dazu vernommen worden waren, zählten u.a. Ex-Geheimdienstchef Miroslav Tudjman, der Sohn des früheren Präsidenten, und der Zagreber Journalist und Herausgeber des Magazins *Nacional,* Ivo »Puki« Pukanić. Der Verleger fiel Ende Oktober 2008 einem Autobombenattentat zum Opfer, bei dem auch sein Marketingdirektor ums Leben kam. Nur drei Wochen zuvor und vier Tage nach Zagorecs Auslieferung war auch Ivana Hodak, die Tochter von Zagorecs Anwalt, im Zentrum von Zagreb in einem Hausflur durch zwei Kopfschüsse regelrecht hingerichtet worden. Noch am gleichen Tag entließ Regierungschef Ivo Sanader den Innenminister, den Justizminister und den Polizeichef. Acht Monate später sollte er selber zurücktreten.

Mit diesen beiden Mordanschlägen bekommt die Hypo-Affäre endgültig Mafia-Dimensionen. So etwa sagte der serbische Unterweltboss Srten Jocić, der in seinen Kreisen auch Joca Amsterdam heißt und als Drahtzieher des Pukanić-Mordes gilt, bei seinem Prozess in Belgrad letzten Oktober aus, dass der Verleger und sein Kollege wegen »der Vorgänge in Kroatien« umgekommen seien. Der Mafioso, der nach eigenen Angaben auch in der Hypo-Affäre vernommen werden soll, schlug in seiner Verhandlung auch vor, die Eigentumsverhältnisse der Wochenzeitschrift *Nacional* zu durchleuchten. Das Verlagshaus sei nämlich über Strohmänner zum Teil von der Hypo-Alpe-Adria aufgekauft worden. Völlig unabhängig vom Fall ließ er in seiner Vernehmung auch mit der Behauptung aufhorchen, dass der ehemalige kroatische Staatspräsident Stjepan Mesić und der in Ungnade gefallene Ex-Premier Ivo Sanader wieder zueinander gefunden hätten und eine neue Partei gründen möchten, deren Exponent der jetzige Innenminister Tomislav Karamarko sein solle. Das Gerücht entbehrt nicht einer gewissen Kuriosität: Mesić soll in den frühen Neunzigerjahren in den illegalen Waffenhandel involviert gewesen sein. Sanader ist nachweislich in die Hypo-Affäre verstrickt. Und Karamarko, dessen private Sicherheitsfirma Soboli auch für die Klagenfurter Bank tätig war, müsste als ehemaliger Chef des kroatischen Inlandsgeheimdienstes über beides informiert sein. Er wurde unmittelbar nach dem Mord an Ivana Hodak von Sanader zum Innenminister befördert.

Damals herrschte in Kroatien totale Verunsicherung. Der Anschlag wurde sofort mit der Zagorec-Affäre in Verbindung gebracht. Er sei quasi eine Drohung für den Vater gewesen, bei der Verteidiung seines Mandanten nicht die Politik ins Spiel zu bringen. Ivanas Mutter, Ljerka Mintas-Hodak, die Tochter eines NDH-Funktionärs, war unter Tudjman Vize-Regierungschefin und stellvertretende Vorsitzende der HDZ. Beim ersten Parteitag nach Tudjmans Tod im Mai 2000 galt sie – auf der Liste des Tudjman-Vertrauten Ivić Pašlić – als Favoritin für seine Nachfolge an der Spitze der Partei, zog aber ge-

genüber Sanader den Kürzeren. Zu Tudjmans Lebzeiten
hätte Letzterer weder in der Partei noch in der Regierung
eine Aufstiegschance gehabt, da der HDZ- und Staatsgründer ideologisch nie mit dessen Vorliebe für Männer
zurechtkam. Zwei Jahre später trat Mintas-Hodak aus
der HDZ aus und zog sich aus dem politischen Leben
zurück.

Abgesehen von einem politischen Motiv rätselte die
Öffentlichkeit über zwei weitere: Zum einen soll sich
Ivana Hodak, die auch in der Kanzlei ihres Vaters tätig
war, einige Wochen vor ihrem Tod heimlich mit dem
kroatischen Generalstaatsanwalt Mladen Bajić getroffen und ihm Namen von Personen genannt haben, die
während des Krieges privat an Waffengeschäften verdient hätten. Und dann könnte der Mord auch noch mit
einem geplanten Immobiliengeschäft zusammenhängen: Die 26-jährige Rechtspraktikantin hatte kurz zuvor
ihr Verhältnis mit dem Tourismusmanager Ivor Vucelić
beendet, der mit Zagorecs Anwalt über den Verkauf eini-
ger Liegenschaften verhandelt haben soll. Ivanas neuer
Freund war ein Anwaltssohn, dessen Vater der Rechtsbei-
stand von Hrvoje Petrač ist. Laut kroatischen Medien sei
durch diese Entwicklung in Ivanas Privatleben ein Deal
von umgerechnet 42 Millionen Euro in Gefahr gewesen.
Auffallend ist die zeitliche Nähe zu Zagorecs Prozess
allemal. Für den Ex-General war sein Fall immer schon
politisch motiviert:»Man will mich diskreditieren, weil
ich einer der letzten lebenden Zeugen für den Ankauf
des Raketensystems S 300 bin«, behauptete er noch kurz
vor seiner Auslieferung nach Kroatien. Die gleichen rus-

sischen Boden-Luft-Raketen sollen über Kroatien auch in den Irak gelangt sein. Offiziell wurde ein Zusammenhang mit dem Fall Zagorec weder bestätigt noch ausgeschlossen. Auffällig ist, dass im Gegensatz zum Pukanić-Mord, bei dem die Täter bereits Tage danach identifiziert werden konnten, im Fall der Anwaltstochter die Ermittlungen bis heute auf der Stelle treten.

Eine schmucke Geschichte

Eine völlig neue Variante rund um die Zagorec-Juwelen bringt der kroatische Unternehmer Ferdinand Jukić aus Vukovar ins Spiel. Der ehemalige Tankstellenbesitzer in Deutschland war während des Krieges als Agent des Amts für Verfassungsschutz (SZUP) auch im Waffenhandel tätig. »Anfang der Neunzigerjahre, als das Geld für die Verteidigung knapp wurde, rief man mich in das Büro des Präsidenten«, erzählt der Mann jedem, der es wissen will. Tudjman hätte auf die vor sich liegenden Steine gezeigt und gesagt: »Wenn du schon, wie man hört, alles beschaffen kannst, dann versuch jetzt einmal, das zu verkaufen.« Es sei eine schöne Kollektion gewesen, erinnert sich Jukić: »Die kleineren Diamanten waren sorgfältig in Samtsäckchen verpackt und die restlichen, wertvolleren, nach Karatwert geordnet.« Er habe insgesamt sechs Mustersteine ausgewählt, um damit potenzielle Händler aufzusuchen. Verteidigungsminister Gojko Šušak soll ebenfalls anwesend gewesen sein. Er habe Jukić zur Eile gedrängt, da Kroatien das Geld dringend brauchte. »Ich

Kriegsgewinnler und Profiteure

habe ihm gesagt, dass ich mich bemühen werde, es innerhalb von 15 Tagen zu erledigen.« Zuerst sei er damit in Wien bei einem »hochpositionierten Juden aus Israel« gewesen, um die Diamanten schätzen zu lassen. Dieser sei schon nach einer kurzen Untersuchung sichtlich zusammengezuckt und habe ihm geraten, die Steine niemand anderem zu zeigen. Sie seien eindeutig aus jüdischem Besitz entwendetes Raubgut; das würde man an der Schlifftechnik erkennen, die nur bis 1939 üblich gewesen sei. »Ich habe trotzdem noch versucht, die Sore in Südafrika und Mexiko loszuwerden, allerdings ohne Erfolg«, berichtet Jukić. Daraufhin habe er die Steine wieder zurückgebracht, wobei sie von Zagorec übernommen worden seinen. All das habe er auch dem stellvertretenden Generalstaatsanwalt Lazo Pajić erzählt.

Nach dem Krieg will sich der Abenteurer als Agent zur Ruhe gesetzt haben. »Als ich von Deutschland zurückgekommen bin, habe ich 10 Millionen Dollar besessen und damit die Mehrheit an einer Aktiengesellschaft gekauft.« Doch das Unternehmerglück war ihm nicht lange hold: Seine Badel d.d., die sich in Zagreb mit der Herstellung von Äthylalkohol beschäftigte, ging bereits 1998 in Konkurs.

Dafür eröffnete der Klagenfurter Untersuchungsrichter Franz Müller Anfang 2002 gegen den glücklosen Unternehmer ein Ermittlungsverfahren wegen des Verdachts des schweren gewerbsmäßigen Betrugs und der Bildung einer kriminellen Vereinigung. Unter den Beschuldigten befanden sich auch Tudjmans ehemaliger Büroleiter und Kurzzeitpremier Hrvoje Šarinić,

Kriegsgewinnler und Profiteure

ein gewisser Marinko Minkulić und Stjepan Spalić, ein Sportsfreund des fußballverrückten Staatsgründers. Müllers Ermittlungen war ein Kontoöffnungsantrag der kroatischen Staatsanwaltschaft vorausgegangen, der die während des Krieges in Villach eröffneten Staatskonten bei der BKS betraf. »Den kroatischen Behörden liegen Erkenntnisse vor, dass das Geld nicht für humanitäre, caritative und ähnliche Zwecke ausgegeben wurde, sondern vielmehr auf Privatkonten gelangt ist, wo es in der Folge zum Erwerb von Firmen verwendet wurde. Es soll sich dabei um über 100 Millionen Mark und sechs Millionen US-Dollar gehandelt haben«, heißt es im österreichischen Gerichtsakt zu der Geschäftszahl 10Ur 39/02. Die darauf erfolgten Ermittlungen der Villacher Kripo förderten tatsächlich etliche Überweisungen auf Privatkonten der Beschuldigten zutage, u. a. bei der Steiermärkischen Bank in Graz, den Wiener Filialen der Ersten Österreichischen Sparkasse und der Raiffeisenbank sowie der Deutschen Bank in München. Sämtliche Überweisungsaufträge waren von Tudjmans Büroleiter gekommen, der als einziger der Beschuldigten für die Villacher Konten zeichnungsberechtigt gewesen war. Allerdings schliefen die kroatischen Ermittlungen Anfang 2003, als Tudjmans HDZ wieder an die Regierungsmacht kam, plötzlich ein. Und in der Folge wurde auch das österreichische Verfahren sang- und klanglos eingestellt – während die ehemaligen Beschuldigten Jukić, Mikulić und Šarinić heute in Kroatien angesehene Geschäftsleute sind und nach dem inzwischen verstorbenen Stjepan Spalić ein Zagreber Fußballstadion benannt wurde.

Kriegsgewinnler und Profiteure

Ein Kroate in Paris

Nein, er möchte lieber nicht vor dem Fenster sitzen, wehrt Marin Tomulić ab, als er Ende Oktober zu einem Treffen ins Hotel Ibis in der Rue des Plantes kommt. »Eine alte Gewohnheit«, lächelt der Kroate und nimmt auf einem Stuhl mit dem Rücken zur Wand Platz. Tomulić, der in einem Pariser Vorort ein kleines Unternehmen betreibt, das sich auf die Renovierung von Wohnungen spezialisiert hat, war in einem anderen Leben Waffenlieferant für Kroatien und ist seither immer auf der Hut. Trotzdem will er seine Geschichte erzählen und niemanden in Schutz nehmen. »Ich bin nur an der Wahrheit interessiert«, versichert er. Und Maître Ivan Jurasinović, sein Anwalt, ein in Frankreich geborener Kroate, nickt zustimmend vor sich hin. Das Gespräch, das bei einem Mittagessen seinen Anfang nimmt und später in einer ungestörten Kellerlobby vor den geschlossenen Konferenzräumen fortgeführt wird, dauert fast sieben Stunden. Die spannendsten Details erzählt Tomulić in den zahlreichen Rauchpausen, die im Freien stattfinden, wo sein Anwalt als überzeugter Nichtraucher nicht dabei ist. Zum Glück ist Tomulić nikotinsüchtig, was sich aber erst spät und eher zufällig herausstellte, weil er aus Höflichkeit nicht den Tisch verlassen wollte. Er lebt bereits seit seinem 16. Lebensjahr in Frankreich und ist nur mehr im Herzen ein typischer Kroate. Ansonsten hat er längst die Artigkeit seines Gastlandes angenommen und spricht selbst mit Jurasinović, wie es sich in Frankreich gehört, nur Französisch. Genau so, wie er mit Anzug und Kra-

110

Kriegsgewinnler und Profiteure

watte zum Déjeuner erschienen ist. Nur die Art, wie er
seine Zigaretten ausdrückt, verrät zum Teil noch seine
Herkunft: Er zerreibt die Glut zwischen Daumen und
Zeigefinger, bevor er den Stummel in den überfüllten
Aschenbecher legt.

Seine Erzählung beginnt mit dem 26. Juni 1990, der
Unabhängigkeitserklärung Kroatiens, und endet mit
der Ermordung Ivana Hodaks im Oktober 2008. Die Geschichte ist ein Thriller, in dem Waffenhändler, Spione,
Geisterfrachter und die Glücksspielmafia vorkommen.
Aber auch Hrvoje Petrač, Biljana Sučić alias Tereza
Barbarić sowie Vladimir Zagorec und die Klagenfurter
Hypo Alpe-Adria-Bank. Man merkt schnell: der Mann
ist eine lebende Enzyklopädie, was die Entstehung Kroa-
tiens und die Hintergründe betrifft. »Bis 1986 habe ich
jeden Moment über alles Bescheid gewusst, was im Ver-
teidigungsministerium vor sich ging«, behauptet der
Partisanensohn, dessen Vater Seite an Seite mit Tudj-
man gekämpft hat. Und obwohl seine Familie 1964 nach
Frankreich emigrierte – wo Tomulić, der sich schon als
Junge für die Malerei begeistert hat, die Ecole des Beaux
Arts in Paris absolvierte –, blieb sein Vater regelmäßig
in Kontakt mit seinem alten Kampfgefährten. Nach der
Unabhängigkeitserklärung schickte er seinen Sohn nach
Zagreb, wo sich Tomulić mit Geheimdienstchef Manolić
traf. Der war auf der Suche nach frischen Agenten, da die
junge Regierung den meisten alten, die zum Teil noch
unter Tito ausgebildet worden waren, nicht traute. Au-
ßerdem hatte Tudjman schon immer eine Schwäche für
Leute aus der Diaspora, erst recht, wenn sie aus West-

europa kamen. Der Kroate aus Paris nimmt den Posten eines *Missi dominici* an und soll als Königsbote zwischen Zagreb und dem Elysée-Palast fungieren, wo man, trotz der historischen Freundschaft mit Serbien, längst auch schon Sympathien für Kroatien hegt. Nur Wochen später bekommt Tomulić unerwarteten Besuch von Leuten des französischen Inlandsgeheimdienstes, der damals noch Direction de la surveillance du territoire (DST) hieß.[11] Die Agenten sind in Begleitung zweier Männer, die Tomulić als Jean-Claude Uthurry-Borde und Pierre Ferrario vorgestellt werden. Die beiden arbeiten für die belgische Matimco Ltd., eine Gesellschaft, die dem internationalen Waffenhändler Jacques-Germain Monsieur gehört, der seine Waren vornehmlich in den Kongo und nach Iran liefert: Monsieur Monsieur würde gerne auch mit Kroatien ins Geschäft kommen, erfährt Tomulić, der verspricht, einen Kontakt herzustellen, zumal die Vertreter des belgischen Waffenhändlers versichern, dass sie über einen gewissen André Izdebski auch russisches Material liefern könnten. Eine Anforderung, die gerade in den Anfangsjahren des Kroatienkrieges von Bedeutung war, da die Kampftruppen in Ex-Jugoslawien hauptsächlich an russischen Systemen ausgebildet waren.

Tomulić staunt heute noch, wie leicht es gewesen ist, trotz des Embargos die Waffen nach Kroatien zu bringen. Und es seien einige Frachter gewesen, die von Frankreich aus ungehindert ihren Bestimmungshafen

---

11   Heute: Direction centrale du renseignement intériur (DCRI).

im slowenischen Koper erreicht hätten. »Die Löschungs-
gebühr betrug 250 000 Dollar pro Schiff. Die waren für
den Verteidigungsminister«, gibt Tomulić eine Nebener-
werbsquelle des späteren Premierministers Janez Janša
preis. Und dann erzählt er eine amüsante Anekdote:
Als er das erste Mal nach Koper sollte, um eine Waffen-
ladung auszulösen, sei der Flugverkehr über Jugoslawien bereits gesperrt gewesen. Daher habe er seinen
Privatwagen nehmen müssen, worauf ihm vom Verteidigungsministerium der Fahrer von General Ivan Čermak
zugeteilt worden sei. Dieser habe bereits in einem kleinen Nebenraum gewartet, da er an den heiklen Vorge-
sprächen nicht teilnehmen durfte. Auf dem Weg zur
Garage habe ihn der Chauffeur, der offensichtlich ein
Autonarr gewesen sei, nach der Fahrzeugmarke gefragt.
Ein Mercedes S 280, sei die Antwort gewesen. Daraufhin
soll Vladimir Zagorec ihn mit großen Augen angeschaut
und gemeint haben: »Ich habe mir gerade einen Fiat
Tipo auf Kredit gekauft und werde mir nie einen Mercedes leisten können.«

Sand und Säbel

Das größte Problem bei einem illegalen Waffenexport
sind die sogenannten End-User-Zertifikate, weiß Tomulić. Demnach muss jeder Verkäufer im Besitz einer Re-
gierungsbestätigung sein, dass die von ihm gelieferten
Waffen in ein Land gehen, das auch welche kaufen darf.
Dabei schauen kriegführende Staaten auch ohne offizi-

elles Embargo automatisch durch die Finger. Er selbst habe diese Hürde immer mithilfe des Tschad genommen, der gegen eine entsprechende Gebühr als Empfänger aufgetreten sei:»Das Verteidigungsministerium in N'Djamena schickte die Gefälligkeitszertifikate direkt an die Matimco in Belgien, die dann die Ausfuhrpapiere für die französische Regierung vorbereitet hat.« Der Rest sei reine Routine gewesen:»Entsprechend der Hafendokumente ist ein Frachter unter panamaischer Flagge mit den Waffen von Rotterdam nach Lomé in Togo in See gestochen. Er hieß *Sable,* was Sand bedeutet«, beschreibt Tomulić einen konkreten Fall. In Wirklichkeit habe das Schiff aber den Hafen in Haifa, Israel, angelaufen, wo die Waffen heimlich auf ein anderes mit einem ähnlichen Namen, nämlich *Sabre,* umgeladen worden seien. Das bedeutet»Säbel« und hätte laut Tomulić bei einer Kontrolle genügt,»um Zweifel zu erzeugen«. Danach habe das Geisterschiff ohne Waffen seine Reise ordnungsgemäß in Richtung Golf von Guinea nach Westafrika fortgesetzt, während das beladene Ersatzschiff die Adria hinauf gefahren sei. Dort habe man nur noch warten müssen, bis die französische Marine vor der slowenisch-kroatischen Küste patrouillierte, um ungehindert Koper anlaufen zu können. Tomulić:»Es ist fast pervers: Frankreich, Großbritannien, Deutschland, Österreich – alle waren sie für das Embargo, aber keiner hat es respektiert. Ich behaupte daher, dass es nicht notwendig war, auf dem Schwarzmarkt Waffen einzukaufen, weil alles auf legalem Weg beschafft werden konnte.« Seiner Meinung nach gehen weltweit sogar 80 Prozent der gehandelten Militärausrüstung in Länder, die mit einem Embargo belegt sind, »womit der Profit auch von jenen Staaten bestimmt wird, die formal die Waffenlieferungen verbieten«. Für Kroatien hätte es bisweilen sogar Mengenrabatte und versteckte Militärhilfe gegeben: »Von manchen Ländern haben wir Waffen um die Hälfte des Marktpreises bekommen«, behauptet Tomulić, der den »offiziellen Lieferungen«, wie er es nennt, auch eine gewisse Kontrollfunktion zuschreibt: »Dadurch konnte überwacht werden, wie viel und welche Waffen wir haben.« Abgesehen davon hätten die Geheimdienste der Transferländer stets Kopien der Bestellscheine bekommen. Dementsprechend reibungslos seien auch die Grenzübertritte verlaufen, wenn die Ware beispielsweise aus dem ehemaligen Ostblock stammte: »Als die LKW-Kolonnen kamen, gingen die Rampen einfach hoch und die Zollbeamten Kaffee trinken.«

Wie schon andere zuvor beziffert auch er den Wert sämtlicher Rüstungsgüter, die unter Umgehung der Sanktionen nach Kroatien geliefert wurden, mit zwei Milliarden Dollar. Allein die von ihm vermittelten Geschäfte hätten rund 400 Millionen ausgemacht. Dafür gebe es lauter »saubere Rechnungen«, die alle über die internationale Genossenschaft der Geldinstitute SWIFT[12] bezahlt worden seien. »Die Überweisungen für Matimco zum Beispiel sind von der staatlichen Splitska banka über ein Transitkonto bei der Chase Manhattan

---

12 Society for Worldwide Interbank Financial Telekommunication.

Kriegsgewinnler und Profiteure

in New York zu einer luxemburgischen Bank gegangen«, verrät Tomulić: »Kroatien hatte es in keinem Moment nötig, irgendwelche geheimen Konten zu haben. Es bestand auch kein Bedarf an Bargeld, da auch die Privredna banka alle Überweisungen auf legalstem Wege durchführen konnte.« Er hätte Bargeldzahlungen immer abgelehnt, allein schon um kriminelle Netzwerke auszuschalten. Und deshalb sei er auch Vladimir Zagorec immer ein Dorn im Auge gewesen.

General im Glück

Tomulić hält nicht viel von General Čermaks ehemaligem Chauffeur. Čermak war Chef jener Abteilung, die Tudjman 1991 zur Aufrüstung Kroatiens eingerichtet hatte, im Gegensatz zu seinem Fahrer aber völlig unbedarft, was Waffen betraf. So sei Zagorec allmählich an Čermaks Stelle gerückt, meint Tomulić. Als Waffenhändler habe er mit dem Emporkömmling erst zu tun gehabt, als dieser bereits »ein etwas größerer Player war«. Zagorec habe ihn danach allmählich aus dem Geschäft gedrängt und begonnen, »verdächtige Transaktionen auf eigene Rechnung zu machen«. Und zwar über mehrere Unternehmen im Ausland, die das Beschaffungsamt des Verteidigungsministeriums – also ihn selbst – zu weit überhöhten Preisen beliefert hätten. »So kam er an viel Geld«, behauptet Tomulić. An die Namen der Unternehmen könne er sich nicht erinnern. Er wisse aber von Rechnungen an Firmen auf den Jungferninseln

und in Österreich. Später fällt ihm doch noch ein Name
ein: The Trading Exchange Ltd. auf der Isle of Man. Die
Gesellschaft wurde laut einer Internetmeldung im Juni
2005 an den schwedischen Glücksspielkonzern Gamers
Paradise AB verkauft.

Einer der engsten Mitarbeiter Zagorecs sei Hrvoje
Petrač gewesen: »Ich habe ihn nur einmal persönlich getroffen«, erzählt Tomulić und blickt dabei in die Ferne,
als wolle er sich die Begegnung auch visuell in Erinnerung rufen. »Er ist eine Schöpfung von Zagorec: Alles,
was er heute ist, verdankt er ihm«, fährt er nach einer
Weile fort. Zuvor sei Petrač Buchhalter in einem kleinen
Unternehmen in Hrvatsko Zagorje, einem Hochland
nördlich von Zagreb, gewesen. Für Tomulić war Petrač
eine Art Geldeintreiber. »Das Verteidigungsministerium
ist einer der größten Auftraggeber im Lande, und viele
Firmen sind auf die pünktliche Bezahlung angewiesen«,
deutet er ein gängiges Unternehmerschicksal zu einem
lokalen Spezifikum um. Doch Zagorec hätte ein unge-
schriebenes Gesetz eingeführt: »Wer sofort bezahlt werden wollte, musste zehn Prozent des Auftragswertes an
ihn abtreten.« Als Interventions-Provision sozusagen,
und Petrač sei für das Inkasso zuständig gewesen. Das
Geld soll auf Konten in Österreich und Liechtenstein
gegangen sein. »Irgendwann ist es zum Streit zwischen
den beiden gekommen«, meint Tomulić. Wer ihn ausge-
löst hat und ob er über die Aufteilung des Geldes entstanden ist, weiß er nicht: »Jedenfalls hat sich Petrač
eines Tages entschlossen, Zagorecs Sohn zu entführen.«
Tomulić kann auch nicht sagen, ob der Ex-General, wie

Kriegsgewinnler und Profiteure

in Zagreber Unterweltkreisen behauptet wird, auch am illegalen Glücksspiel beteiligt war. Bei Petrač indes hält er das für erwiesen: »Er hat auch die Ermordung von Vjeko Sliško bestellt.« Der Spielautomaten-König, der auch im Drogenhandel mitmischte, war Ende März 2001 bei einer Schießerei am helllichten Tag ums Leben gekommen. Ein Sprecher des Innenministeriums hatte den Vorfall »als typische Abrechnung im Mafiastil« bezeichnet. Sliško, der in den Jahren zuvor bereits vier Mordanschläge überlebt hatte, kontrollierte nicht nur den Großteil des *illegalen* Glücksspiels: Er war auch Konzessionsträger mehrerer *offizieller* Spielcasinos. Die Bewilligungen wurden damals vom Innenministerium vergeben, sofern man eine Kaution von fünf Millionen Dollar in Form einer Bankgarantie vorweisen konnte. Angeblich hat man mit der Genehmigung auch eine Namensliste bekommen, an welche Politiker oder Parteien eine monatliche Abgabe zu leisten sei. Und wer die Liste ignorierte, lief Gefahr, die Konzession wieder zu verlieren. Ein Beispiel dafür ist die Favorit d.o.o., eines der größten einschlägigen Unternehmen des Landes. Hier hat nur einen Tag, nachdem sich der Betreiber geweigert hatte, weiterhin seiner stillen Verpflichtung nachzukommen, die Bank ihre Garantiezusage widerrufen, womit das Unternehmen auch die Konzession verlor. Bei der Bank soll es sich um die Hypo-Kroatien gehandelt haben, deren damaliger Leiter Karl Heinz Truskaller auch privat Kontakt zur Zagreber Unterwelt gehabt haben soll.

Dass bei diesem Geschäft mitunter Korruption im Spiel ist, kann auch Tomulić bestätigen. Er will es sogar

von Josip Manolić, Tudjmans langjährigem Geheimdienstchef, aus erster Hand wissen: Sliško soll nämlich
am Tag vor seiner Ermordung Manolić um Hilfe gebeten haben, weil er erfahren hatte, dass er ermordet werden sollte. »Aber Manolić hat ihm gesagt, dass er nichts
für ihn tun kann, weil es zu spät ist«, fasst Tomulić ein
Gespräch mit seinem Freund und Förderer zusammen.
Manolić habe ihm auch angedeutet, dass Politiker in den
Mord verwickelt seien. Verfolgt man Medienberichte aus
dieser Zeit, findet sich sogar eine indirekte Spur ins Verteidigungsministerium: Denn James Cappiau, Sliškos
Mörder, der bei dem Attentat selbst getötet worden ist,
war Zagreb-Repräsentant des belgischen Waffenlieferanten Matimco und ein enger Geschäftspartner von
Vladimir Zagorec. »Selbst dann noch, als Kroatien selbst
schon lange keine Waffen mehr brauchte«, behauptet
Tomulić. Zagorec habe immer uneingeschränkt agieren
können. Der Mann sei auf einmal so mächtig gewesen,
dass ihn sogar Manolić gefragt hätte: »Tomulić, sag mir:
Womit hat Zagorec Tudjman in der Hand?« Was immer
er seinem väterlichen Freund geantwortet haben mag –
heute schweigt er dazu.

Tudjmans Königsbote

Tomulić muss Tudjman sehr nahe gestanden haben.
Trotzdem unterscheidet er sich von jenen Nationalisten,
mit denen sich der Staatsgründer sonst umgeben hat. Er
hat nichts Fanatisches an sich, obwohl er offensichtlich

Kriegsgewinnler und Profiteure

ein leidenschaftlicher Kroate ist. Er verteidigt die Se-
zession Kroatiens genau so, wie er »die Verbrechen, die
dabei verübt wurden«, angeblich verurteilt. Nur auf Tudjman selbst lässt er nichts kommen, auch wenn er »wegen
seiner konservativen Art« nicht immer einer Meinung
mit ihm gewesen sein will. Er habe es auch stets ge-
hasst, mit ihm auf den Fußballplatz gehen zu müssen,
wenn sein Lieblingsverein, der FC Dinamo, spielte, der
zu Tudjmans Lebzeiten FC Croatia hieß. »Da saß ich in
der ersten Reihe in der Präsidentenloge, mitten im Krieg,
unter lauter Politikern. Ich fühlte mich wie im Kommunismus«, erinnert sich Tomulić. Ähnlich habe er empfunden, als Tudjman starb: »Da wurde angeordnet, dass sein
Tod erst nach 15 Tagen bekannt gegeben wird«, lüftet er
ein bisheriges Geheimnis: »Man muss sich das vorstellen: Seine Familie musste mitspielen und weiterhin jeden
Tag ins Krankenhaus gehen, als wäre nichts geschehen.«
   Tomulić steckt auch in Bezug auf die Hypo voller Über-
raschungen: So etwa behauptet er, dass bereits 1992/1993
die ersten Geldkoffer von Zagreb nach Klagenfurt gebracht worden seien. Er habe das damals zufällig bei
einem Gespräch »mit dem Direktor der Bank« erfahren.
Es sei eine lockere Unterhaltung gewesen, bei der ihm
der Mann auch erzählt habe, dass er gerade in Slowenien
ins Glücksspiel investiere. Auf die Frage, ob es sich dabei
um ein Engagement der Bank oder des Bankdirektors
gehandelt habe, antwortet Tomulić etwas verwirrend:
»Die Bank hat nicht investiert, sondern der Direktor,
aber er war die Bank.« Was immer damit gemeint sein
mag: Die Bankchefs hießen damals Wolfgang Kulterer

120

und Jörg Schuster. Ersterer ist im November 1992 in den Vorstand berufen worden. Kurz zuvor hatte die Kärntner Landes- und Hypothekenbank AG die Grazer Wechselseitige Versicherung als Partner ins Boot geholt, das damals in finanzieller Schieflage war und zu kentern drohte: Die Bilanzsumme belief sich auf 1,87 Milliarden Euro. Vierzehn Jahre später, als Kulterer als Vorstand der Bank ausscheiden muss, werden es 40 Milliarden mehr sein.

Mit wem Tomulić diese ominöse Unterhaltung führte, wird sich wahrscheinlich nie klären lassen. Den Namen des Gesprächspartners wisse er nicht mehr. Er glaube auch nicht, dass er ihn wiedererkennen würde; es sei schon zu lange her. Außerdem sei das Ganze nur Small Talk gewesen, da der Grund des Treffens ein anderer gewesen ist: Tudjmans Königsbote sollte im Auftrag des Innenministeriums Beweise gegen Zagorec sammeln, der schon damals im Verdacht stand, größere Summen unterschlagen zu haben. Diese Untersuchungen hätten Tomulić dabei auch nach Klagenfurt geführt: »Da ich kein Finanzfachmann bin, habe ich Biljana Sučić mitgenommen. Sie war Bankdirektorin in der staatlichen Privredna-Bank und die einzige Expertin für Auslandstransaktionen in Kroatien.«

Ob man die Geschichte glauben will, ist Geschmackssache: Nur, welchen Grund sollte Tomulić heute dafür haben, jemanden zu belasten, dessen Namen er längst vergessen hat? Darüber hinaus vermittelt er glaubhaft den Eindruck, dass ihm der Hypo-Skandal an sich ziemlich egal ist. Ihm scheint es eher darum zu gehen, jene an den Pranger zu stellen, die sein geliebtes Kroatien hintergangen haben. Er verachtet Zagorec, das ist offensichtlich, und vermutlich hasst er ihn sogar: Immerhin soll er zwei Mordanschläge auf ihn organisiert haben. Trotzdem nimmt er ihn bei der Diamanten-Affäre in Schutz und glaubt nicht, dass er sie gestohlen hat. Er hält die Anschuldigungen vielmehr für einen Racheakt von Hrvoje Petrač und Biljana Sučić, die auch als Hauptbelastungszeugen vor Gericht auftraten. »Vielleicht hat er seine Schulden bei ihnen nicht beglichen«, sucht Tomulić selbst nach einer Begründung. Wobei für ihn Sučić überhaupt »der Schlüssel zu allen Fragen« sei: »Sie hat wahrscheinlich Zagorec auch von dem Treffen erzählt und ihn auf die Idee gebracht, mit der Hypo-Bank Kontakt aufzunehmen.«

Was den Vorwurf der Unterschlagung betrifft, hegt Tomulić hingegen keine Zweifel. Diesbezüglich lägen in Kroatien schon lange konkrete Beweise vor. Dass sie bisher noch nicht auf den Tisch gelegt wurden, erklärt er mit dem Umstand, dass auch Zagorec »gewisse Leute in der Hand hat«, vor allem mit Dokumenten aus seiner Zeit als Waffenhändler, die u. a. auch Stipe Mesić beträfen. Dabei soll es um Kopien von Unterlagen zu einen Waffengeschäft mit Saddam Hussein gehen, an dem auch die Serben beteiligt gewesen seien. Konkret habe es sich um SCUD-Raketen gehandelt, die 1992 aus einem Waffenlager in Suha Reka, Kosovo, nach Kroatien die Magistrale hinauf bis Rijeka und dann per Schiff über Syrien in den Irak gelangt seien. 2002/2003 sei die Sache fast aufgeflogen, erzählt Tomulić: Da hätten die

Amerikaner vom kroatischen Staatspräsidenten die Unterlagen zu dem Transport verlangt, um ihre geplante Irak-Invasion rechtfertigen zu können, die sie bekanntlich mit dem Besitz von Massenvernichtungswaffen begründet hatten. Gleichzeitig habe man aber Mesić »von anderer Seite« gedroht, seine Beteiligung an dem Deal auffliegen zu lassen, sollte er die Papiere herausgeben, behauptet Tomulić. Daraufhin habe der von zwei Seiten Bedrohte die Unterlagen eigenhändig vernichtet – und will von dieser Waffenlieferung nichts mehr wissen.

Balkan ist überall

Es ist irgendwie typisch für den »Kroaten« Tomulić: Der Waffendeal selbst scheint ihn nicht sonderlich zu bewegen. Was ihn jedoch sichtbar aufregt, ist die Tatsache, dass ihn Kroaten zusammen mit Serben – »unseren historischen Feinden«, wie er es sieht – durchgeführt haben. Und selbstverständlich habe Tudjman von der Sache keine Ahnung gehabt; das wisse er »zuverlässig«, während sein Freund Manolić, der Geheimdienstchef, auch »nur etwas davon hörte, aber nicht wusste, worum es genau geht«: Allerdings so, wie er es sagt, fast flehentlich, klingt es mehr nach einer Hoffnung als nach einer Behauptung.

Fest überzeugt ist Tomulić indes, dass der Mord an der Anwaltstochter Ivana Hodak einen politischen Hintergrund habe und vom kroatischen Geheimdienst mit zu verantworten sei, »der schon seit 60 Jahren mit der Balkanmafia eng zusammenarbeitet«. Die gleichzeitige

Kriegsgewinnler und Profiteure

Abwesenheit des Premierministers Ivo Sanader, des Staatspräsidenten Stjepan Mesić, des Innenministers und des Polizeichefs zum Zeitpunkt des Mordes sowie die anschließende Ernennung Tomislav Karamarkos zum neuen Innenminister seien für ihn kein Zufall. Verdächtig sei für ihn weiters, dass am Tag des Geschehens weder er noch sein Anwalt Ivan Jurasinović Kontakt mit Zagreb habe aufnehmen können: »Die Telefonleitungen haben einfach nicht funktioniert.« Der mögliche Hintergrund dazu: Ivana Hodak hatte für Jurasinović eine Privatklage gegen Mesić verfasst, der dem Pariser Anwalt während einer TV-Sendung öffentlich empfohlen hatte, eine psychiatrische Klinik aufzusuchen und sich behandeln zu lassen. Das allein wäre natürlich kein Anlass für einen Mordkomplott. Die Ursache des Mesić-Sagers schon eher: Die beim UN-Tribunal in Den Haag eingebrachte Klage gegen den früheren Staatspräsidenten wegen illegaler Waffenlieferung an den Irak hat wiederum Jurasinović eingebracht.

»Sollte dieser Mord jemals aufgeklärt werden«, warnt Tomulić, »dann wird es für einige Politiker in Kroatien eng.« Aber auch für Petrač, Zagorec und die Hausbank der Balkanmafia. Zagreb dürfe nicht Beirut werden, empörte sich Ivo Sanader zwei Wochen nach dem Hodak-Mord, als auch auf den Petrač-Freund und *Nacional*-Herausgeber, Ivo Pukanić, ein tödliches Attentat verübt worden war: »Wir werden mit der organisierten Kriminalität, der Mafia und dem Terrorismus vollständig aufräumen.« Der Kroate in Paris hat die Botschaft vernommen: »Ich glaube nicht, dass ich das erleben werde.«

Medien, Mafia und andere Mächte

Eigentlich wollte der Zagreber Geschäftsmann seine 51 Prozent an der DIOKI d.d. gar nicht verkaufen. Aber der Bote des potenziellen Käufers ließ keinen Zweifel daran, »dass die andere Seite, sofern er nicht das Angebot annehme, dazu bereit sei, Autos in die Luft zu sprengen, Ohren abzuschneiden, Ehen und Familien auseinanderzubringen und Kinder zu gefährden«. Nach vier weiteren Treffen war man sich handelseinig, und die Mehrheit des größten Chemiekonzerns Kroatiens, der damals einen Wert von 400 Millionen Euro repräsentierte, wechselte für 20 Millionen Euro den Besitzer. Die restlichen 49 Prozent verblieben im Besitz der staatlichen Privatisierungsgesellschaft HFP.

Laut kroatischem Geheimdienst SOA versuchte der neue Mehrheitseigentümer seine Interessen an dem Unternehmen geheim zu halten, »indem er die HAAB und einen Investmentfond damit beauftragte, als offizieller Käufer aufzutreten, sodass sein Name bis 2004 nicht erwähnt wurde«. Stellvertretend für die Hypo Alpe-Adria-Bank habe Gabriel Dielacher von der Vienna Capital Partners (VCP) agiert, die über die Naxos Medien Beteiligungen GmbH auch mit 25 Prozent am kroatischen Wochenmagazin *Nacional* beteiligt ist. Hinter der VCP-Gruppe steht der Wiener Investmentbanker Heinrich Pecina, der aktuell allein in Österreich 16 aktive Funktionen bei 14 verschiedenen Unternehmen als Vorstand,

Medien, Mafia und andere Mächte

Geschäftsführer oder Aufsichtsrat ausübt. Bei zwei seiner Gesellschaften stand vom Dezember 2005 bis Dezember 2008 auch der ehemalige österreichische Innenminister Ernst Strasser auf der Gehaltsliste.

So weit in Kurzform ein typisches Beispiel für die bisweilen etwas balkanesischen Geschäftspraktiken der HGAA, wobei die erpresserische DIOKI-Beteiligung kein Einzelschicksal ist: Im SOA-Bericht ist von systematischen »Pseudo-Investitionen« der Hypo und ihren kroatischen Geschäftspartnern die Rede, die fast ausschließlich auch immer mit korrupten Politikern verbunden sind, quer durch alle Parteien, wenngleich die HDZ zu den Hauptprofiteuren gehört. Allein in diesem Fall, der sich vom Oktober 2003 bis Anfang 2004 zugetragen hat, waren drei Minister direkt involviert: Zuerst Slavko Linić, der ehemalige Bürgermeister von Rijeka und spätere Wirtschaftsminister sowie stellvertretende Ministerpräsident unter dem linksliberalen Premier Ivica Račan. Und im Anschluss sein Nachfolger Ivo Sanader und dessen Außenminister Miomir Žužul, der frühere Botschafter bei den Vereinten Nationen und den USA. Konkret war Linić bei dem Deal dafür verantwortlich, als Wirtschaftsminister dafür zu sorgen, dass der Privatisierungsfonds weitere Anteile zum Verkauf bereithielt, während Sanader als neuer Regierungschef laut SOA seinen Außenminister Žužul beauftragt haben soll, für die Einhaltung dieses Versprechens eine Provision mit dem ominösen Käufer zu vereinbaren. Bei diesem handelte es sich um den kroatischen Industriellen Robert Ježić, der seit Herbst 2009 auch deutscher Honorarkonsul für die Region Rijeka und Istrien ist. »Das Treffen zwischen Ježić und Žužul fand am 1. Mai 2004 in Triest statt, wo auch die Provision ausbezahlt wurde«, hält der kroatische Geheimdienst in seinem Dossier fest.

Ježić, der inzwischen 75,92 Prozent plus eine Aktie an der Zagreber DIOKI d.d. besitzt und seine Anteile um exakt 11 645 983,81 Euro als Sacheinlage in seine Schweizer Dioki Holding AG eingebracht hat, zählt mit einem geschätzten Vermögen von 65 Millionen Euro zu den 20 reichsten Kroaten. Sein Aufstieg war lebendig und ging eng mit der politischen Entwicklung in Kroatien einher: Während seines Studiums arbeitete der diplomierte Rechtswissenschaftler als Türsteher in Diskotheken, wo er mehrmals auch seine physische Durchsetzungskraft unter Beweis stellte. Daneben jobbte er als Skipper auf ausländischen Jachten und hatte seine ersten Kontakte mit internationalen Geschäftsleuten. Nach dem Studium stellte ihn ein jugoslawischer Unternehmer in Mailand ein, der nebenbei für den militärischen Geheimdienst JNA arbeitete. Für ihn reiste er auch öfters nach Moskau, wo er mit Franjo Greguric, dem örtlichen Direktor des jugoslawischen Mischkonzerns Astra, enge Geschäftskontakte knüpfte, die sich noch verstärkten, als Greguric im Juli 1991 Premierminister in Kroatien wurde. Zu dieser Zeit pflegte Ježić bereits auch eine enge Beziehung mit der zweiten Frau seines Mailänder Arbeitgebers, die ihren Mann erfolgreich überredet hatte, in Rijeka eine Filiale zu eröffnen und ihren heimlichen Liebhaber als deren Leiter einzusetzen. In der Folge konzentrierte sich Ježić jedoch fast nur mehr auf seine gemeinsamen Geschäfte mit dem Staatspremier, worauf ihn der gehörnte Privatchef eines Tages auf die Straße setzte. Doch der Mann, dessen HDZ-Parteiausweis die Nummer 83 aufweist, war keinen Tag brotlos: Er übernahm die Repräsentanzen eines Schweizer und belgischen Chemiekonzerns, die bereits 1993 zu den größten Partnern des staatlichen Mineralölkonzerns INA wurden, wo Gregurić Aufsichtsratsvorsitzender war.

Als dieser an politischem Einfluss verlor, fand der umtriebige Jurist in seinem Nachfolger Hrvoje Šarinić, Tudjmans Bürochef und Zeichnungsberechtigten auf den Villacher Diaspora-Konten, einen neuerlichen Förderer. Nach dessen Abgang war Ježić dann allerdings bis Januar 2000 ohne politische Protektion. Doch die Geschäfte liefen ungehemmt weiter, da die Ex-Politiker noch immer großen Einfluss hatten: Danach wurde der SDP-Politiker Slavko Linić als Wirtschaftsminister auch Chef des INA-Aufsichtsrats und war neuer Schirmherr über seine Geschäfte.

Ein Mann für alle Fälle

»Der beste Freund und Verbündete des Premierministers ist Robert Ježić«, schrieb Wolfgang Kulterer am 13. Dezember 2007 in seinen »Empfehlungen für Herrn VDir. Dr. Tilo Berlin«. Und weiter: »Nach mir zur Verfügung stehenden Informationen wird Herr Ivo Sanader wieder

Premier sein, das heißt, die Lobbying-Situation bleibt unverändert.« Die wesentlichen Ministerien wie Finanzen und Wirtschaft blieben gleich besetzt. Es werde auch in der Besetzung der Nationalbank keine Veränderungen geben. Abgesehen davon hätte Ježić über Linić »auch zum SDP-Lager sehr gute Kontakte. Für den CEO der HBInt, Tilo Berlin, und den neuen CEO der Hypo Kroatien, Markus Ferstl, sei »Herr Robert Ježić sicherlich ein Asset und kann als Lobbyist hier äußerst hilfreich unterstützen«. Er habe über den Premier »Zugang zu allen Strukturen« und »in vielen heiklen Situationen extrem geholfen«, schreibt Kulterer: »Um alte offene Vertragswerke, die mir in der Form auch nicht bekannt waren, soft zu lösen bzw. zu erledigen, würde ich empfehlen, mit ihm über zwei Jahre einen Lobbying- und Consultantsvertrag abzuschließen.«

Wie soft der Mann an heikle Probleme herangeht, beweisen die Details bei seinem Mehrheitserwerb an DIOKI: Hier beauftragte der deutsche Honorarkonsul laut SOA den Zagreber Mafiaboss Hrvoje Petrač für ein Honorar von einer Million Euro, Darko Ostoja »davon zu überzeugen«, seinen Anteil von 51 Prozent am Unternehmen zu verkaufen, nachdem dieser das von einem Strohmann überbrachte Angebot zuerst abgelehnt hatte. Im Auftrag von Petrač habe dann dessen Freund, der *Nacional*-Herausgeber Ivo Pukanić, »die ersten Vermittlungs- und Überzeugungsversuche bei Ostoja« übernommen. Der Journalist habe dem Zagreber Geschäftsmann die Lage unmissverständlich verständlich gemacht: »Schließlich stimmte Ostoja einem

Medien, Mafia und andere Mächte

Treffen mit Robert Ježić in der *Cantineta,* einem Lokal von Petrač, zu« und nahm nach einem Mittagessen das Angebot an.

In der Folge haben noch vier weitere Treffen in der *Cantineta* stattgefunden, um die Verkaufsdetails zu besprechen. Doch dann begannen die Verhandlungen zu stocken: Petrač, der gerade als Entführer von Tomislav Zagorec aufgeflogen war, musste Kroatien verlassen, und Ježić, der dadurch ein wirksames Druckmittel verlor, musste um einen lukrativen Deal fürchten. »Doch bald darauf bekam er ein Angebot von Außenminister Miomir Žužul, dass die HDZ sowohl sein Problem mit dem Privatisierungsfonds als auch mit Ostoja lösen würde und dass Ivo Sanader ihn beauftragt hätte, alles zu seiner Zufriedenheit auszuführen«, notierten die SOA-Agenten: »Am 19. April 2004 reisten Robert Peša vom HFP und Darko Ostoja nach Moskau, wo sie Hrvoje Petrač (der sich damals auf der Flucht befand) trafen, den Ostoja bereits zuvor im Wesentlichen über die Unterredung von Ježić mit Žužul und die Rolle von Sanader unterrichtet hatte.« Bei dem Treffen sei es dem ehemaligen DIOKI-Besitzer äußerst wichtig gewesen, den Balkanmafioso davon zu überzeugen, dass er nichts gegen ihn unternommen hätte. »Nach dem 1. Mai rief Petrač wiederholt R. Ježić aus dem Ausland an und forderte die Auszahlung seiner Provision, wobei er auch seine Unzufriedenheit über deren Verspätung äußerte«, bemerkte der kroatische Inlandsgeheimdienst. Anscheinend hätte diese über die Hypo Klagenfurt ausgezahlt werden sollen, doch der zuständige Sachbearbeiter habe »den Aufsichtsratsvorsitzenden offen darüber in

Kenntnis gesetzt, dass er keine Geschäfte von so großem Ausmaß machen werde, bei denen der Verbrecher Petrač eine Schlüsselposition inne hat«. Heute behauptet Kulterer, er hätte den inzwischen ebenfalls verhafteten Ježić nur dreimal in seinem Leben getroffen.

Bombenfreundschaft

Der Verleger und Mesić-Freund Ivo Pukanić bekannte sich offen zu seiner »Freundschaft« mit Petrač. Bis heute ist ungeklärt, woher der einstige Pressefotograf 1995 das Geld für seine Wochenzeitschrift nahm. »In einer regelmäßigen Kolumne gab ›Puki‹, der meist als lockerer Jogger mit iPod im Ohr auftrat, sich immer wieder für Abrechnungen mit Politikern und Wirtschaftsgrößen her«, bemerkte Norbert Mappes-Niediek in der *Zeit*. Vermittelt durch den umstrittenen mafiösen Geschäftsmann Ratko Knežević aus Montenegro »enthüllte« *Nacional* im Mai 2001 in mehreren Artikeln Einzelheiten über illegale Machenschaften diverser Regierungsmitglieder aus Serbien und Montenegro in Verbindung mit der organisierten Kriminalität. Die bekanntesten waren die jeweiligen Premierminister Zoran Djindjić und Milo Djukanović. Als »Kopf der gesamten Balkanmafia« wurde der serbische Geschäftsmann Stanko Subotić bezeichnet. Die Artikelserie sorgte für helle Aufregung: Der 2003 ermordete Demokrat Djindjić hat daraufhin zugeben müssen, den Privatjet von Subotić für eine Reise nach Moskau genutzt zu haben. Eine Gegenleistung habe es dafür nicht gegeben. Subotić sagte dazu: »Wir haben keine Bezahlung verlangt, weil wir wissen, wie schlecht es um die Finanzen der Republik steht.« Gegen Djukanović wiederum laufen in Italien und Deutschland schon seit Jahren Ermittlungen wegen Zigarettenschmuggels. Manche glauben sogar, diese seien ein Hauptgrund für die von ihm betriebene Unabhängigkeitsbestrebung Montenegros gewesen. Denn als Regierungschef eines souveränen Staates wäre er vor Strafverfolgung geschützt.

Subotić selbst bezeichnete die Artikel von Pukanić als bezahlt. Als Auftraggeber vermutete er seinen Konkurrenten, die Tvornica duhana Rovinj (TDR), einen kroatischen Tabakkonzern in Istrien. Dieser hätte sich von Subotićs Plänen, mit British American Tobacco (BAT) eine Fabrik zu bauen, bedroht gefühlt. In Wirklichkeit dürfte es eher um das Vertriebsnetz der untereinander rivalisierenden Zigarettenmafia gehen: Sowohl in Kroatien als auch in Serbien und Montenegro werden die geschmuggelten Glimmstängel seit jeher über die Zeitungskioske vertrieben – wobei es vor allem durch die Beteiligung der deutschen WAZ-Mediengruppe sowohl an kroatischen (z.B. EPH-Verlag) als auch an serbischen Medien (z.B. *Politika*) beim illegalen Zigarettenvertrieb plötzlich zu Gebietsüberschreitungen kam. So etwa erwarb Subotić 2003 mit dem Placet von Djindjić das staatliche Vertriebsunternehmen Duvan, begann ein Jahr später eine Zusammenarbeit mit der WAZ und zog auch in Montenegro mit der Montenegro Futura ein ähnliches Vertriebsnetz auf. Daher vermutet Ratko Knežević, dass die Morde an Djindjić und Pukanić auch mit dem illegalen Tabakkartell zusammenhängen könnten, »das nun versucht, durch die finanzielle Beteiligung an Medien über das Gebiet von Ex-Jugoslawien zu herrschen«. Der Montenegriner zu seiner Rolle in diesem Kartell: »Zuerst habe ich davon erfahren wie jeder montenegrinische Staatsbürger: Es war das am schlechtesten gehütete Staatsgeheimnis. Als Berater von Djukanović und Missionschef von Montenegro in den USA habe ich dann selbstverständlich auch mehr gewusst.« Allein in den Jahren 1999/2000 seien über die Firmenkonten der Codex in Liechtenstein und der Dulwich in Zypern etwa 1,2 Milliarden Euro gewaschen worden. Die Konten werden Djukanović und Subotić zugeschoben. »Das waren Geschäfte, die während des Embargos durchaus legitim waren, weil sie die Staatskassen füllten«, rechtfertigt der in London lebende Immobilienhändler seine ehemaligen Geschäfte: »Aber was als Umgehung des Embargos begann, ist nach der Aufhebung der Sanktionen zu einem der größten illegalen Geschäfte in Europa ausgewuchert, in dem heute Milliarden von Dollar verdient werden.« Dieser Prozess habe in Ex-Jugoslawien eine neue Elite geschaffen, die gesellschaftlich, politisch und wirtschaftlich das Land kontrolliere. Ein ähnlich düsteres Bild zeichnet auch der kroatische Generalstaatsanwalt Mladen Bajić in einem internen Bericht, schreibt die *Zeit*: »Figuren aus dem kriminellen Milieu seien ins normale Geschäftsleben eingesickert, ohne ihre Methoden zu ändern: Terror, Entführungen, subtile Korruptionstricks. Polizei und Gerichte seien involviert. Die Ermittler hätten keine Strategie und seien machtlos.«

Medien, Mafia und andere Mächte

»Call me Miroslav«

Sein Aufstieg zu einem der einflussreichsten Unternehmer des Landes ist typisch für die Nachkriegskarrieren von Tudjmans Günstlingen: Vor dem Krieg war Miroslav Kutle Tudjmans Tennispartner. Heute gehört er zu den fünfzig reichsten Kroaten. Er begann als kleiner Cafetier im Zagreber Vorort Sloboština mit dem *Moby Dick*. Im gleichnamigen Roman des amerikanischen Schriftstellers Herman Melville beschließt die Hauptperson, der aus gutem Hause stammende Matrose Ismael – »weil ihm in der über ihn hereinbrechenden Alltäglichkeit unerträglich schwermütig wird«, wie Melville schreibt –, ein einfaches Leben als Seemann zu führen. Bei Kutle ist es genau umgekehrt: Er kommt aus einer kinderreichen, bescheiden lebenden Familie und wollte schon immer hoch hinaus. Nur zwei Jahre nach seinem Vorstadtcafé erwarb er auf Pump das Restaurant *Globus* bei der Zagreber Messe. Als Nächstes kaufte er eine Bäckerei, dann eine Wäscherei, und in der Folge sammelte er ein Unternehmen nach dem anderen. »Es war die Zeit der Inflation und der Kredite, in der man mit Fremdwährungsspekulationen viel Geld verdienen konnte«, kommentiert er seine Unternehmerkarriere. Was er nicht sagt, ist, dass die meisten seiner Kredite damals von der Hypo Alpe Adria stammten. Und dass er sie nur deshalb bekam, weil er einer jener rund 200 Personen war, unter denen Tudjman laut eigenem Geheimdienst das Staatsvermögen aufzuteilen gedachte: Alles getreue Gefolgsleute der HDZ, die auch bereit waren, mit

Medien, Mafia und andere Mächte

einem ansehnlichen Teil ihrer Gewinne die Parteikassa zu füllen.

Auch seinen Aufstieg zum Medien-Tycoon, der 1993 mit einer Beteiligung bei der *Slobodna Dalmacija* begann, verdankt Kutle seiner Partei. Bei dieser Zeitung, die ihren Redaktionssitz in Split hat, handelt es sich um eines der traditionsreichsten Blätter auf dem Balkan. Die erste Ausgabe wurde 1944 in einem Schuppen, auf dem Berg Mosor, der Titos Partisanen als Unterschlupf diente, herausgegeben. Obwohl ursprünglich nur für die kroatische Küstenregion gedacht, hat sich das Blatt – vor allem wegen der unabhängigen Redaktionspolitik, aber auch wegen seiner Satireseiten – zu einem überregionalen Renner entwickelt. Auch nach der Staatsgründung fühlte sich der dalmatinische Freigeist unter den Medien, dessen Kolumnisten und Redakteure sowohl aus dem rechten als auch aus dem linken Flügel kamen, nur sich selbst und seinen Lesern verpflichtet. Ein Zustand, der Tudjman schon immer ein Dorn im Auge war und der sich radikal änderte, als Kutle über seine engen Verbindungen zu dem aus Split stammenden Verteidigungsminister Gojko Šušak 37 Prozent der Anteile für damals 3,7 Millionen Mark (rund 1,9 Millionen Euro) erwarb. Als Chefredakteur verfolgte er – besonders während der kriegerischen Auseinandersetzungen mit den Bosniaken – den von Tudjman gewünschten ultranationalistischen Kurs, was ihm auch nicht schwer fiel. Die Leser goutierten es weniger und liefen dem Blatt scharenweise davon. Um den finanziellen Kollaps zu verhindern, übernahm Anfang 2000, nach den gewonnenen Parlaments-

Medien, Mafia und andere Mächte

wahlen, die neue Mitte-links-Regierung des in Sachsen geborenen Premierministers Ivica Račan 70 Prozent des Verlags und leitete damit auch in der Zeitung eine neue Ära ein: Die Redaktion wurde ausgetauscht und Kutle, der das Unternehmen auch privat ausgehöhlt haben soll, vor Gericht gestellt – das ihn aber letztlich von allen Vorwürfen freisprach.

Im Mai 2005, zwei Jahre nachdem die HDZ unter Ivo Sanader erneut an die Macht kam, war wieder alles anders. Da wurde die Zeitung zum zweiten Mal privatisiert und für kolportierte 15 Millionen Euro an die Europapress Holding (EPH) verkauft. Bei dem von Ninoslav »Nino« Pavić gegründeten Verlagshaus handelt es sich um den größten Medienkonzern Kroatiens. Er verlegt mit der *Jutarnji list* die zweitgrößte Tageszeitung des Landes und u.a. die Sportzeitung *Sportske Novosti,* die tägliche Wirtschaftszeitung *Dnevnik* sowie die Wochenzeitschriften *Globus* und *Gloria.* Insgesamt sind 18 Titel mit einer durchschnittlichen Gesamtauflage von rund 660 000 Exemplaren im Programm. Seit 1998 ist auch die deutsche WAZ Mediengruppe mit 50 Prozent an der EPH beteiligt.

Für das Essener Verlagshaus war die Beteiligung gleichzeitig auch der Einstieg in die Hypo-Affäre. Denn das Klagenfurter Geldhaus hat auch die EPH und Nino Pavić in seinem umstrittenen Kreditportfolio. In einer Ende 2009 von PriceWaterhouseCoopers für die BayernLB erstellten Analyse des Kreditportfolios der HGAA scheint der Verlag mit einem Bruttoexposure von insgesamt 32 Millionen Euro auf. Sie sind als »Kredite mit erhöhten latenten Risiken« eingestuft, was angesichts des potenten Partners WAZ auffällig ist. Rein theoretisch gibt es dafür zwei Erklärungen: Erstens, die Kroatien-Geschäfte von WAZ & Co. laufen nicht nach Wunsch. Oder zweitens, es handelt sich – wie auch gemunkelt wird – um alte Scheinkredite, die vor der WAZ-Beteiligung eingegangen wurden. Hier muss fairerweise auch gesagt werden, dass es seit Bestehen der EPH fast nur Gerüchte um dieses Verlagshaus gibt. Das liegt wahrscheinlich daran, dass niemand wirklich weiß, wer die Aktionäre neben der WAZ sind. Offiziell ist es Nino Pavić. Inoffiziell soll es die sogenannte »Grupa« sein, zu der außer dem kanadischen Exil-Kroaten und Filmproduzenten Vinko Grubišić auch Tudjmans Mastermind Ivić Pašalić und Miroslav Kutle gezählt werden. Gegen Letzteren wird bereits seit Jahren auch wegen des Verdachts der Geldwäsche ermittelt. »Die Frage ist, woher kommt das Geld in seinem Fonds?«, meint Staatsanwalt Lazo Pajić: »Ist es sein privates Geld oder ist es ein ›schwarzer Fonds‹ und das Ergebnis krimineller Taten?« Nicht zu übersehen ist, das Kutle im letzten Jahr etliche seiner Unternehmungen an andere HDZ-Mitglieder abgetreten hat, was den Gerüchten, er wäre schon immer nur Treuhänder für seine Partei gewesen, neue Nahrung gibt. Laut *Nacional* soll der einstige Medienzar, der sich Fremden gegenüber in Anspielung auf den ersten Satz in Melvilles Roman *Moby Dick* gerne mit »Call me Miroslav« vorstellt, auch seine EPH-Anteile bereits veräußert haben, und zwar Ende 2009 für 20 Millionen Euro an Nino Pavić. Andere wiederum behaupten, es habe sich dabei nur um die Begleichung einer alten Schuld gehandelt. Pavić soll nämlich seinerzeit die Anteile an die WAZ hinter dem Rücken der »Grupa« verkauft und den Erlös von 20 Millionen Euro nicht weitergereicht haben. Wenn dem so war, ist Pavić ein mutiger Mann. Eines ist aber auch klar: Sollte Pavić tatsächlich nur ein Strohmann sein, dann haben seine Hintermänner, solange keine offiziellen Dokumente über ihre Beteiligungen auf dem Tisch liegen, physisch auch nur über ihn persönlich Zugriff auf ihr Vermögen.

Im Gegensatz dazu war die gemeinsame Beteiligung von Pavić und Kutle bei der Grazer Well Press Verlag GmbH schon immer eine im Firmenbuch aufgelegte Sache. Doch was immer die beiden Kroaten mit dem 1995 gegründeten Unternehmen getrieben haben, viel kann es nicht gewesen sein: Das Unternehmen wurde am 20. November 2008 auf Antrag des Finanzamts wegen Vermögenslosigkeit von Amts wegen gelöscht.

Dinner For Two

Politiker und solche, die es werden wollen, lernen es in der ersten Stunde: Wer die Medien auf seiner Seite hat, hat auch die Macht. Und von Otto von Bismarck wissen wir: »Wenn irgendwo zwischen zwei Mächten ein noch so harmlos aussehender Pakt geschlossen werden soll, muss man sich sofort fragen, wer hier umgebracht werden soll.« So viel zur Einstimmung auf das nächste Gesprächsthema der beiden Herren, die sich Anfang

2002 im Belgrader *Vuk* verabredet hatten. Dabei handelt es sich um ein beliebtes Restaurant, das nach Vuk Karadžić – dem serbischen Konrad Duden – benannt ist. Nach außen hin schienen sie nur harmlos zu plaudern und das servierte Gericht zu genießen. Doch der Gesprächsstoff war hoch brisant. Es ging um den Verkauf der Politika AD, des historischen Sprachrohrs der serbischen Regierung, dessen gleichnamige Tageszeitung sogar Despoten wie Slobodan Milošević bis ins späte Jahr 2000 an der Macht hielt. Der strategische Wert des zweitältesten Verlagshauses auf dem Balkan war beiden durchaus bewusst. Man war sich auch schon längst über den Preis für eine 50-Prozent-Beteiligung einig. Und die Details wie die Vertragsgestaltung oder die Beteiligungsform hatten ihre Juristen bereits ausgehandelt. Genaugenommen war das Geschäft schon seit Monaten unter Dach und Fach. Jetzt ging es Zoran Djindjić, dem serbischen Ministerpräsidenten, und Bodo Hombach, dem Geschäftsführer der deutschen WAZ-Gruppe und ehemaligen EU-Sonderkoordinator des Stabilitätspaktes für Südosteuropa, nur mehr darum, eine Strategie zu finden, wie man die WAZ-Beteiligung am besten dem Volk beibrachte. Immerhin handelte es sich bei der *Politika* um eine Art serbisches Symbol und bei der WAZ als deutschem Unternehmen quasi um einen Erbfeind der Serben. Dazu kommt, dass die WAZ mit ihrem Eintritt in den serbischen Markt, durch ihre Beteiligung am Zagreber EPH-Verlag, auch noch einen kroatischen Teilhaber mitbrachte. Am Ende beschloss man, den Handel so lange wie möglich geheim zu halten. Auf keinen

Medien, Mafia und andere Mächte

Fall durfte bekannt werden, dass Djindjić es war, der den Konzern aufgefordert hatte, in Serbien zu investieren. Das hätte auch bei seinen Demokraten zu Unmut geführt. All diese Punkte wurden offen angesprochen. Schließlich kannte man einander schon länger: Der serbische Premier war Hombach schon begegnet, als dieser noch Kanzleramtschef von Gerhard Schröder gewesen war. Als der SPD-Mann dann EU-Koordinator für den Balkan wurde, traf man sich noch öfters. »Djindjić war sogar Gast auf Hombachs Hochzeit, und dass die privaten Verbindungen nicht eben ein Hinderungsgrund waren, nachdem Hombach im Februar 2002 seine Tätigkeit für die WAZ aufnahm, versteht sich.«[13] Es lässt auch darauf schließen, dass Hombach die Beteiligung schon eingefädelt hat, bevor er WAZ-Geschäftsführer wurde.

Die Bedenken der beiden waren berechtigt: Als das Engagement bekannt wurde, stieß es von Anfang an auf Kritik. Nicht nur bei den serbischen Nationalisten, sondern auch in Djindjićs eigener Partei. Die Tatsache, dass der Anteilsverkauf ohne öffentliche Ausschreibung erfolgte, regte dabei die wenigsten auf. »Wenn er nicht einmal seinen eigenen Wählern erklären kann, warum er den Deutschen, den größten und geschichtsträchtigsten Feinden Serbiens, das nationale Verlags- und Zeitungssymbol für Geld überließ, wie will er dann rechtfertigen können, dass er mit demselben Streich die ›Kapitulation‹

---

13   »Im Reich der Oligarchen«, *faz.net,* 10. 9. 2010.

vor den verhassten Kroaten unterschrieben hat?«, fragte *Glas javnosti,* die *Stimme der Öffentlichkeit.* Djindjić muss tatsächlich geistesabwesend gewesen sein, zu glauben, dass der WAZ-Einstieg von seinen Landsleuten teilnahmslos hingenommen werden würde. So weit ist Zagreb auch wieder nicht weg, als dass es sich nicht bis Belgrad durchgesprochen hätte, dass Nino Pavić, der Gründer der EPH, nur der mediale Strohmann für die in Serbien sogar als Ustaši verschrienen HDZ-Bonzen Ivić Pašalić und Miroslav Kutle sein sollte. Daher wurde die deutsche Beteiligung von vielen auch als »politischer Triumph der Kroaten« und als eine »Demütigung der Serben« empfunden. In der *Politika* selbst wurde das Joint Venture natürlich als »Geschäft unter gleichwertigen Partnern« dargestellt. Dadurch wäre ein gemeinsames serbisch-deutsches Unternehmen entstanden, zu dem beide Seiten das Ihre beigetragen hätten: Die Zeitung ihr intellektuelles Potenzial und die WAZ 25 Millionen Euro in Cash – und die Aussicht auf weitere Investitionen.

»Politik und Moral haben nichts miteinander zu tun«, so Djindjić bei einer anderen Gelegenheit: »Wer Moral sucht, sollte in die Kirche gehen.« Kein Wunder, dass schon damals Gerüchte kursierten, der smarte Bursche in seinen Designer-Klamotten hätte auch andere Beweggründe für die Umgehung der Ausschreibung bei der WAZ-Beteiligung gehabt.

Um die Unruhe zu verstehen, muss man sich ein Bild von der damaligen Zeit in Rumpf-Jugoslawien machen. Ein Jahr nach dem Nato-Bombardement und kurz nach

Medien, Mafia und andere Mächte

dem Sturz des Milošević-Regimes lebte man in Serbien nicht, um zu leben, sondern weil man lebte: Die Wirtschaft war am Boden, das Land politisch isoliert und die Folgen des vierjährigen Embargos (1992–1996) unübersehbar. Kurzum: Die Menschen hatten nur Hunger und Wut im Bauch. Daneben gab es aber eine kleine Schicht, die genau davon profitierte: Die Embargobrecher, die während den UN-Sanktionen als Helden galten und unter dem Schutz der Politik (und damit auch Polizei) ungehindert ihren Geschäften nachgehen konnten. Die meisten haben während der Sanktionen sogar auch »offiziell« für den Staat geschmuggelt, angefangen von Zigaretten über Benzin bis hin zu Waffen. Es war für die Regierung die einzige Möglichkeit, die Staatskassen zu füllen. In dem Dilemma befanden sich alle ehemaligen Teilstaaten Jugoslawiens, allen voran aber Serbien und Montenegro. Sie bildeten nach dem Königreich und Titos sozialistischem Staat das letzte Jugoslawien und waren von der Weltgemeinschaft und ihren Gütern völlig isoliert. Da lag es nahe, sich der dunklen Quellen zu bedienen. Nur: Jede Regierung, die sich damals auf illegale Geschäfte einließ, musste sich auch mit den illegalen Akteuren, also der Unterwelt, abfinden. »Das Problem entsteht«, meint der Montenegriner Ratko Knežević, einer der größten Zigarettenschmuggler seiner Zeit, »wenn die Partner aus dem Untergrund auch nach den Sanktionen zu konstanten Partnern werden.« Genau das ist auf dem Balkan passiert: Knežević selbst ist ein gutes Beispiel dafür. Er hat sogar noch 2009 versucht, sein in der Embargozeit schwarz erworbenes Vermögen über ein von der HGAA finanziertes Immobilienprojekt in Istrien weiß zu waschen. Allerdings war bei diesem Projekt bereits die Konkurrenz im Spiel, weshalb Knežević um sein Leben fürchtete und ausstieg. Damals steckte die BayernLB als Haupteigentümer bereits bis zum Hals im Hypo-Sumpf.

Das soll nicht heißen, dass die BayernLB oder die WAZ bei diesen Machenschaften mitgespielt hätte. Aber beide mussten wissen, mit welchen dubiosen Geschäftspartnern sie sich durch ihre jeweiligen Beteiligungen einließen. Nicht nur in der Privatwirtschaft, auch in der Politik: Die neuen Balkanstaaten – und deren Bevölkerung – sind noch lange keine Gemeinwesen, sondern steuerbare Instrumente in der Hand von politischen Parteien, korrupten Geschäftsleuten oder rein kriminellen Gruppen. Belgrad war um die Jahrtausendwende, als die WAZ und auch die Hypo auf den serbischen Markt drängten, das typische Abbild dieses Szenariums.

Belgrad ist nicht zu Hause

Belgrad, im Frühjahr 2000. Das Leben der Stadt ist von zwei Extremen geprägt:

Das eine: N.N. ist Rechtsanwalt, trägt Versace-Anzüge, und an seinem Handgelenk funkelt eine brillantbesetzte Rolex. Er fährt den neuesten Mercedes, macht zweimal im Jahr in der Karibik Urlaub und besitzt im Nobelviertel Dedinje eine Villa mit Schwimmbad. Reich geworden ist er in den letzten zehn Jahren mit der Verteidigung von Mafia-Bossen und einflussreichen Geschäftsleuten. Den Namen braucht man nicht zu wissen: Ein Schuss auf offener Straße oder eine Autobombe können seiner Karriere jederzeit ein Ende bereiten. Wie jeder durchschnittliche Neureiche in Belgrad verlässt der 46-Jährige daher nie ohne Waffe und Leibwächter sein Haus.

Für das andere Extrem steht das Schicksal des Pensionärs Bogoljub C. Sein Name wird hier aus Respekt nicht ausgeschrieben. Der alte Mann hat sich kürzlich in seiner Wohnung aufgehängt. »Ich will nicht vor Hunger sterben«, lautete die kurze Begründung. Sie stand auf einem fettigen Papier, in dem zuvor eine Stange Salami eingepackt gewesen war, neben dem Preis für die Wurst. Sie hatte 30 Mark gekostet. Genau so viel, wie seine letzte Rente betrug.

Dazwischen gibt es wenig, was die Belgrader zu Bürgern macht. Nur Menschengruppen, die in isolierten Scheinwelten leben: Die Jugendlichen tun so, als ob sie im trendigen London lebten. Der Mittelstand tut so, als ob er noch Mittelstand wäre. Und die kommunistische Nomenklatur tut so, als ob es Titos Jugoslawien noch gebe. Alle zusammen imitieren sie ein normales Leben und ignorieren dabei die Wirklichkeit: dass Belgrad die heruntergekommene Hauptstadt eines heruntergekommenen Kleinstaates ist. »Der Alltag der Belgrader ist eine einzige Farce«, meint Vesna Petrovic: »Die Menschen gehen zur Arbeit, die es nicht gibt. Die Geschäfte verkaufen Waren, die sich keiner leisten kann. Und jeder hofft auf eine Zukunft, die er nicht hat.«

KREDITVERTRAG NR. 82

abgeschlossen zwischen

REPUBLIKA HRVATSKA
VLADA REPUBLIKE HRVATSKE
Trg. SV. Marka 2, HR-41000 Zagreb

(nachstehend "Kreditnehmer")

und

KÄRNTNER LANDES- UND HYPOTHEKENBANK AKTIENGESELLSCHAFT
Domgasse 5, A-9020 Klagenfurt
(nachstehend auch "Kreditgeber")

P R Ä A M B E L

Aufgrund eines Anbotes vom 31.08.1994 hat der Kreditnehmer den Kreditgeber um Zusammenstellung eines Bankenkonsortiums zur Bereitstellung eines Kredites in Höhe von ATS 140.000.000,-- mit einer vorläufigen Laufzeit von 5 Jahren ersucht. Die Kreditmittel werden für den Ankauf und die Ausstattung von Botschaftsgebäuden verwendet; daher ist Geschäftsgrundlage, daß die einge-räumten Kreditmittel kommerziellen Zwecken des Kreditnehmers im Rahmen seiner Privatwirtschaftsverwaltung dienen, sodaß dieser Kreditvertrag auf Seiten des Kreditnehmers als Kommerzkreditvertrag und ausdrücklich nicht im Rahmen der Hoheitsverwaltung abgeschlossen wird.

Die Aufnahme des Kredites durch den Kreditnehmer wurde am 05. Januar 1995 durch die Regierung der Republik Kroatien genehmigt. Der Kredit wird aus Mitteln des Staatshaushaltes der Republik Kroatien rückgeführt.

Abb. 1
Bombenkredit. Der dokumentierte Einstieg der Klagenfurter Skandalbank in Kroatien begann zu einem Zeitpunkt, als auf dem Balkan noch die Waffen sprachen. Der Kreditvertrag in Höhe von umgerechnet 10 Millionen Euro wurde auf kroatischer Seite vom damaligen Außenminister Mate Granić unterschrieben.

Dr. Tio Berlin
PERSÖNLICH/VERTRAULICH

Herrn
Werner Schmidt
Vorsitzender des Vorstandes
Bayerische Landesbank
Briennerstr. 18

80333 München

Hamburg, 23. August 2006
060023-Schmidt-IRH

Österreich

[handschriftliche Anrede] Verehrter Herr Schmidt,

wie bereits am Telefon besprochen, halte ich die letzten Veränderungen im Hause der Hypo-Alpe-Adria-Bank für beachtenswert. Das mit Blick auf die Wachstumsmärkte sehr gut aufgestellte Institut ist durch die innerösterreichische Diskussion möglicherweise in der Bewertung günstiger geworden, gleichzeitig scheinen mir Veränderungen im Gesellschafterkreis nicht mehr unmöglich. Die Ertragskraft ist trotz des „Ausrutschers" im Jahre 2004 offenbar ungebrochen.

Als Vorbereitung für unser Gespräch am 31.08. in Kärnten übersende ich Ihnen eine Kurzfassung des aktuellen Business Plan, den mir Herr Dr. Kulterer im Vertrauen und mit Gruß an Sie überlassen hat.

Wir rechnen mit Ihnen und Ihrer Frau zu einem Mittagessen ab 12.30 Uhr auf der Klockerhube, danach setzen wir uns mit Herrn Dr. Kulterer zusammen. Meine Frau freut sich darauf, Ihrer Frau am Nachmittag ein paar Eindrücke unserer Gegend zu verschaffen.

Bis dahin mit einem herzlichen Gruß

[Unterschrift]

berin & Co. Aktiengesellschaft
Esplanade 23 · 20354 Hamburg · Telefon: +49 (0)40 · 35 10 50 0 · Telefax: +49 (0)40 · 35 10 50 24
Bockenheimer · 36 · 60311 Frankfurt am Main · Telefon: +49 (0)69 · 92 88 46 30 · Telefax: +49 (0)69 · 92 88 46 50
Widenmayerstr. 3 · 80538 München · Telefon: +49 (0)89 · 89 06 59 0 · Telefax: +49 (0)89 · 89 06 59 29
www.berlin-co.com · Sitz Frankfurt/M., HRB 72566 · BaWÜ-Nr. DE 226.707.809
Vorstand Dr. Tio Berlin (Vorsitzender), Ernst-Ludwig Drayß

Abb. 2
Geheimtreffen. Bereits Ende August 2006 liebäugelte die BayernLB mit einem Einstieg bei der HGAA. Offiziell sollen die ersten Kontaktgespräche erst Anfang 2007 stattgefunden haben.

ALPE ADRIA PRIVATBANK

Inhaber: 201475
Ref. Nr: 000540 / kek

Schaan, den 25. Januar 2005

ZAHLUNGSEINGANG

Wir schreiben Ihrem Konto wie folgt gut:

Überweisung durch: UBS, Zuerich	EUR	3'034'116.68

Valuta: 24/01/2005

Gutschrift netto	EUR	3'034'116.68
Konto:	10.201475_0.100.EUR	

Vergütung auftrags: Hypo Alpe-Adria-International Bank
Uebertrag

Mit freundlichen Grüssen
HYPO ALPE-ADRIA-BANK
(Liechtenstein) AG

Anzeige gültig ohne Unterschrift

Alpe Adria Privatbank AG in Liq.

Landstrasse 126 a
9494 Schaan
Liechtenstein
Telefon: +423 235 01 11
Fax: +423 235 01 02

info@alpe-adria-privatbank.li
www.alpe-adria-privatbank.li
MWSt-Nr.: 54176
Register-Nr.: 2.006.160
SWIFT: HAABLI2XXXUSIC: 088076

Abb. 3
Zürich. Von einem anonymen Schweizer Konto flossen drei Millionen Euro auf ein offizielles Konto der HBInt in Liechtenstein. Bei der ominösen Überweisung könnte es sich um Geldwäsche handeln, vermuten Ermittler.

Auszahlungsinstruktion

Konto: Hypo Alpe-Adria-Bank International AG, Klagenfurt
Kto. 201475 EUR

Betrag: EUR 3.034.116,68

in bar auszuzahlen an: Herrn Dr. Wolfgang Kulterer

Ort und Datum: Klagenfurt, 27.01.2005

STARC Dieter   Mag. STRIEDINGER Günter

HYPO ALPE-ADRIA-BANK INTERNATIONAL AG, Konzernzentrale, A-9020 Klagenfurt, Alpen-Adria-Platz 1, Telefon 050202-0, Telefax 050202-3000, BLZ 52200, DVR 0000892, UID: ATU 25775505, Fn 108415i/Klagenfurt, S.W.I.F.T. BIC KLHBAT22, www.hypo-alpe-adria.com, e-mail: international@hypo-alpe-adria.com

Abb. 4
Klagenfurt. Die Schweizer Millionen sollen an Hypo-Chef Wolfgang Kulterer bar ausbezahlt werden. Ein unbedarfter Bankangestellter muss bei der ungewöhnlichen Anweisung für das Vieraugenprinzip herhalten.

IV

HYPO ALPE-ADRIA-BANK Internatl

HYPO ALPE-ADRIA-BANK International AG
Alpen-Adria-Platz 1
A-9020 Klagenfurt

Inhaber: 201475
Ref. Nr: 000910 / mmz

Schaan, den 7. Februar 2005

BARBEZUG

Wir belasten Ihr Konto wie folgt:

Kassa-Auszahlung		EUR	3'034'116.68
Nettobetrag:		EUR	3'034'116.68
Valuta:	08/02/2005		
Belastung netto		EUR	3'034'116.68
Konto:	10.201475_0.100.EUR		
IBAN:	LI42 0880 7102 0147 5000 0		

Mit freundlichen Grüssen
HYPO ALPE-ADRIA-BANK
(Liechtenstein) AG

M. Mazzotta

Betrag erhalten:

HYPO ALPE-ADRIA-BANK (Liechtenstein) AG
FL-9494 Schaan · Landstrasse 126 A · Postfach 324 · Telefon +423 235 01 11 · Telefax +423 235 01 02
Öffentlichkeitsregisteramt Vaduz, Registernr. H.1048/6, Rechtsform: Aktiengesellschaft, Sitz: Schaan · MWST.-NR. 54176

Abb. 5
Schaan. Kulterer will das ominöse Geld stellvertretend für einen Bankkunden in Empfang genommen haben. Den Namen des tatsächlichen Empfängers hat er bis dato nicht einmal der Staatsanwaltschaft verraten.

HYPO ALPE-ADRIA-BANK AG
Hauptfiliale Domgasse / Filialleitung

AKTENVERMERK

Betrifft: Finanzierung € 150.000,-- / Dietmar Guggenbichler

Es wird hiemit festgehalten, dass im Falle auftretender Rückzahlungsprobleme bei der o.a. Finanzierung der Hypo Austria (HBA) keinerlei Schaden entstehen wird, sondern dieser von der Hypo International (HBInt.) getragen wird.

Dies wurde Herrn VDir. Mag. Gert Xander sowie Herrn Hannes Strasser durch Herrn VDir. Dr. Wolfgang Kulterer am 26. Juni 2006 telefonisch mitgeteilt.

Hannes Strasser   VDir. Mag. Gert Xander

VDir. Dr. Wolfgang Kulterer

Klagenfurt, am 27. Juni 2006

Abb. 6
Gelassenheit. Die HBA ahnt Böses, Kulterer bleibt cool und haftet.

VI

MA PRIVATSTIFTUNG

HYPO Alpe-Adria-Beteiligung GmbH
zH Herrn Mag. Dieter Malle
Alpen-Adira-Platz 1
9020 Klagenfurt am Wörthersee
Fax: 050202 – 7212156

Klagenfurt am Wörthersee, am 30.04.2010

AB Maris/Darija

Sehr geehrter Herr Mag. Malle,

den Medienberichten ist zu entnehmen, dass der Rechtsvertreter der Hypo Alpe-Adria-Group eine Strafanzeige betreffend der Projekte AB Maris/Darija eingebracht hat.

Dieses Vorgehen steht in diametralem Widerspruch zu den zwischen uns getroffenen Vereinbarungen, wonach in dieser hoch sensiblen Phase der Verkaufsverhandlungen jede mögliche Störung zu vermeiden ist.

Wir ersuchen daher als Mehrheitseigentümer der genannten Gesellschaften einerseits um sofortige Übermittlung der von Dr. Held verfassten Anzeige, andererseits um einen Besprechungstermin noch am Montag, dem 03.05.2010 mit Ihnen und den verantwortlichen Vorstandsmitgliedern der Hypo Alpe-Adria-Bank International AG.

Mit dem Ersuchen um sofortige Rückäußerung verbleiben wir

mit vorzüglicher Hochachtung

Mag. Hermann Gabriel   Dr. Gerhard Kucher

St. Veiter Strasse 9
9020 Klagenfurt am Wörthersee
Tel. Nr. +43 (0) 463 – 507 510; Fax +43 (0) 463 – 507 510-11

Abb. 7
Empörung. Ein lukratives Geschäft droht zu platzen und löst Hektik aus.

Dir. Prentner   15.06.99, 10.00 – 10.50
                       In seinem Büro in Graz, Burgring 16.

Sehr kooperatives und aufgeschlossenes Gespräch. (Nachfolgetermin trotz Mahnung seiner Sekretärin um 20 Minuten verschoben).

1. Prentner hat den sogen. 2. Brief Anfang Mai an folgende Adresse:

    Herrn Dir. Hans Peter Prentner
    C/O RBB Wolfsberg
    Burgring 16
    8010 Graz

    mit Briefdatum 03. Mai 99 mit der Post zugeschickt bekommen. Das Kuvert befindet sich nicht mehr in seinem Besitz. Jedoch zeigte er mir den Originalbrief. Mit dem Hinweis auf eine eventuelle kriminaltechnische Untersuchung hat er mir diesen überlassen. Der Brief ist anonym und gibt es keine Hinweise auf seinen Absender.

2. Prentner hat außerdem am 16.04.99 ein 3-seitiges anonymes Fax bekommen. Aufgegeben wurde dieses in Klagenfurt bei der Telekom, Dr. Hermann Gasse, Nr. +43 463 516484. Er hatte noch eine Kopie dieses Fax und übergibt mir auch diese.
    Inhalt: Deckblatt mit persönlicher Anschrift und u.a. „Das ist nur die Spitze des Eisberges", und 2 Seiten aus dem sogen. 1. Brief, nämlich
    Prüfung des Obligo KLX/Käfer
    Vorgangsweise der Honorierung von Prämien an MA der HYPO:
    Dem Erhalt des Faxes ging ein anonymer Anruf eines Mannes voraus. Er wollte wissen, ob Prentner anwesend sei, da er ein sehr sensibles Schriftstück, nur für ihn, zu übermitteln habe.

3. Die restlichen 2 Seiten des 1. Briefes kennt Prentner, nachdem ich sie ihm vorzeigte, glaubhaft nicht.

4. Er hat Dr. Fall über alles ständig informiert. Dabei gab es keine Festlegung einer bestimmten Vorgangsweise.

5. Durch die beiden Faxseiten wird aus dem 2. Brief einiges klar.
    Z.B.: „... mit weiteren Informationen an Sie ..."
          „ Nach den bisher gelieferten Unterlagen ...".

6. Mit der Passage im 2. Brief, Seite 3, 3. Absatz: „Außerdem haben Sie, Herr ..." kann er nichts anfangen. An einen ausgeschiedenen Mitarbeiter in diesem Zusammenhang kann er sich nicht erinnern.

Abb. 8
Vertuschung. Der Sicherheits-Chef der HGAA, ein ehemaliger StaPo-Mann, forscht einen Hypo-Aufsichtsrat aus und protokolliert die Vertuschung des heutigen Skandals. Wie aus der Notiz hervorgeht, war der Kärntner Landeshauptmann Jörg Haider bereits 1999 über das Ausmaß der Affäre voll informiert.

VIII

- 2 -

7. Der Sekretär von LH Dr. Haider, Mikscha, hat ihn zwischen Erhalt des Faxes und des 2. Briefes, also ca. Ende April / Anfang Mai, angerufen und ihm mitgeteilt, daß er einen anonymen Brief, betreffend Unregelmäßigkeiten in der HYPO Ktn., bekommen habe. Er traf sich darauf hin mit Mikscha und er erkannte in dem anonymen Schreiben, das Mikscha ihm zeigte, zumindest die 2 Seiten, die er per Fax bekommen hat. Prentner gab seinen Angaben zufolge Mikscha folgenden Rat: „Wenn Du gescheit bist, vernichtest Du den Brief. Er hat mit Politik nichts zu tun".

8. Prentner sagte, er habe den Wirtschaftsprüfer ausgesucht. Einerseites wollte er eine große Effizienz bei der Untersuchung, andererseits auch eine Fairneß. Er will, daß Dr. Kulterer bleibt.

9. Dir. Prentner habe von Herrn Morri erfahren, daß Dr. Rohrer verdächtigt wird, der Urheber bzw. der Versender der anonymen Schriftstücke zu sein. Dr. Kulterer habe den damals schon nicht unumstritten gewesenen Dr. Rohrer in die Bank genommen. Prentner war darüber nicht erfreut.

10. Dr. Korak hat bei einer Aufsichtsratsitzung bzw. Besprechung „irgendwann im Mai" auf die Probleme der anonymen Briefe hingewiesen.

11. Prentner hat Aufsichtsrat - Besprechnung vom 01.06.99 mit bzw. für Dr. Fall vorbereitet, jedoch nur die Fakten des 1. Briefes (ident mit den 2 Seiten des Faxes) eingebracht.

12. Der 2. Brief mit Briefdatum vom 3. Mai 99, den er nach seinen Angaben zufolge kurz nach diesem Datum zugesandt bekommen habe, hätte für ihn zuwenig „Essenz" für eine Untersuchung gehabt. . Er habe Dr. Fall wohl über den Inhalt dieses Briefes informiert, jedoch keine Kopie übergeben.
Seine Aussage zum 2. Brief: „Wäre es nach mir gegangen, hätte niemand von diesem Brief je erfahren".

13. Prentner forciert Mag. Striedinger und würde ihn sehr gerne als 3. Vorstand sehen. Er sei ein ausgezeichneter Mann, der das Auslandsgeschäft aufgebaut hat und praktisch wie ein Vorstand führt.

14. Auf die Frage, ob er sich vorstellen könne, daß LH Dr. Haider an die Seite des Dr. Kulterer eine Vertrauensperson plazieren könnte, antwortete er folgendes: „Dies könne er sich keinesfalls vorstellen und würde auch vehement dagegen eintreten. Er sei zwar mit Dr. Haider seit mehr als 10 Jahren bekannt, jedoch würde das dabei keine Rolle spielen. Es wäre auch gegen die Spruchpraxis des LH bezüglich Postenbesetzung".

15. Eine Visitenkarte wurde übergeben, zum Vorzeigen der Vollmacht bestand keine Notwendigkeit.

Fakten zum Brief an Dr. Koch vom 18.Juli 2003

Dr. Kulterer und Mag. Striedinger erledige die meisten Geschäfte in Kroatien, Bosnien und Slawonien durch massive Schmiergeldzahlungen. Die Kontakte werden durch Dr. Ivo Sanader, damals Vize-Aussenminister, hergestellt. Er bekommt dafür viel Geld.

Die Herren Pasalic, Kutlje und Glavas, die Tycoone in Kroatien, erzählen freimütig darüber und auch, dass Teile dieser Gelder zurück zu Kulterer und Striedinger fließen. Mag. Truskaller, damals VŞ der kroatischen Hypo Bank, kennt die Summen und auch die in ganz Kroatien kursierenden Gerüchte.

Dr. Koch, AR-Vorsitzender der HAAB, der über die Schmiergeldzahlungen informiert ist, wird mit diesen Gerüchten konfrontiert. Konkret geht's es um die KRISTAL BANKA, die von der HAAB um 1 Euro gekauft wurde, jedoch Millionen an Schmiergeldzahlungen an Privatpersonen getätigt hat.

Die KRISTAL BANKA muss mehrmals mit hunderten von Millionen Aufwand saniert werden, da der dortige Wirtschaftsprüfer Ernst &Young das Testat verweigert.

Dr. Koch will aus unerklärlichen Gründen die ganze Sache vertuschen.

Er wendet sich an den Wirtschafts- und Bankprüfer der HAAB, Herrn Dr. Karl-Heinz Moser, damit dieser seine Prüfungen so vornimmt, dass keine Vergehen festgestellt werden (siehe Schreiben).

CONFIDA „prüft" stets nach den Wünschen Kulterers und der AR-Vorsitzenden.

Damit man sich der Sache ganz sicher ist, wird der Bilanzprüfer der Jahre 1992 bis 2004 auch später AR-Vorsitzender.

Alles klar, warum das kriminelle Netzwerk so funktionieren konnte?

Abb. 9
Attacke. Ein anonymes Schreiben belastet auch den Aufsichtsrats-Chef der Hypo Herbert Koch und den Wirtschaftsprüfer Karl-Heinz Moser. Beide sollen an der Vertuschung von Schmiergeldzahlungen an kroatische Politiker – unter ihnen auch der kürzlich verhaftete Ex-Premier Ivo Sanader – mitgewirkt haben.

X

DKFM. DR. RAINER NEWALD
BEEIDETER WIRTSCHAFTSPRÜFER UND STEUERBERATER
STÄNDIG BEEID. GERICHTSDOLMETSCH FÜR FRANZÖSISCH

A-1170 WIEN, CZARTORYSKIGASSE 105

Dr. Herbert Koch

Per email: herbert.koch@leiner.at

Wien, am 18. Juli 2003
(Koch 180703)

Betrifft: Entwarnung Attacken gegen die Organe der Hypo Alpe Adria-Bank in Kärnten

Sehr geehrter Herr Doktor!

Gestern konnte ich mit dem Partner von Karl-Heinz wahrscheinlich die Causa entspannen. Er wird nämlich kurzfristig die von Dritter Seite aufgeworfenen Verdächtigungen so recherchieren, dass weder ein Vorstandsvergehen und daher kein Aufsichtsratvergehen entstanden sein kann unter der Annahme, dass die Gruppe Kulterer, Striedinger & Co die Aquisitionen der Auslandsbanken und der damit zusammenhängenden Verrechnungsforderungen (werthaltig und nicht Sanierungszuschüsse) gewesen sein können, in der Annahme, dass die Transaktionen professionell, unter Einbindung der internen Revision, und von externen Spezialisten (due dilligences) erfolgt sind.

Offensichtlich ist der Fall STEWIFIT AG, also Hirschmann contra Peyerl mit der nun erfolgenden Sonderprüfung zumindest partiell analog angedacht worden „Geheimplan für die steirische Industrie". Ich glaube es reicht, mit Robert Zankl in Kontakt zu bleiben und insoferne werden daher auch keine weiteren Stunden von mir zu honorieren sein.

Ich bitte Sie, diesbezüglich das gestriges Wirtschaftsblatt auf Seite 12 nachzulesen.

Mit freundlichen Grüßen

Dkfm. Dr. Rainer Newald

DS: Mag. Robert Zankl

Telefon: 43 / 1 / 47612 - 0
Telefax: 43 / 1 / 47612 – 90
Email: newald@i-one.at

Telefonische Rechtsauskünfte
sind unverbindlich

Abb. 10

Abwehr. Nach einer Intervention wird dem Aufsichtsrat bezüglich massiver Korruptionsvorwürfe gegen den Bankvorstand Entwarnung signalisiert.

to: ABN AMRO BANK (LUXEMBOURG)S.A. FAX : 26 07 29 70

PAYMENT ORDER

| Bold Letters | ** To be filled in by the client
** Required | Reference: | 867560 | Date: | 14/08/2008 |

Remarks:

Customer Name **Berlin & Co Capital Sarl** Ordering Customer

Account Nr. IBAN
to be debited **LU60 1620 1062 3297 8002**

| AMOUNT | 2,277,837.07 | CCY | EUR | Value date | 14/08/2008 |
| | | | | Rate: | |

Commission Tariff: _____   Other (Specify): _____

Correspondent Bank

Beneficiary Bank
(swift code if known)
Hypovereinsbank, Kappeln
HYVEDEMM300

Beneficiary (account name) **Christoph Prinz zu Schleswig-Holstein**

Account Number

IBAN **DE78 2003 0000 0062 6158 07**

Detail(s) of Payment Reference Purchase Price Part A EPRs Berlin & Co Capital Sarl

| | Fees | OUR | (OUR/BEN/SHA) |
| | | | If not completed shared by default |

BLC
☐ Deposit
☐ Granting of a loan by a non-resident to a .... ☐ > 1 year
    resident and reimbursement of such loan .... ☐ < 1 year
☐ Granting of a loan by a resident to a non- .... ☐ > 1 year
    resident and reimbursement of such loan .... ☐ < 1 year
☐ Interests   Amount: ....
    ☐ from/to credit institution or   ☐ from/to non resident
    Payment of Invoice
☐ Exact nature of the Invoice ....
☐ Securities   ☐ purchase   ☐ sale
    Sec. Name: .... ☐ > 1 year
    Emission Country: .... ☐ < 1 year

☐ Operation on merchandise
  ☐ with crossing of national borders
  ☐ without crossing of national borders
☐ Capital of a company (creation / increase or liquidation of capital)
☐ Participation in capital
  ☐ Insurance   ☐ Premium   ☐ or Indemnity
    Type: ☐ General   ☐ Reassurance
       ☐ Insurance   ☐ Life Insurance
☒ Others:...............
    Repurchase EPRs in Berlin & Co Capital Sarl

Authorised signatures and names

| Esther Raudszus | Charles Etonde |

Reserved for the bank:

Version 28/07/2008

Abb. 11

Hochadel. Auch norddeutsche Aristokraten verdienten mit Genussscheinen am umstrittenen Verkauf der HGAA an die BayernLB ein Taschengeld dazu.

XII

to: ABN AMRO BANK (LUXEMBOURG)S.A. FAX : 26 57 29 70

PAYMENT ORDER

| Bold Letters | = To be filled in by the client
= Required | Reference : | 862848 | Date: | 14/08/2008 |

Remarks:

Customer Name Berlin & Co Capital Sarl   Ordering Customer

Account Nr. IBAN
to be debited   LU60 1620 1062 3297 8002

AMOUNT   11,454,403.63   CCY   **EUR**   Value date   14/08/2008

Rate:

Commission Tariff: ____   Other (Specify): _____

Correspondent Bank

Beneficiary Bank   Bank Austria AG, Wien
(swift code if known)   BKAUATWW

Beneficiary (account name)   Flick Privatstiftung

Account Number

IBAN   AT79 1100 0016 6344 8700

Detail(s) of Payment Reference   Purchase Price Part A EPRs Berlin & Co Capital Sarl

Fees   OUR   (OUR/BEN/SHA)
If not completed shared by default

IRLC
□ Deposit
□ Granting of a loan by a non-resident to a   □ > 1 year   □ Operation on merchandise
  resident and reimbursement of such loan   □ < 1 year   □ with crossing of national borders
□ Granting of a loan by a resident to a non-   □ > 1 year   □ without crossing of national borders
  resident and reimbursement of such loan   □ < 1 year   □ Capital of a company (creation / increase or liquidation of capital)
□ Interests   Amount: ....   □ Participation in capital
  □ from/to credit institution or   □ from/to non resident   □ Insurance □ Premium □ or indemnity
  Payment of invoice   Type: □ General   □ Reassurance
  □ Exact nature of the invoice: ....   □ Insurance   □ Life Insurance
□ Securities   □ purchase   □ sale   □ Others:..........................
  Sec. Name: ....   □ > 1 year   Repurchase EPRs in Berlin & Co Capital Sarl
  Emission Country:.......................   □ < 1 year

Authorised signatures and names

Esther Raudszus   Charles Etonde

Reserved for the bank:

Version 08/08/2008

Abb. 12

Geldadel. Ex-Hypo-Chef Wolfgang Kulterer war auch Vorstand der Flick-Stiftung, die zu den Hauptgewinnern des fragwürdigen Bankendeals zählt.

XIII

HYPO ALPE-ADRIA-BANK INTERNATIONAL AG
VDir. Josef Kircher

AKTENVERMERK

Der ehemalige kroatische Außenminister Dr. Granic wurde unterstützend für unser Haus im Zusammenhang mit der Zustimmung der kroatischen Nationalbank zur Übernahme des Mehrheitseigentums der Bayerischen Landesbank an der HYPO ALPE-ADRIA-BANK INTERNATIONAL AG tätig.

Beiliegender Beratervertrag zwischen der Monarola Invest Anstalt und Dr. Mate Granic wurde im Hinblick auf seine Interventionen und Hilfestellung im obgenannten Zusammenhang abgeschlossen.
Das vereinbarte Honorar idHv EUR 200.000 wird mit heutigem Datum von der Monarola Invest Anstalt an die genannte Kontoverbindung überwiesen.

Klagenfurt, 18.09.2007

Ergeht an:

VDir. Dr. Tilo Berlin
Dr. Wolfgang Kulterer

Abb. 13

Scheinvertrag. Als Außenminister war Ivo Sanader seine rechte Hand. Als er bei der kroatischen Nationalbank zugunsten der Kärntner Hypo interveniert haben soll, war sein ehemaliger Assistent Premierminister und sein stärkstes Argument. Jetzt droht die Vergangenheit auch Mate Granić einzuholen.

XIV

18.SEP.2007   8:33

PROF. DR, SC. MATE GRANIC
GAJEVA 49, HR-10000 ZAGREB

MONAROLA INVEST Anstalt
att. Dr. Gerold Hoop
Pflugstraße 7
FL-9490 Vaduz

Zagreb, 17.09.2007

Ref: Consultancy Agreement

Dear ladies and gentleman,

According to 4.1. of the concluded Consultancy Agreement hereby I take the liberty to
invoice the lump sum fee in the amount of

EUR 200.000 (Euro two hundred thousand), incl. VAT

I kindly ask you to pay the amount mentioned above within 14 days to the following account:

Account no.:	0230-477719.M1H
Name:	Ms. Natasa Muric, Rainstraße 57, CH-8706 Mellen
IBAN:	CH20 0023 0230 4777 19M1H
Swift Code:	UBSWCHZH80A

Kind regards.

Yours sincerely.

Dr. Mate Granic

Abb. 14
Scheinkonto. Bei Rechnungslegung beruft sich Mate Granić auf einen Beratervertrag, den es
gar nicht gab. Trotzdem überwies eine Liechtensteiner Hypo-Stiftung den geforderten Betrag
auf ein Schweizer Scheinkonto. Die Monarola Invest Anstalt soll auch in einen serbischen
Korruptionsfall verwickelt sein.

XV

MANDAT: *Templarius Stiftung*

PROFIL DER GESCHÄFTSBEZIEHUNG im Sinne von Art. 6 SPV

Vertragspartner: (allenfalls Verweis auf Identifikationsformular)

Vladimir Zagorec

Wirtschaftlich berechtigte Person(en): (allenfalls Verweis auf Erklärung des Vertragspartners)

Vladimir Zagorec

Bevollmächtigte:

Wirtschaftlicher Hintergrund/Herkunft der eingebrachten Vermögenswerte:

○ Erbschaft/Schenkung ○ Einkommen aus Vermögensverwaltung/Finanzerträge

○ Einkommen aus Erwerbstätigkeit ☒ Andere Quellen: *Erlöse aus Darlehens-gewährung der Hypo Alpe Adria International*

Beruf und Geschäftstätigkeit der wirtschaftlich berechtigten Person(en):
Investor im Immobilienbereich, vorwiegend in Kroatien

Risikokriterien

Risikoland	○ nein	○ ja: _____
PEP	○ nein	⊗ ja: *ehemal. General*
Risikobranche	○ nein	○ ja: _____

Verwendungszweck der Vermögenswerte:

○ Nachfolgeplanung ○ Vermögensverwaltung

○ Altersvorsorge ☒ Investitionen

○ Persönlicher Bedarf ○ Andere:

Ort und Datum: *31.1.2005* Unterschrift Sorgfaltspflichtträger: _____

Abb. 15
Anonymus. Bei der im Dezember 2004 gegründeten Templarius laufen einige der verdächtigsten Hypo-Finanzierungen zusammen. Bisher war der Nutznießer der Liechtensteiner Stiftung ein Geheimnis. Aus gutem Grund: Die eingebrachten Vermögenswerte bestehen aus Krediterlösen der Hypo Alpe-Adria International.

XVI

Vesna ist Maskenbildnerin. Gelernt hat sie ihr Hand-
werk im Westen. Sie hat Stil, und sie hat das Unheil
kommen sehen. »Je mehr Männer in Trainingsanzügen
und mit dicken Sonnenbrillen in den Straßen herum-
spazierten und je mehr Frauen mit grell geschminkten
Gesichtern zu sehen waren, desto mehr glaubte ich,
Belgrad wird von Fremden erobert«, schüttelt die Drei-
ßigjährige den Kopf. Sie meint die während des Krieges
zugewanderten Flüchtlinge. Während die in der Stadt
geborenen Serben in Aufbruchstimmung sind: Schät-
zungsweise 300 000 Menschen sind in den vergangenen
zehn Jahren aus Jugoslawien emigriert, hauptsächlich
junge, gebildete Leute – und vor allem Belgrader. Die
Leute flohen vor dem Irrsinn des allgemeinen Nationalismus, vor dem Krieg und vor der Tatsache, dass sie hier
kein Geld zum Leben haben. »Für mich waren das die
schönsten Menschen auf der Welt, und ich werde mich
niemals damit abfinden, dass sie nicht mehr hier sind«,
erinnert sich der Filmregisseur Ivan Markov wehmütig
an frühere Zeiten. Lange war er darüber im Zweifel, wie
er das Ganze beurteilen sollte. »Es gab Tage, da dachte
ich, ihr Entschluss ist o.k. Es gab aber auch Tage, da
dachte ich, ihre Flucht vor dem Kampf um die Stadt ist
eine Art Verrat. Irgendwann habe ich kapiert, dass es
einfach so sein musste.«

Medien, Mafia und andere Mächte

Scherbien

Während des vierjährigen Wirtschaftsembargos (1992 bis 1995) war das Leben in Serbien von einer Hyperinflation geprägt. *trend*-Chefredakteur Stephan Klasmann hat sie bei einer Taxifahrt live miterlebt: Der Taxameter stand, wie immer beim Einsteigen, auf 800. Hinter der Anzeige war ein halbes Dutzend Nullen drangeklebt. »Alle paar Wochen«, stöhnte der Fahrer, »kleb ich eine neue dazu.« Die Frage nach dem Fahrpreis zum Hotel quittierte der Chauffeur mit einer wegwerfenden Handbewegung. »Vier, fünf Milliarden vielleicht, das ist ganz in der Nähe.« Man gewöhnt sich nicht leicht an derartige Dimensionen. »Die Vorstellung, man müsse reich sein, wenn man Trinkgelder in Milliardenhöhe verteilt, stand im harten Gegensatz zur Realität«, erinnert sich Klasmann. Pro Woche halbierte sich der Wert des Dinars gegenüber Deutscher Mark und US-Dollar, die längst zu Ersatzwährungen geworden waren. Als der UN-Weltsicherheitsrat im April 1993 die Sanktionen verschärfte, hat sich der wirtschaftliche Verfall in Serbien und Montenegro rasant beschleunigt. Zuvor konnte das Embargo auf vielfältige Weise umgangen werden, was den Serben eine – von Benzin abgesehen – fast unbeschränkte Versorgung sicherte. Doch mit der Verschärfung waren die Grenzen dicht: Das Einfrieren des Vermögens auf ausländischen Konten gemeinsam mit dem Verbot, Überweisungen von oder nach Jugoslawien durchzuführen, hatte praktisch auch zur Zahlungsunfähigkeit gegenüber potenziellen Embargobrechern geführt.

Für Miroslav Mišković, einen Großkunden der HGAA, war die Phase der Hyperinflation eine Goldgräberzeit. Der in Bošanje, einem kleinen Dorf in Mittelserbien, geborene Geschäftsmann ist Eigentümer der Delta Holding, des größten Privatunternehmens in Serbien. Laut *FAZ* erwirtschaftet der Konzern mit seinen 20 000 Mitarbeitern fast zehn Prozent des serbischen Bruttoinlandsprodukts. »Kosovo ist Serbien«, heißt ein nationaler Schlachtruf, »Serbien ist Delta« die böswillige Ableitung dazu. Das Belgrader Wirtschaftsmagazin *Ekonomist* beziffert das Gesamtvermögen des 65-Jährigen mit 1,2 Milliarden Euro. Damit ist Mišković unbestritten das Pik-Ass unter den Balkan-Oligarchen. Seinen kometenhaften Aufstieg verdankt der serbische Wirtschaftsbaron vor allem seiner Nähe zum früheren Präsidenten Slobodan Milošević, für den er 1989/1990 ein halbes Jahr auch den stellvertretenden Ministerpräsidenten spielte. Die Zeit reichte, um sich die Unterstützung des Gewaltherrschers zu sichern. Mišković bekam einige Handelsmonopole für westliche Markenprodukte zugeschanzt. Unter anderem soll er trotz des westlichen Handelsembargos in großen Mengen Autoreifen exportiert haben, die er zuvor einer serbischen Firma zu Spottpreisen abgekauft hatte. 1991 legte er den Grundstein zu seinem heutigen Imperium: Da gründete der Selfmade-Mann die Delta M d.o.o., jenes Unternehmen, das zurzeit auch die Klagenfurter Staatsanwaltschaft beschäftigt. Konkret geht es dabei um den sogenannten Blok 67, ein kolossales Bauprojekt, bei dem etliche Hypo-Millionen woanders einbetoniert worden sein sollen. Im Mittelpunkt der österreichischen Ermittlungen stehen dabei der ehemalige Steuerberater der HGAA, Hermann Gabriel, und die Klagenfurter Blok 67 GmbH. Letztere gehört heute der Delta Real Estate d.o.o. und der Hypo Alpe-Adria-Beteiligungen GmbH.

Dass in den Volkswirtschaften des Balkans Männer mit undurchsichtigen Biografien den Ton angeben, ist nicht neu. Mišković jedoch hat dieses Faktum ins Extrem gesteigert. Hinter dem Vorhang des blutigen Zerfalls Jugoslawiens baute er unbemerkt seine wirtschaftliche Vorherrschaft aus: Er nutzte die günstigen Kredite der Staatsbanken, um sie in neue Firmen zu pumpen, und gründete mit dem Placet von Milošević auch eine eigene Privatbank[14]. Die Delta banka, die reichlich mit frisch gedruckten Dinarscheinen versorgt war, soll – wie etwa auch die private Dafina banka – dem Milošević-Regime hauptsächlich als illegale Wechselstube gedient haben, um der Bevölkerung und vor allem den Familien der Gastarbeiter in Deutschland die letzten Devisen aus der Tasche zu ziehen. Wegen seiner Nähe zum Regime setzte die Europäische Union Mišković 1998 auf die schwarze Liste und verbot ihm die Einreise in EU-Staaten. Nur zwei Jahre später erreichten seine Anwälte eine Aufhebung des Einreiseverbotes. Einer seiner Fürsprecher soll Bodo Hombach gewesen sein, der neue EU-Sonderkoordinator für Südosteuropa. Noch bevor Milošević ge-

14   Die Delta banka wurde 2004 an die italienische Intesa-Gruppe verkauft.

stürzt und an das Den Haager Kriegsverbrechertribunal ausgeliefert wurde, wechselte er die Seiten und wurde nach eigenen Angaben zu einem der wichtigsten Finanziers der demokratischen Opposition. »Jeder weiß, dass unsere Tycoone ihre Monopole und ihre Reichtümer politischen Privilegien verdanken«, bekennt der ehemalige Vorsitzende der Demokratska stranka, Dragoljub Mićunović, in einem *FAZ*-Interview: »Keiner von ihnen ist dank seiner Genialität oder seinen Geschäften ein großer Unternehmer geworden.«

Das Reich der Oligarchen

Das Maskottchen der XXV. Sommer-Universiade 2009 war ein bunter Spatz mit Käppi namens *Srba*. Die Weltsportspiele der Studenten fanden vom 1. bis 12. Juli in Belgrad statt, das sich im Januar 2005 bei der offiziellen Nominierung in Innsbruck gegen Monterrey (Mexiko) und Poznań (Polen) als Austragungsort durchgesetzt hatte. Nur ein Jahr später ließ der Klagenfurter Ex-Steuerberater der Hypo Alpe-Adria Bank, Hermann Gabriel, die Blok 67 Associates d.o.o. ins serbische Firmenbuch eintragen. Für die rund 8000 Teilnehmer des internationalen Sportevents sollte eine Art Olympisches Dorf in Neu-Belgrad entstehen, für dessen Errichtung die Blok 67 als einziger Bieter den Zuschlag erhalten hatte. Das Projekt war das größte Wohnbauvorhaben Belgrads: Auf 13 Hektar ehemaligen Sumpfgebiets sollten 16 Appartementhäuser mit 1858 Wohnungen errichtet werden. Die Satellitenstadt bekam den Namen *Belville* und wurde während der Universiade den Teilnehmern kostenlos zur Verfügung gestellt. Als Baukosten waren 140 Millionen Euro veranschlagt. Nach der Universiade sollten die Wohnungen verkauft werden, vornehmlich an junge Ehepaare. Dies zumindest war der Plan. Gabriel will zufällig von dem Auftrag Wind bekommen haben. »Ich machte für die serbische Regierung einen Gesundheitsmasterplan. Dabei habe ich von dem Projekt erfahren«, erzählte er der *Kleinen Zeitung*.

Die Wohnanlage steht auf einem Areal, das sich im Eigentum der Stadt befindet. Die Grundstücke wurden für die Dauer von 99 Jahren gemietet. Dafür stellte Belgrad der Blok 67 d.o.o. eine Development fee von umgerechnet 36,6 Millionen Euro in Rechnung. Zehn Prozent der Leasinggebühren waren sofort fällig, für den Rest mussten »unwiderrufliche, unbedingte und sofort abrufbare Bankgarantien« hinterlegt werden. Die Verträge wurden Gabriel am 26. April 2006 zugestellt. Doch der hatte bereits einen Monat zuvor Bankgarantien für die Anzahlung im Rathaus vorbeigebracht. Ausgestellt waren sie von der Hypo Alpe-Adria Bank AD Belgrad (HBSE). Doch die HBInt hatte eine Rückversicherung und damit auch das wirtschaftliche Risiko übernommen. Damit ist klar, dass sich auch die HBInt bei diesem Projekt ihrer Sache schon sicher war, bevor noch irgendein gültiger Bauvertrag vorlag.

Die Bank sollte ihren Optimismus später noch bereuen: Die Projektkosten explodierten innerhalb eines Jahres um 85 Millionen auf 235 Millionen Euro, und mangels Eigenkapital der Blok 67 d.o.o. musste die Hypo Alpe-Adria-Beteiligung GmbH (HABEG) im März 2007 das Projekt selbst übernehmen; andernfalls wären die bereits investierten 58 Millionen Euro für immer verloren gewesen. Zurzeit tritt das Finanzierungsprojekt wieder einmal auf der Stelle. Trotz intensiver Verkaufsbemühungen stehen Hunderte Wohnungen leer, was bei einem monatlichen Durchschnittseinkommen von 300 Euro in Serbien kaum überrascht. Der ausbleibende Verkaufsboom lässt auch den erhofften Projektgewinn

Das Reich der Oligarchen

von 65 Millionen Euro illusorisch erscheinen und schlägt sich in den Kreditbüchern der HGAA mit einem ausstehenden Obligo von 123 Millionen Euro nieder.[15]

Im Gegensatz dazu hat Hermann Gabriel seinen Spatz bereits in der Hand: Seine österreichische CEE Invest Holding AG (CEE Invest), die zuletzt 75 Prozent an der serbischen Blok 67 Associates d.o.o. hielt, verkaufte ihre Anteile für 13,5 Millionen Euro an die Hypo und war mit einem Schlag auch alle Verbindlichkeiten los. Ein schlechtes Gewissen hat Gabriel nicht. »Der Verkaufspreis war angemessen. Wir haben das Projekt mit 60 Leuten entwickelt. Alle Bewilligungen lagen vor, die ersten Bauarbeiten liefen, und ich habe ein Jahr lang mit Blut, Schweiß und Tränen gearbeitet.« Das Mitleid der Klagenfurter Staatsanwaltschaft hält sich in Grenzen: »Obwohl sich herausstellte, dass die ursprüngliche Projektgesellschaft dieses Projekt wegen eingetretener Risiken nicht realisieren konnte ... entschloss sich die HBInt nach der Aktenlage dazu, dieses Projekt selbst zu erwerben, und zwar zu einem zusätzlichen Preis von 18 Millionen Euro zur ursprünglich gewährten Finanzierung.« Daraus ergebe sich der Verdacht, dass dieser Bau wissentlich zum Nachteil der HGAA überfinanziert wurde, heißt es in der Begründung einer bereits im Februar 2010 durchgeführten Hausdurchsuchung. Seitdem wird hartnäckig ermittelt, wie es zu der obskuren Bankbeteiligung kam. Unklar ist nach wie vor, ob der umtrie-

15   Stand Mai 2010.

bige Ex-Steuerberater das Geschäft auf eigene Rechnung oder als Treuhänder gemacht hat. Möglich wäre auch beides. Jedenfalls war Gabriel zu dieser Zeit bereits eng mit dem für die Kreditvergaben zuständigen Vorstand Günter Striedinger verbandelt. So etwa gewährte seine CEE Invest kurz nach dem Verkauf der Blok 67 an die Privatfirmen von Striedinger und dessen Schwager, Herbert Lackner, ein Darlehen von insgesamt 2,8 Millionen Euro. Da die Aktiengesellschaft zuvor ein negatives Eigenkapital auswies, also praktisch vermögenslos war, müssen die Kredite aus dem Verkaufserlös der serbischen Projektgesellschaft stammen. Abgewickelt wurde der Verkauf vom ehemaligen Rechtsanwalt der HGAA, Gerhard Kucher, der auch in verschiedenen Unternehmen von Gabriel und Striedinger im Vorstand sitzt – womit sich die Ermittlungen ständig im Kreis drehen.

Generell fällt auf, dass sowohl Hermann Gabriel als auch Gerhard Kucher – zusammen mit dem Liechtensteiner Rechtsanwalt Gerald Hoop – bei fast allen großen Hypo-Geschäften in wechselnder Konstellation und in verschiedenen Funktionen immer wieder auftauchen. So wie auch im konkreten Fall. Das Trio gilt als geistiger Kopf hinter den komplexen Firmenkonstruktionen und zählt auch zu den Beschuldigten im laufenden Gerichtsverfahren. Allerdings unterliegen Gabriel, Kucher und Hoop als Steuerberater und Anwälte der beruflichen Schweigepflicht. Das kompliziert nicht nur die Ermittlungen, sondern auch ihre Verteidigung. Deshalb muss gerade in ihren Fällen auf die Unschuldsvermutung besonders hingewiesen werden – was hiermit auch geschehen ist.

Kreditvergabe im Blindflug

Der Einstieg der Klagenfurter Hypo in das serbische
Projekt Blok 67 am 19. März 2007 war sicher nicht freiwillig. Die Bank hatte für die Projektgesellschaft bereits
Kredite und Garantien in enormer Höhe (58 Millionen
Euro) übernommen und stand kurz vor der Übernahme
durch die BayernLB, der das kaum besicherte Obligo in
den Bilanzen aufgefallen wäre. Auf der anderen Seite
waren die Eigentümer der Blok 67 d.o.o. nicht in der
Lage oder nicht gewillt, das nötige Eigenkapital aufzu-
bringen, um den Bau in Neu-Belgrad durchzuziehen.
Und die Zeit drängte: Gemäß Vertrag mit den Veranstal-
tern der Universiade Belgrad (UB 2009) vom Mai 2006
musste die Blok 67 d.o.o. die Wohnanlage bis spätestens
10. Mai 2009 schlüsselfertig übergeben. Sollte dieser
Termin platzen, war die UB 2009 berechtigt, die Anlage
in Besitz zu nehmen und auf Kosten der Blok 67 d.o.o.
fertigzustellen. Normalerweise ist das nicht das Problem
einer Bank. Da sich aber die HBInt bei Einräumung ihrer
Garantielinien nicht gegen dieses Risiko abgesichert
hatte, blieb ihr nur der Sprung ins kalte Wasser. Wobei
in Ermittlerkreisen vermutet wird, dass von Anfang an
geplant war, der Hypo die ganzen Finanzierungskos-
ten aufzuhalsen. Dafür spricht auch eine E-Mail vom
11. April 2006 an Günter Striedinger, in welcher der Mar-
ket-Bereichsleiter der HBInt, Ferdinand Bucher, seinem
Vorstand einen Finanzierungsvorschlag unterbreitet
und um »ein kurzes O.K. zur Konditionierung und Vorgehensweise« ersucht.

Das Reich der Oligarchen

Laut diesem Konzept, in dem die Projektkosten noch mit 140 Millionen Euro veranschlagt wurden, sollte der Blok 67 d.o.o. bis Ende 2011 ein Investitionskredit von 100 Millionen eingeräumt werden. »Die Strabag wird als Generalunternehmer zum Fixpreis von EUR 112 Mio. die Gebäude bis Ende 2008 errichten«, schreibt Bucher unter »Annahmen Ergebnisse des Businessplans.« Weiters wird in dieser Rubrik mit einem Projekterfolg von 55 Millionen Euro und einem Abschluss des Wohnungsverkaufs bis spätestens 2011 gerechnet, »wobei die Verkaufserlöse umgehend zur Rückführung des Kredits verwendet werden«. Bezüglich der Konditionen schlägt Bucher ein Prozent des Kreditbetrages und einen Equity Kicker, also eine Gewinnbeteiligung von 10 bis 20 Prozent vor. Diese sei »aufgrund des äußerst geringen Eigenkapitals (EUR 1 Mio. oder 0,7 % der Investitionen) auch berechtigt«, stellt Bucher fest und fragt Striedinger: »Wollen wir den gesamten Kreditbetrag auf unsere Bücher nehmen, oder einen Teil syndizieren?« Im nächsten Satz hält er jedoch die Kreditbeteiligung anderer Banken bereits für chancenlos: »Bei einer Syndizierung ist das geringe Eigenkapital des Projekts sicher schwer zu verkaufen.« Ungeachtet dessen drängt Bucher zur Eile: »Bis Donnerstag soll der Kreditantrag fertiggestellt sein, damit er am 18. April im Credit Committee und am 25. April im Kreditausschuss eingebracht werden kann«, womit Striedinger eine Woche für die Entscheidung blieb.

Zeit genug, um sich den Sachverhalt nochmals vor Augen zu führen: Zu diesem Zeitpunkt war die Blok 67

Das Reich der Oligarchen

Associates d.o.o. gerade einmal drei Monate alt. Sie hatte weder mit der Stadtverwaltung noch mit der UB 2009 irgendwelche gültigen Verträge und auch keine Baubewilligungen. Zumindest lagen diese der Bank nicht vor. Und wie aus dem Inhalt der E-Mail hervorgeht, waren sich sowohl der zuständige Bereichsleiter als auch der verantwortliche Vorstand der Bank des mangelnden Eigenkapitals und damit auch des Risikos voll bewusst. Abgesehen davon hatte die Hypo-Bank Serbien bereits Bankgarantien und einen Investitionskredit von insgesamt 58 Millionen Euro bereitgestellt und sich dafür bei der HBInt rückversichert. Wer diese Garantiekredite beantragt bzw. bewilligt hat, ist nicht bekannt. Allerdings gibt es Hinweise, dass die Kreditgewährung von Günter Striedinger eingefädelt wurde und er den Sachverhalt mit den Organen der serbischen Bank[16] besprochen hat. Aufgrund der Haftungsübernahme durch die HBInt ist anzunehmen, dass auch Wolfgang Kulterer in diese Entscheidung eingebunden war. »Jeder mit diesen Garantien Befasste musste erkennen und hat auch erkannt, dass die Einräumung ... zwangsläufig auch nach sich zieht, dass das Gesamtprojekt von der HBInt in weiterer Folge ›ausfinanziert werden muss‹, will man verhindern, dass die Garantien gezogen werden«, heißt es dazu in den Ermittlungsakten der Staatsanwaltschaft Klagenfurt.

Ungeachtet dessen gab Striedinger seinem Bereichsleiter per Telefon die Anweisung, einen entsprechenden

16   Vladimir Čupić, Markus Ferstl und Rade Vojnović.

156

Kreditantrag vorzubereiten. Gleichzeitig musste Bucher die Risikomarge (Bearbeitungsgebühr und Equity Kicker) um die Hälfte reduzieren und den voraussichtlichen Projekterfolg (55 Millionen Euro) – »um die Gremien leichter passieren zu können«, wie ein Ermittler vermutet – um zehn Millionen Euro hinaufkorrigieren. Doch die Gesellschafter der Blok 67 mussten trotzdem noch Monate auf den erhofften Geldsegen warten: Der Antrag wurde zwar pünktlich dem Credit Committee vorgelegt, doch Striedinger und sein Vorstandskollege Josef Kircher dürften im letzten Moment kalte Füße bekommen haben und beschlossen ein »additional processing«, also eine zusätzliche Aufbereitung des Antrags. Fix beschlossen wurden lediglich ein im Verhältnis kleiner Einmalkredit (3 Millionen Euro) und eine weitere Bankgarantie (26 Millionen) zugunsten der UB 2009, womit das Obligo der Blok 67 noch vor Baubeginn eine Gesamtsumme von knapp 74 Millionen Euro erreicht hatte.

Für den Vorstand der HBInt war das offensichtlich kein Problem: Er ließ sich vom Aufsichtsrat die neue Kreditlinie genehmigen, obwohl er am gleichen Tag aus einem bankinternen Prüfbericht erfahren hatte, dass sich die geplanten Projektkosten seit Antragstellung bereits um über 30 Prozent auf 184 Millionen erhöht hatten. Konkret, weil die Strabag angeblich mit einem Kampfangebot in die Ausschreibung gegangen war und auch die Planungskosten unverhältnismäßig niedrig angesetzt waren. Im Ernstfall könnte man Kulterer & Co. bei einem Schaden somit zumindest »grobe Fahrlässigkeit« unterstellen, während sich zu ihren Gunsten bes-

Das Reich der Oligarchen

tenfalls noch geistige Abwesenheit vorbringen ließe: Denn zu dieser Zeit drehte sich in der HGAA alles nur mehr um den sogenannten Swap-Skandal, infolge dessen der gesamte Vorstand seinen Hut nehmen musste und in der Bank kein Stein mehr auf dem anderen blieb.

Das Beteiligungslabyrinth des Herrn G.

Die Beteiligungsverhältnisse der Blok 67 Associates d.o.o. (Blok 67 d.o.o.) waren von Anfang an verwirrend: Eingetragen wurde die Projektgesellschaft im serbischen Firmenbuch am 17. März 2006. Gründergesellschaft war die österreichische CEE Invest Holding AG[17], die zum damaligen Zeitpunkt im alleinigen Eigentum von Hermann Gabriel stand und selbst erst seit drei Monaten existierte. Es deutet vieles darauf hin, dass diese Holding als Treuhandgesellschaft errichtet wurde. »Der Hauptgeschäftszweck des Unternehmens ist der Erwerb und das Halten von Beteiligungen im In- und Ausland. Der Schwerpunkt liegt in Immobilienprojekten«, heißt es im Geschäftsbericht für das Geschäftsjahr 2006. Demnach wurden im selben Berichtsjahr auch zwei Beteiligungen zu 100 Prozent erworben: Im März die Blok 67 d.o.o. und im Mai die ProLoft Immobilien GmbH[18], die

---

17   Sie wurde nach dem Verkauf der Blok 67 d.o.o. in Merlin Invest AG umbenannt.
18   Siehe Organigramm S. 274.

158

dem kroatischen Ex-General Vladimir Zagorec zuzuord-
nen ist. Das Aktienkapital der CEE Invest betrug immer
100 000 Euro und wurde zumindest bis Ende März 2007
(bis auf eine Aktie im Wert von einem Euro) von Gabriel gehalten. Drei Tage nach dem Erwerb der Blok 67
d.o.o. trat die CEE Invest 25 Prozent der Anteile zum
Nominalwert (1250 US-Dollar) an die Delta M d.o.o.
ab. Mutter dieser Gesellschaft, die zum Firmenimpe-
rium des serbischen Oligarchen Miroslav Mišković gehört, ist eine Hemslade Trading Ltd. in Nikosia, Zypern.
Kurz darauf wurde das Mindestkapital der Blok 67 d.o.o.
(ca. 4500 Euro) um eine Million Euro erhöht.

Ob Gabriel bezüglich der ProLoft mit dem zurzeit in
Kroatien einsitzenden Zagorec einen Treuhandvertrag
hatte, ist nicht bekannt. Den Kontakt zum Ex-General,
der damals noch als honoriger Mann galt, dürfte jedenfalls Striedinger hergestellt haben. In Bezug auf die
Beteiligungsverhältnisse bei der Blok 67 d.o.o. gibt es
widersprüchliche Hinweise: Laut einer Aktennotiz vom
7. September 2006 der HAAB hat Gabriel eine schriftliche
Bestätigung abgegeben, dass er dabei »weder für Delta
noch für irgendeinen Dritten als Treuhänder tätig wäre,
sondern ausschließlich im eigenen Namen und auf eigene
Rechnung«. Hier soll den Ermittlern jedoch ein Organigramm vorliegen, das dieser Behauptung entgegensteht.
Unmittelbar vorangegangen war diesem Schreiben die
erneute Aufschiebung des Kreditantrages in Höhe von
rund 100 Millionen Euro, »um Informationen über die
Eigentümerstruktur einzuholen« (wie schon erwähnt,
wollten Striedinger und sein Vorstandskollege Kircher

Das Reich der Oligarchen

diesen Antrag schon im April, kurz nach Gründung der Projektgesellschaft, einbringen, haben ihn aber dann für ein »additional processing« zurückgezogen). Zum Zeitpunkt der neuerlichen Beantragung war Striedinger bereits aus dem Vierervorstand der HGAA ausgeschieden, womit die Blok 67 d.o.o. einen ihrer heftigsten Befürworter verloren hatte. Der restliche Vorstand[19] sah das Projekt zwar grundsätzlich positiv, hielt »jedoch aufgrund der Sensibilität und der bevorstehenden Nationalbankprüfung eine Offenlegung der Eigentümerstruktur bzw. dahinter liegender Vereinbarungen für unbedingt notwendig«, heißt es in einem Vorstandsprotokoll. Denn es gab schon immer Gerüchte, dass Striedinger bei dem serbischen Projekt auch private Interessen vertrat.

Tatsache ist, dass sich nach seinem Ausscheiden aus der HGAA der Widerstand gegen eine weitere Finanzierung des Projekts verstärkte: Denn auch der dritte Versuch, den 100-Millionen-Kreditantrag einzureichen, scheiterte letztlich am Aufsichtsrat. Kurz nach diesem Scheitern tauchte auch im Kreditakt ein internes Schreiben auf, wonach die »HBInt die Gesamtfinanzierung nunmehr nicht übernehmen möchte«. Als Möglichkeit wird dem Kreditausschuss (KAS) ein Überbrückungskredit von 10 Millionen Euro empfohlen, damit das Projekt bis zum Abschluss von Gesprächen mit Drittbanken weiterverfolgt werden kann. Diese Überlegung war eine klare Kehrtwendung weg vom Erstantrag im

19   Wolfgang Kulterer, Thomas Morgl, Josef Kircher.

160

April, aus dem hervorgeht, »dass im zweiten Halbjahr 2006 geplant ist, die Finanzierung des Gesamtprojekts zu beantragen«. Auffällig ist, das dieses interne Schriftstück nicht dem Antrag angehängt war und dem KAS auch nicht als Grundlage zur Beschlussfassung dienen konnte: »Irgendjemand wollte, dass das Projekt zwar wirtschaftlich zugunsten der damaligen Gesellschafter der Blok 67 Associates d.o.o., jedoch mit ausschließlichem Risiko der HBInt durchgezogen wird«, vermutet die CSI-Hypo. Dass der Kreditantrag in der letzten Instanz scheiterte, ist ebenfalls ungewöhnlich: Es ist einer der seltenen Fälle in der Hypo-Affäre, in denen sich ein Aufsichtsrat geweigert hat, einen Großkredit mittels Umlaufbeschluss zu genehmigen.

Ansonsten ist der Blok 67 ein Skandalfall wie jeder andere in der HGAA: Wie schon so oft hatte auch hier die Bank immense Kredite gewährt, ohne das Projekt ausreichend zu prüfen, und musste, als offensichtlich wurde, dass die Ausleihungen von der finanzierten Projektgesellschaft nicht würden bedient werden können, letztlich selbst als Eigentümer einspringen.

Ein Skandalfall wie jeder andere

Es war eine seiner ersten Amtshandlungen als neuer Aufsichtsratsvorsitzender: Ende Oktober 2006 bat Wolfgang Kulterer den größten serbischen Privatunternehmer, Miroslav Mišković, um ein vertrauliches Gespräch. Dabei teilte er dem Eigentümer der Delta Holding und

Großkreditkunden der HGAA mit, dass die Bank im Hinblick auf das Potenzial und die Bonität der CEE Invest größte Bedenken habe. Deshalb wäre sie auch nicht mehr gewillt, das Belgrader Projekt Blok 67, bei dem auch Mišković über eine Delta-Tochter mit 25 Prozent beteiligt sei, länger zu unterstützen. Zuerst zeigte sich der Serbe erstaunt, »dass hinter der CEE Invest Holding AG nicht die HGAA, sondern Mag. Hermann Gabriel stehe«, berichtet Kulterer später seinen Aufsichtsratkollegen. Dann habe er drei Handlungsalternativen vorgeschlagen, darunter auch eine direkte Beteiligung der Bank.

Das Management der Hypo ging derweil seine eigenen Wege: Mit Schreiben vom 23. November teilte der Prokurist Dieter Malle dem Ex-Steuerberater der Bank, Hermann Gabriel, mit, dass die HBInt bereit sei, die Entscheidungsgremien mit der Gesamtfinanzierung zu befassen, wenn zumindest zehn Millionen Euro an zusätzlichem Eigenkapital in das Projekt eingebracht würden. Gabriel wandte sich mit seiner Antwort direkt an Josef Kircher, der als Risikovorstand der Bank nach dem Ausscheiden Striedingers auch dessen Agenten übernommen hatte. Gabriel versprach das Angebot zu prüfen und schlug als Alternative, so wie schon Mišković zuvor, eine direkte Beteiligung der Hypo Group vor. Nicht ohne zu erwähnen, dass diese Möglichkeit von Kircher ja bereits »als sehr attraktive Alternative zur gedeihlichen weiteren Zusammenarbeit sehr positiv aufgenommen« worden sei, was auch auf Vorgespräche hinweist.

Sollten die Beteiligungsangebote, wie manche Ermitt-

Das Reich der Oligarchen

ler vermuten, nur den Sinn gehabt haben, die Bank bei der Stange zu halten und in Sicherheit zu wiegen, dann waren die Gesellschafter der Blok 67 d.o.o. erfolgreich: Mitte Dezember 2006 wurde in der Aufsichtsratssitzung der 100-Millionen-Kreditantrag vom Vorstand zwar endgültig zurückgezogen, dafür aber einstimmig eine Zwischenfinanzierung bis 30. April 2007 in Höhe von acht Millionen Euro genehmigt. Der Kredit war jedoch an die Bedingung geknüpft, dass bis zu diesem Datum das ausstehende Gesamtobligo (Kredit- und Bankgarantien) zur Gänze getilgt sein würde. Dieses betrug, obwohl einige Bankgarantien bereits ausgelaufen waren, immer noch rund 58 Millionen Euro. Sollte dieser Verpflichtung nicht nachgekommen werden, hatte die Bank das Recht eine Call-Option zu ziehen und 51 Prozent der Blok 67-Anteile von Gabriels CEE Invest für einen symbolischen Euro zu erwerben. Allerdings vergaß man in der Bank, die Kreditauszahlung auch an einen bestimmten Zweck zu binden. Inwieweit die Millionen sinnvoll für das Projekt verwendet wurden, kann daher nicht beurteilt werden.

Abgesehen von diesem Lapsus waren die Konditionen beinhart und praktisch unerfüllbar. Niemand glaubte wirklich, dass die Gesellschafter der Blok 67 d.o.o. – die sogar beim Eigenkapital immer geizten – innerhalb von vier Monaten das Geld aufbringen würden, um alle Schulden zu begleichen: Geschweige denn, um das Bauprojekt, dessen Kosten inzwischen bereits auf über 230 Millionen geschätzt wurden, alleine weiter betreiben zu können. Die CSI-Hypo vermutet deshalb hinter dem

Ganzen von Anfang an System, »zumal im Hinblick auf die gigantische Steigerung der Projektkosten der Verdacht besteht, dass die Kreditmittel nicht bloß zur Bezahlung notwendiger Planungs- und Bauleistungen Verwendung fanden, sondern auch … Mittel zum Zwecke der Bereicherung Dritter aus der Projektfinanzierung ›herausgezogen‹ wurden.«

Sollte dem wirklich so sein: In jedem normalen Fall wäre das System mit der letzten Kreditgewährung erschöpft gewesen. Nicht so bei dieser Finanzierung. Da waren der Fantasie anscheinend keine Grenzen gesetzt. Denn die Bank sollte das Projekt noch weitere 18 Millionen Euro kosten, ohne dass auf der Baustelle auch nur ein Ziegel bewegt worden wäre.

Belgrad – Virgin Islands – Liechtenstein – Belgrad

Am 22. Januar 2007 kam ein Viertel der Belgrader Blok 67 Associates d.o.o. ganz schön herum: Zuerst verkaufte die Delta M d.o.o. ihren 25-Prozent-Anteil an eine Right Start Technology Ltd. in Tortola, der Hauptinsel der British Virgin Islands (BVI). Eigentlich war es kein Verkauf, sondern eine Abtretung, denn die Right Star hatte die Anteile zum Nominalwert um 250 000 Euro übernommen. Die britischen Jungferninseln der Kleinen Antillen in der Karibik, etwa 100 Kilometer östlich von Puerto Rico, gelten seit Mitte der Achtzigerjahre als beliebtes Steuerparadies. Die Inselgruppe beherbergt rund 500 000 internationale Briefkastenfirmen, von denen die meisten in Tortola registriert sind. Damit kommen auf jeden Einwohner der BVI mehr als 20 Offshore-Unternehmen; die Gründungsgebühren machen bereits mehr als die Hälfte des Staatseinkommens aus. Noch am gleichen Tag trat die Right Star ihre gerade erworbenen Anteile an die liechtensteinische Assoluta Anstalt ab. Das war jetzt allerdings ein Verkauf, denn die Anteile kosteten 4,5 Millionen Euro, wobei 2,5 Millionen binnen sieben Tagen zu bezahlen waren, der Rest bis Ende März 2007.

Firmensitz der Assoluta ist die Kanzlei Hoop & Hoop Rechtsanwälte, Pflugstrasse 7, 9490 Vaduz. Diese Adresse sollte man sich merken. Sie spielt in der Affäre rund um die Hypo Alpe Adria eine Schlüsselrolle: Fast alle liechtensteinischen Stiftungen, Anstalten oder Aktiengesellschaften, von denen man bereits weiß, dass sie in dubiose Machenschaften verwickelt sind, residieren an diesem Ort. Es dürften inzwischen weit über hundert sein. Die Kanzlei gehört den Brüdern Wilfried und Gerald Hoop, die ebenfalls zum Beschuldigtenkreis zählen. Seit Auffliegen der Affäre lassen daher einige ihrer Klienten ihre Geschäfte von der ESCAN Trust reg. erledigen, die an derselben Adresse zu Hause ist. Die Hoop-Kanzlei war auch schon Schauplatz einer Hausdurchsuchung. Die Auswertung der beschlagnahmten Unterlagen dürfte jedoch noch Monate dauern, zumal ein Großteil der brisanten Dokumente noch unter Verschluss ist. Denn nicht nur die Gebrüder Hoop, sondern auch alle betroffenen Klienten haben gegen eine gerichtliche Einschau sämtliche Rechtsmittel ergriffen. Doch Vorsicht: Beim

Das Reich der Oligarchen

Protokollchef des Fürstentums, Wilfried Hoop, handelt
es sich nur um eine Namensgleichheit. Er hat mit dem
Hypo-Skandal nichts zu tun und ist mit den Brüdern
nicht einmal verwandt. Im Gegensatz dazu steht Vuk
Mrvić schon länger im Brennpunkt der gerichtlichen Ermittlungen. Der Serbe war zu diesem Zeitpunkt bereits
in mehreren Unternehmen, die mit dem Hypo-Skandal
zusammenhängen, tätig. Und zwar als

- Aufsichtsrat der CEE Invest Holding AG,
- Geschäftsführer der Blok 67 Associates d.o.o.,
- Mitgesellschafter von Striedingers Rubicon Invest
  d.o.o. in Belgrad und
- Gesellschafter der Klagenfurter VMR Handels-
  GesmbH, die heute einer Privatstiftung von Gabriel
  gehört.

Mrvić hat auch die Assoluta beim Abtretungsvertrag mit
der Right Star vertreten. Danach stellten sich die Besitz-
verhältnisse bei der Blok 67 d.o.o. Ende Januar wie folgt
dar: 25 Prozent hielt die Liechtensteiner Anstalt Assoluta und 75 Prozent die Wiener CEE Invest[20]. Nur zwei
Monate später war wieder alles anders: Da erwarb die
Hypo Alpe-Adria-Beteiligung GmbH (HABEG) sämtliche Geschäftsanteile um insgesamt 18 Millionen Euro,
gründete in Österreich eine Blok 67 GmbH und brachte
die Anteile dort um denselben Preis ein. Der Abtretungspreis verblieb jedoch als Kapitalerhöhung zur Gänze in

20   Siehe Organigramm S. 279.

der neuen Blok 67 GmbH. Das Gesamtobligo der serbischen Tochtergesellschaft betrug zu diesem Zeitpunkt exakt 57 748 768,87 Euro.

Damit war also Ende April 2007 die serbische Blok 67 zu hundert Prozent im Besitz der österreichischen und hing finanziell der HGAA am Hals. Die früheren Gesellschafter waren schuldenfrei und durften sich über einen Verkaufserlös von 4,5 Millionen (Assoluta) bzw. 13,5 Millionen (CEE Invest) freuen. Alleinaktionär der CEE Invest war damals Hermann Gabriel. Für die liechtensteinische Anstalt zeichnete Vuk Mrvić verantwortlich, der sowohl mit Gabriel als auch mit Striedinger in geschäftlicher Verbindung stand. Doch das Beteiligungskarussell drehte sich noch weiter: Am 12. Mai 2007 erwarb die Delta Real Estate d.o.o. – die kurz zuvor noch Delta M hieß – 50 Prozent der serbischen Blok 67 und legte dafür der österreichischen Mutter rund neun Millionen Euro auf den Tisch. Die Hintergründe stießen auf allgemeine Verwunderung: »Es ist unverständlich, warum die Delta Real Estate einen so hohen Kaufpreis zahlte, zumal sie vorher schon mit 25 Prozent an der Blok 67 Associates beteiligt war und diesen Anteil um 250 000 Euro an die Right Start Technology Ltd., Virgin Islands, übertragen hatte«, wundert sich zum Beispiel ein Bankprüfer. Dass die Right Star seinerzeit dieselben Anteile um ein Vielfaches nach Liechtenstein verkaufte, hat hingegen schon mehr Sinn: »Es kann nicht ausgeschlossen werden, dass der Erwerb von 25 Prozent der Anteile durch die Assoluta Anstalt deshalb mit 4,5 Millionen Euro vorgenommen wurde, um letztlich ein Argument für die Preisbestimmung von 18 Millionen für 100 Prozent des Stammkapitals zu haben«, rechnet ein CSI-Ermittler vor.

Das würde freilich bedeuten, dass einflussreiche Entscheidungsträger in der HGAA bei dem undurchsichtigen Deal – aus welchen Gründen auch immer – mitgespielt haben. Aus den Bankunterlagen ergeben sich jedenfalls keine konkreten Hinweise, wie es zu dem Abtretungspreis gekommen ist. Es gibt auch kein entsprechendes Bewertungsgutachten, wobei ohnedies davon ausgegangen werden kann, dass die Blok 67 d.o.o. im Hinblick auf die hohen Verbindlichkeiten und das mangelnde Eigenkapital kaum einen Wert hatte. Einer, der Klarheit schaffen könnte, ist der damalige Vorstand Josef Kircher: Er hat diesen Abtretungspreis der späteren Geschäftsführerin der Blok 67 GmbH, Lisa Prager, vorgegeben und ihr den Auftrag erteilt, mit dem früheren Hypo-Anwalt Gerhard Kucher alle Dokumente auszufertigen. Kucher selbst war wiederum über Gabriel ins Spiel gekommen, nachdem sich die HBInt ihm gegenüber verpflichtet hatte, den Rechtsanwalt »unwiderruflich mit der Durchführung und Abwicklung dieses Kaufvorganges zu beauftragen«.

Auffallend ist in diesem Zusammenhang, dass die International Tax Consulting GmbH, die Gabriel gehörte, am 13. März 2007 den seinerzeitigen Abtretungsvertrag zwischen der Assoluta und der Right Star »dringend an VDir Kircher für eine Besprechung, die bereits um 9 Uhr beginnt«, übermitteln ließ. Sitzungsthema war der Anteilserwerb der Blok 67. Ob Kircher bei der Festsetzung des Kaufpreises mit dem Abtretungspreis der Assoluta

Das Reich der Oligarchen

argumentiert hat, ist nicht überliefert. Doch welche Interessen er auch immer vertreten haben mag, die seiner Bank waren es nicht: Denn trotz Übernahme sämtlicher Verbindlichkeiten, nicht bezahlter Garantieprovisionen, dem Nichtvorhandensein eines Bewertungsgutachtens und dem Fehlen rechtskräftiger Baugenehmigungen bezahlte die Hypo 18 Millionen Euro für eine Gesellschaft, die mangels Eigenkapital bereits zahlungsunfähig und überschuldet war. Dazu kommt, dass die Geschäftsanteile der Blok 67 d.o.o. schon längst zugunsten der HBInt verpfändet waren. Abgesehen davon hatte die HBInt auch eine Call-Option und hätte um einen symbolischen Euro auf 51 Prozent der Anteile aus dem Portfolio der CEE Invest zugreifen können. Für die CSI-Hypo ist der Fall damit geklärt: »Statt die Geschäftsverbindung abzubrechen und bestehende Sicherheiten, konkret die Geschäftsanteile, zu realisieren, entschloss man sich vorsätzlich, pflichtwidrig nicht nur weitere enorme Mittel in das Projekt zu pumpen, sondern auch ohne jede wirtschaftliche Rechtfertigung Abtretungspreise von insgesamt 18 Millionen Euro an die von Mag. Gabriel und Dr. Hoop gelenkten Gesellschaften zu bezahlen.«

Aber auch in sportlicher Hinsicht war die Belgrader Universiade 2009 ein rotweißroter Flop. Österreich landete in der Mannschaftswertung mit einer einzigen Medaille auf dem 53. Platz bei 56 teilnehmenden Nationen. Die Ehre des Landes rettete der Pädak-Student Clemens Zeller aus Krems an der Donau, der in seiner Spezialdisziplin, dem Vierhundertmeterlauf, mit einer Zeit von 46,12 Sekunden Silber gewann.

Das Reich der Oligarchen

Zusammenfluss von Geld und Macht

Früher, unter Marschall Tito, war er der höchste Wolken-
kratzer auf dem Balkan und das Zentrum der Macht. In
der Nacht blieben die Lichter an und ließen den Namen
des jugoslawischen Staatsgründers bis in den letzten
Winkel der Hauptstadt strahlen. Im Volk hieß der
105 Meter hohe Turm in Belgrad immer nur schlicht CK,
nach den Anfangsbuchstaben von Centralni Komitet, der
serbokroatischen Bezeichnung für Zentralkomitee, der
höchsten Organisation im einstigen Bund der Kommu-
nisten Jugoslawiens (SKJ). Heute ragt das frühere Macht-
symbol stolze 141 Meter (mit Antenne) in die Höhe,
heißt Ušće Tower und repräsentiert die neue Autorität
des Landes: das Geld. Der Name bedeutet »Zusammen-
fluss« und ist ein Hinweis auf den unveränderten Stand-
ort im heutigen Neu-Belgrad, ungefähr dort, wo die Sava
in die Donau fließt. Zyniker behaupten, er sei ein Synonym für Petar Matić, den Eigentümer des Büroturms, in
dessen Name sich beides vereinige: Geld und Macht. Der
serbische Geschäftsmann ist Gründer und Eigentümer
der MPC Holding d.o.o., einer vor 22 Jahren gegründeten Investmentgesellschaft, die u. a. im Modehandel, der
Sport- und Automobilbranche sowie der Tabakindustrie
tätig ist. Er ist Importeur von führenden Marken wie
Citroën, Springfield, Cortefiel und Reebok. Der ehemalige Schuhverkäufer aus Šibenik, der seine Selbststän-
digkeit noch während des Krieges mit dem Import von
italienischen Schuhen, Öl und Benzin begann, war auch
Mehrheitseigentümer der MPC Properties d.o.o., die der

170

MPC Holdings B.V. gehörte, einem Joint-Venture mit der US-Investmentbank Merrill Lynch. Sie ist der ultimative Eigentümer des Ušće Towers. Daneben besitzt er mehrere bedeutende Liegenschaften und das größte Einkaufszentrum auf dem Balkan – das Ušće Shopping Center, neben dem Wahrzeichen, dem Turm.

Matić hat auch Liegenschaften von der Hypo Consultants Holding GmbH (HCH) erworben, nachdem diese im März 2007 an die kroatische AUCTOR Project d.o.o. (Auctor) verkauft wurde. In der HCH waren etliche Immobilienbeteiligungen der Kärntner Bank auf dem Balkan geparkt. Die Gruppe, die nicht nur in allen Teilrepubliken Ex-Jugoslawiens, sondern auch in Österreich, Italien und Liechtenstein Töchter hatte, spielte lange Zeit eine zentrale Rolle für die HGAA. Generell sollen Projekte, bei denen die Hypo als finanzierende Bank Gefahr lief, ihre Kredite zu verlieren, in Beteiligungen umgewandelt und in die verschiedenen Consultants-Gesellschaften verschoben worden sein. Damit konnte die Bank ihre Bilanzen schonen und musste die Kredite nicht abschreiben. Eine Vorgehensweise, die unter Experten umstritten und inzwischen auch Gegenstand gerichtlicher Ermittlungen ist. Genauso wie der gesamte Verkauf der Consultants-Gruppe überhaupt: »Hier ergibt sich der Verdacht, dass diese Gruppe nach vorheriger Absprache zu billig verkauft wurde bzw. die verantwortlichen der HBInt der Investorengruppe einen Kredit zum Erwerb einräumten, und zwar in Kenntnis, dass dieser nicht zurückbezahlt wird«, heißt es dazu in den österreichischen Gerichtsunterlagen. Abgewickelt wurde der Verkauf für die Auctor vom ehemaligen HCC-Chef Damir Farkas über den Klagenfurter Steuerberater und Wirtschaftstreuhänder Herbert Tiefling. »Neben der Auctor soll auch ein kroatischer Tabakkonzern am Consultants-Kauf beteiligt gewesen sein«, vermutet die *Wiener Zeitung.* Während sich in Kroatien das Gerücht hält, dass auch einige heimliche Aktionäre des EPH-Verlags aus der ominösen *Grupa* an dem umstrittenen Deal beteiligt sind. Unbestritten ist, dass die AUCTOR die Töchter in Serbien und Bosnien-Herzegowina an die MPC Holding von Petar Matić weiterverkauft hat und dieser neuerdings etliche Immobilien aus dem Pool bereits wieder abstößt. Beide sollen das jeweilige Geschäft mit Krediten der HGAA finanziert haben, während die Bank bessere Angebote internationaler Fonds ignoriert habe, obwohl diese den Kauf aus eigenen Mitteln hätten stemmen können, behauptet ein Insider gegenüber dem österreichischen Amtsblatt.

Doch während Petar Matić sich in Belgrad anscheinend sukzessive aus dem Immobiliengeschäft zurückzieht und das Feld seinem Konkurrenten Miroslav Mišković von der Delta Holding überlässt, ist der Turmbesitzer in Bosnien und Herzegowina nach wie vor auf Schnäppchen aus. Seine letzte größere Investition liegt allerdings schon fast drei Jahre zurück: Da erwarb er von der Villacher Alpha Baumanagement GmbH für 32 Millionen Euro das Hotel Holiday Inn in Sarajevo. Das Bauunternehmen gehört Jakob Kuess, einem guten Bekannten von Wolfgang Kulterer, und soll zu dessen Zeit als Hypo-Chef eng mit der Klagenfurter Bank zusammengearbeitet haben. Gerüchten zufolge ging es dabei vor allem um Grundstücksprojekte in Slowenien und Bulgarien, die Kuess für Baumärkte oder Lebensmittelketten wie etwa Billa akquirierte, wobei ihm Kulterer bei manchen Geschäften mit Rat und Tat und die HBInt mit Krediten zur Seite gestanden haben soll. Eines der größten gemeinsamen Projekte zwischen der Alpha Bau und der Hypo war die Errichtung eines Kongresszentrums samt Shoppingfläche und Kino in Sarajevo. Die Investitionskosten waren auf 125 Millionen Euro veranschlagt und lagen zuletzt angeblich bei über 170 Millionen. Gekauft wurde das Holiday Inn samt einem angrenzenden Grundstück Ende 2003 für 26 Millionen Euro gemeinsam von der Alpha Bau und der Hypo Consultants. Das Bauunternehmen erhielt dabei 74 Prozent, verkaufte aber zwei Jahre später seine Anteile an die MARICOPA Aktiengesellschaft in Vaduz und die Klagenfurter Hypo. Sitz der liechtensteinischen AG, die im Juli 2006 – also kurz bevor Kulterer als Vorstand der HGAA ausschied – in Liquidation ging, war die Kanzlei der Gebrüder Hoop. Am 1. Oktober 2007 wurde das Unternehmen endgültig aus dem fürstlichen Handelsregister gestrichen.

Faule Kredite

Es sind vor allem die Legionen an liechtensteinischen Gesellschaften, die ständig für Irritationen bei der Nachvollziehung der einzelnen Hypo-Investitionen sorgen. Das Klagenfurter Engagement beim Ušće Tower macht dabei keine Ausnahme: Auch hier war eine Monarola Invest Anstalt im Spiel, die mit einer Matić-Gesellschaft in Belgrad ein undurchsichtiges *Consultancy Agreement* hatte, aufgrund dessen letztlich zwei Millionen Euro nach Liechtenstein flossen – zur Kanzlei Hoop & Hoop, wo die Anstalt ihren Sitz hatte. Konkret handelte es sich dabei um ein Honorar für die Beratung bei der Auflösung eines bereits aufgelösten Kaufvertrages für den 25-stöckigen Büroturm, den die HBInt seinerzeit für einen eigenen Investmentfonds erwerben wollte.

Abgesehen von der allgemeinen Verwirrung, die diese involvierten Hoop-Gesellschaften stiften, machen sie auch jede seriöse Analyse eines Kreditportfolios eigentlich unmöglich. Mit diesem Problem hatte auch die BayernLB zu kämpfen – als sie nach etlichen Kapitalaufstockungen endlich Klarheit wollte, ob das Fass auch einen Boden hat – und beauftragte deshalb Ende Juli 2009 die Wirtschaftsprüfungskanzlei PriceWaterhouseCoopers (PWC) mit dieser Aufgabe. Der Auftrag lief streng geheim unter dem Decknamen *Fokus* und ließ die PWC-Prüfer in halb Europa ausschwärmen, um nach faulen Krediten zu suchen. Nur einen Monat nachdem das Ergebnis vorlag, ließen die Bayern die Klagenfurter Bank wie eine heiße Kartoffel fallen, während sich der österreichische Finanzminister Josef Pröll bei der Notverstaatlichung erst gar nicht um das Dossier bemühte. Kenner der Materie bezweifeln ohnedies, dass in der 214 Seiten umfassenden Analyse tatsächlich alle Kreditleichen der Hypo aufgelistet sind. Der Anspruch auf Vollständigkeit wird von den PWC-Prüfern auch gar nicht erhoben, da sie ihre Arbeit auftragsgemäß nur »auf die von der HGAA zur Verfügung gestellten Unterlagen und Informationen abgestellt haben«. Und im Kapitel *Umfang und Qualität der Unterlagen* wird sogar moniert, dass »auf Basis der uns zur Verfügung gestellten Datenbank eine Zusammenführung der einzelnen Engagements« praktisch unmöglich gewesen sei. Deshalb konnte ihnen zum Beispiel das Klumpenrisiko im Fall Zagorec, der über die verschiedensten Firmen und Stiftungen mit mindestens insgesamt 130 Millionen Euro in der Kreide steht, auch gar nicht auffallen.

Untersucht wurden in den zehn Bankentöchtern und 13 Leasinggesellschaften der HGAA konkret 1411 Einzelkredite mit einem Volumen von insgesamt 10,7 Milliarden Euro, was 28 Prozent des Gesamtportfolios entspricht. Laut PWC stellt dabei jeder dritte Kreditnehmer ein erhöhtes Ausfallsrisiko dar, wovon fast die Hälfte aus einem Land stammt, in dem auch der Staat selbst »erhöhte latente oder akute Ausfallsrisiken« aufweist – was das Ausfallsrisiko von Einzelkreditnehmern noch erhöhe. Generell habe sich die Qualität des Kreditportfolios im Jahr vor dem Prüfungsstichtag signifikant verschlechtert, zumal bei den Leasinggesellschaften bereits 29 Prozent der Kreditnehmer und bei den Banken 13 Prozent länger als 90 Tage im Zahlungsrückstand seien. Insgesamt ergab die PWC-Analyse zu der damals bereits gebildeten Risikovorsorge in Höhe von 1,3 Milliarden Euro einen zusätzlichen Vorsorgebedarf von bis zu 1,2 Milliarden Euro, wovon mehr als zwei Drittel zu Lasten der Hypo-Töchter in Österreich und Kroatien gehen. Der überwiegende Teil der erstellten Sicherheiten entfalle auf unbebaute Grundstücke oder auf im Bau befindliche Objekte. Daher sei ihre Verwertung bei einem Anhalten der Wirtschaftskrise »wenn überhaupt, nur mit erheblichen Abschlägen auf die angesetzten Sicherheitswerte möglich«.

In der PWC-Analyse finden sich übrigens auch zwei Kredite im Zusammenhang mit Petar Matić wieder. Der eine betrifft den serbischen Immobilienmogul privat mit 7,5 Millionen Euro, wobei überraschenderweise der »Sicherheitswert« mit Null angegeben ist. Der Ušće Tower selbst ist mit 60,1 Millionen aufgelistet, von denen 38,3 Millionen als besichert gelten. »Angesichts des Vermögens, über das Herr Matić verfügen soll«, meint ein CSI-Ermittler dazu trocken, »wird man sich diese Kreditfälle sicher näher anschauen müssen.«

Der Hypo-Deal von Vodnjan

»Kilometerlang nur immergrüne Büsche, Olivenbäume und Eichen, dahinter ein wildes und felsiges, aber flaches Ufer«, erinnert sich der Balkan-Korrespondent und Buchautor Norbert Mappes-Niediek an eine seiner letzten Istrienreisen. Auf der 24 Kilometer langen Strecke zwischen dem kleinen Küstenstädtchen Rovinj und dem südlich, etwas im Landesinneren gelegenen Örtchen Vodnjan kann man die Mittelmeerküste noch unberührt erleben. Selbst die schmale, gekräuselte Asphaltstraße hält züchtig Abstand zum Meer und trennt die flache, mit Felsen durchzogene Kiesküste vom hügeligen Hinterland, das vor allem für seine Weine und ein hervorragendes Olivenöl bekannt ist. Idyllische Gestade wie diese sind selten im nördlichen Mittelmeerraum und typisch für Istrien, die größte Halbinsel Kroatiens, die wie ein winziger Kontinent aus der Achselhöhle der Adria ragt. Kaum eine halbe Tagesreise von München, Mailand oder Wien entfernt, sind die karstigen Küstengebiete nahe genug, um erfolgreichen Ärzten, Rechtsanwälten und Industriellen aus diesen Großstädten ein stilvolles Wochenende zu bieten.

»Hier ein jungfräuliches Erholungsgebiet in einem armen Nachkriegsland, dort eine solvente Szene, die auf Immobilienschnäppchen lauert: ein gewinn- und vor allem korruptionsträchtiges Zusammentreffen«, bringt es *Die Zeit* auf den Punkt. Aber wahrscheinlich merkten die Ratsmitglieder der Landgemeinde Vodnjan selber kaum, welchem Deal sie da im Dezember 2000 zustimmten, als sie fast 380 000 Quadratmeter unberührte Meeresküste zum Spottpreis von umgerechnet 5,12 Euro pro Quadratmeter an die damals völlig unbekannte Darija d.o.o. verkauften. Wobei nur ein paar Monate später sogar ein doppelt so großes Filetstück an eine andere anonyme Gesellschaft ging: Konkret an die AB Maris d.o.o., und diesmal für wohlfeile 7,35 Euro pro Quadratmeter. Als Finanzier fungierte in beiden Fällen die Klagenfurter Hypo, die insgesamt rund 50 Millionen Euro an Krediten zur Verfügung stellte. Einen ungewöhnlich hohen Betrag, wenn man bedenkt, dass der Kaufpreis für die Grundstücke in Summe nur bei 7,7 Millionen Euro lag. Der Rest war für die Finanzierung einer Tourismusanlage vorgesehen. Doch auf dem Grundstück gibt es bis dato keinerlei erkennbaren Baufortschritt. Trotzdem fand sich Mitte 2010 überraschenderweise ein Käufer für das brachliegende Investitionsprojekt, das in Istrien wegen der gleichnamigen Gegenden Barbariga und Dragonera primär unter diesem Doppelnamen für Schlagzeilen sorgte.

Offiziell handelt es sich bei dem neuen Eigentümer um den kroatischen Geschäftsmann Danko Končar, der von London aus mit seiner Kermas Group Ltd. im internationalen Chromgeschäft tätig ist. Inoffiziell heißt es aber, dass es sich bei Končar nur um einen Strohmann handelt, der von einer unbekannten Investorengruppe rund um den kroatischen Anwalt Anto Nobilo vorgeschoben worden sei. Nobilo, ein ehemaliger Staatsanwalt und

Seniorenweltmeister in Taekwondo, ist in seiner Heimat nicht unumstritten und verteidigt im Augenblick gerade den ehemaligen kroatischen Vizepremier und Wirtschaftsminister Damir Polančec, der wegen Korruptionsverdacht einsitzt.

Unbestritten ist indes, dass Končar zur Abdeckung der offenen Kredite bereits knapp 51 Millionen Euro – inklusive zwölf Millionen Zinsen – an die Hypo überwiesen hat. Weitere 28 Millionen werden in zwei Jahren fällig und gelten als Kaufpreis für die jeweils 26-prozentige Beteiligung der Bank an den beiden Projektgesellschaften AB Maris und Darija. Diese scheinen in den Hypo-Büchern mit insgesamt 24,6 Millionen auf, womit bei dem bislang als äußerst riskant geltenden Entwicklungsprojekt immerhin ein Buchwert von 3,4 Millionen lukriert werden könnte. Laut Firmenbuch hat der geheimnisvolle Millionär über seine Kermas Ltd. auch bereits die restlichen 74 Prozent der Projektgesellschaften übernommen. Diese waren von den Schweizer Briefkastenfirmen Mikos AG und Noxas Holding AG gehalten worden, bei denen immer wiederkehrenden Gerüchten zufolge auch einige ehemalige Hypo-Manager und kroatische Lokalpolitiker ihre Finger im Spiel gehabt haben sollen.

Mit dem neuen Eigentümer dürfte zumindest wieder Hoffnung in das brachliegende Tourismusprojekt kommen: Wie es heißt, will Končar, ein promovierter Techniker, das 140 Hektar große Areal so wie ursprünglich geplant mit einer gigantischen Ferienanlage überziehen. Darüber hinaus hat der ehemalige Direktor der einst staatlichen Jugoturbina – der laut *Nacional* seine Doktorarbeit während einer mehrjährigen Haftstrafe geschrieben haben soll, die er in den späten Siebzigerjahren wegen Amtsmissbrauch und Devisenunterschlagung verbüßte – in Istrien bereits auch weitere Grundstücke aufgekauft, angeblich zum Aufbau eines eigenen Immobilienfonds. Und sollte er dennoch, wie schon bei anderen Vorhaben zuvor – etwa dem im Jahr 2009 groß angekündigten Kauf mehrerer Werften –, vorzeitig wieder aus dem Projekt aussteigen, hält sich das Risiko der Klagenfurter Hypo diesmal eher in Grenzen: Denn erstens musste Končar bis zur vollständigen Bezahlung des noch ausstehenden Kaufpreises seine Geschäftsanteile an die Bank verpfänden, und zweitens ist zum Unterschied zu früher diesmal der Hypo der offizielle Eigentümer persönlich bekannt.

Die verkaufte Unschuld

Eingefädelt wurde der Hypo-Deal von Vodnjan im August 1999. Damals überraschte der gerade erst ins Amt gewählte Kärntner Landeshauptmann Jörg Haider in Pula, dem Sitz der örtlichen Regionalregierung, seinen dortigen Amtskollegen Stevo Žufić mit einem Blitzbesuch. Der und seine Partei, die Istrische Demokratische Versammlung (IDS), mussten sich anschließend dafür monatelang rechtfertigen, da Haider in Istrien, das gegen den Druck aus Zagreb immer an seinem multikulturellen Charakter festhielt, als »größter lebender

Neonazi« galt. Die regionale Laissez-faire-Politik tat der zweisprachigen kroatisch-italienischen Gespannschaft auch geschäftlich gut. Je weniger kroatisch sich Istrien zeigte, desto mehr Touristen kamen und entdeckten die vielen verlassenen Gehöfte und verfallenen Kazunis, wie die in Trockenbauweise errichteten Steinhäuser in der Gegend heißen. Viele, vor allem Österreicher und Deutsche, ließen sich in der Folge dort auch nieder. Inzwischen weisen die Katasterbücher der größten Halbinsel in der nördlichen Adria längst auch schon so klingende Familiennamen wie Oetker, Bismarck oder Schumacher als Grundbesitzer aus.

Für die meisten Istrier geht das durchaus in Ordnung: »Das Problem sind nicht die stillen Reichen, sondern die einheimischen Mächtigen, die Partner der Hypo, die bei deren Geschäften zum Nachteil der öffentlichen Hand mitschneiden«, ärgert sich der sozialdemokratische Kommunalpolitiker Damir Radnić, der auch hinter dem Barbariga/Dragonera-Projekt korrupte Lokalpolitiker vermutet. Denn kaum war Haider weg, kam seine Bank. Und kaum war das Geschäft mit der Gemeinde Vodnjan abgewickelt, wurde das soeben verkaufte Naturschutzgebiet in eine touristische Nutzfläche umgewidmet. Ein Vorgang, der den Wert des Areals über Nacht um ein Vielfaches in die Höhe trieb und den bis heute anonymen Ex-Investoren einen gigantischen Spekulationsgewinn bescherte. Zumindest auf dem Papier, wo in der Folge die um nur knapp acht Millionen Euro erworbenen Liegenschaften plötzlich einen Verkehrswert von rund 130 Millionen ausmachten – bis die Immobilienblase weltweit platzte und die Preise wieder in den Keller stürzten.

Um so überraschender ist der Verkauf des Immobilienprojekts an den Exil-Kroaten Danko Končar. Die Finanzierung des Projekts steht noch immer im Visier der Klagenfurter Staatsanwaltschaft, die aufgrund einer Anzeige der CSI-Hypo auch in diesem Fall tätig wurde. Für die vom Finanzministerium eingesetzte Aufräumtruppe besteht der dringende Verdacht der Untreue und des gewerbsmäßigen schweren Betrugs. Verdächtig sind dabei nahezu alle mit diesem Geschäftsfall befassten Hypo-Manager und die Beteiligten der Projektierungsgesellschaften. Daher kann auch nicht ausgeschlossen werden, dass es sich bei dem Blitzverkauf an Končar in Wirklichkeit um eine Art Ablenkungsmanöver handelt, um der strafrechtlichen Verfolgung – mangels eines nachweisbaren Schadens – die Grundlage zu entziehen. Sollte dies zutreffen, bewegen sich die Protagonisten dieses Plans auf dünnem Eis. Auch wenn der Hypo selbst aus diesem Geschäftsfall kein Schaden erwachsen sollte, bleibt angesichts der nicht erfolgten Investitionen immer noch offen, wohin die dafür bestimmten Millionen geflossen sind. Und da es sich bei den Verbrechen der Untreue und des Betrugs um sogenannte Offizialdelikte handelt, ist auch egal, ob ein Geschädigter eine Anzeige macht oder nicht: Ab einem Schaden von über 50 000 Euro drohen für diese Delikte bis zu zehn Jahre Haft. Deshalb untersucht die Klagenfurter Staatsanwaltschaft weiter, wer alles von diesem umstrittenen Spekulationsgeschäft profitiert haben könnte. Die Vermutungen reichen hier von Jörg Haider und der damaligen FPÖ über den jetzigen Immobilienmagnaten Stevo Žufić bis hin zur Kärntner Hypo selbst – wobei hier vor allem immer wieder die Namen der Ex-Vorstände Günter Striedinger und Wolfgang Kulterer fallen, dazu die des ehemaligen Rechtsberaters der HGAA, Gerhard Kucher, sowie des früheren Steuerberaters der Bank, Hermann Gabriel.

Bewiesen ist bis dato nur die auffällige Nähe dieser Personen zu diesem obskuren Immobilienprojekt, das inzwischen den Werbenamen Riviera von Brioni trägt und laut ursprünglichem Plan ein riesiger Hotelkomplex mit Golfplatz, 117 Villen und sogar einem eigenen Hafen hätte werden sollen.

Konkret scheint etwa schon kurz nach Gründung der Darija (30.12.1999) im kroatischen Firmenbuch der Klagenfurter Gerhard Kucher als Eigentümer dieser ersten Projektgesellschaft auf. Wenn auch nur vorübergehend, da der Advokat Anfang 2003 seine Anteile in mehreren Winkelzügen weitergab. Zuerst um einen symbolischen Kuna an die von ihm gegründete IEK Immobilienentwicklungs AG (IEK) mit Sitz in Klagenfurt, die noch im September des gleichen Jahres die Anteile an die von ihr gegründete Schweizer Noxas Holding AG weiterreichte – zusammen mit einer Sacheinlage in Höhe von 82,2 Millionen Schweizer Franken oder umgerechnet fast 55 Millionen Euro.

Bemerkenswert dabei ist nicht nur die Höhe der Einlage. Auch der Umstand, dass es sich bei dieser Sacheinlage nicht nur um die Gesellschaftsanteile der Darija handelt, sondern auch um jene der Puris Verwaltungs- und Beteiligungs GmbH, ist auffällig. Wobei die Puris vom Villacher Unternehmer Gerhard Prasser, einem langjährigen Freund und Geschäftspartner Kulterers, gegründet worden ist.[21]

Da der Sacheinlagevertrag vom 29. August 2003 bis heute nicht aufgetaucht ist, bleiben diesbezüglich vor allem zwei Fragen offen: Erstens, wie sich die Sacheinlage prozentual auf die beiden einbringenden Unternehmen Darija und Puris aufteilt. Und zweitens, was letzteres Unternehmen und damit auch Kulterer überhaupt mit dieser Sacheinlage zu tun haben. Zumal es sich bei der Puris um die Holding einer kroatischen Putenfarm handelte, die zwar auch ein Problemfall der Hypo war, aber sonst in keiner Verbindung zum konkreten Tourismusprojekt stand.

Offen ist zudem, welche Rolle Gerhard Kucher bei diesen Vorgängen wirklich spielte, da er wie jeder andere Anwalt auch des Öfteren nur als Treuhänder fungierte.

»Tatsache ist, dass eine enge Verflechtung zwischen der Noxas und (ehemalig) für die Hypo Alpe Adria Group handelnden Personen besteht«, heißt es dazu in der Anzeige der CSI-Ermittler, »weshalb der Verdacht, dass hinter der Noxas mittelbar oder unmittelbar ehe-

---

21   Prasser und Kulterer sind seit 2001 über die Villacher WBG Business Service GmbH geschäftlich eng verbunden, wobei die Gesellschaftsanteile von Kulterer während seiner Hypo-Zeit von seiner Ex-Frau gehalten wurden.

malige Organe der Hypo stehen, nicht von der Hand zu weisen ist.« Gleiches gelte auch für die zweite Projektgesellschaft, die AB Maris, und ihre Schweizer Holding, die Mikos AG. Hier ist die Eigentümerstruktur für Außenstehende noch schwieriger zu durchschauen. Das liegt zum Teil auch am kroatischem Handelsrecht, wonach der Gesellschafter eines Unternehmens – im Gegensatz etwa zum österreichischen Handelsrecht – im öffentlichen Firmenbuch nicht aufscheinen muss. In solchen Fällen hilft dann nur ein Blick in den vollständigen Akt des Unternehmens – in der Hoffnung, auf irgendwelche Besitzhinweise zu stoßen.

Laut kroatischem Firmenbuch gab es bei der AB Maris mit der Wiener TECTO Beta Beteiligungs GmbH von Anfang an ein österreichisches Fifty-Fifty-Engagement. Und ein brisantes noch dazu, da die TECTO einer Investorengruppe um den damaligen Nationalratsabgeordneten und Finanzexperten der FPÖ, Detlev Neudeck, zugeordnet werden kann. Doch auch in diesem Fall wusch offensichtlich eine Treuhand die andere: Oder es ist purer Zufall, dass auch bei der AB Maris wieder zuerst ein gewisser Gerhard Kucher und dann seine IEK als Gesellschafter aufscheinen, bevor das gesamte Vermögen in Form einer Sacheinlage erneut auf eine Schweizer Briefkastenfirma übertragen wurde. Und zwar auf die Mikos AG, deren Sitz und Verwaltungsrat mit jenem der Noxas Holding identisch ist. Diesmal betrug der eingebrachte Wert umgerechnet 19,6 Millionen Euro – womit im Zuge dieses Immobilienprojekts insgesamt fast 75 Millionen Euro ihren Weg von der istrischen Mittelmeerküste in den steuerschonenden Schweizer Kanton Zug fanden.

Von dort wurde dann die gesamte Summe sukzessive abgeschichtet und am 17. September 2008 – bis auf das gesetzliche Mindestkapital in Höhe von 100 000 Schweizer Franken – gänzlich abgezogen. Wohin, ist bis heute ein Rätsel, da sich sowohl Striedinger als auch Kulterer weigern, die Aktionäre der Schweizer Briefkastenfirmen bekannt zu geben. »Wir haben den Investoren Anonymität zugesichert und sehen keinen Grund, dieses Versprechen zu brechen«, sind sich die mittlerweile zerstrittenen Ex-Vostände in diesem Punkt nach wie vor einig. Und auch Gerhard Kucher zeigt sich unter Berufung auf das Berufsgeheimnis verschwiegen: »Ich darf nicht einmal sagen, wer meine Klienten sind, geschweige denn, ob ich in diesem Fall Treuhänder war.« Aufklärung könnte nur eine Kontoöffnung aller beteiligten Gesellschaften bringen, wobei sich damit auch rekonstruieren ließe, ob bei den diversen Eigentumsübertragungen tatsächlich Abtretungspreise bezahlt wurden und woher gegebenenfalls die Mittel dafür stammten. Die CSI-Hypo hat sie bereits bei Gericht beantragt. Bis dahin gilt für die üblichen Verdächtigen die Unschuldsvermutung, während die Gerüchteküche munter weiterbrodelt.

Für Gerede sorgt im Moment ein interner Aktenvermerk der Hypo vom 18. Februar 2009. Er ist die Zusammenfassung eines Telefonats zwischen dem damals bereits von der BayernLB eingesetzten Risikovorstand, Andreas Dörhöfer, und einem gewissen Ratko Knežević. Wie aus diesem Gesprächsprotokoll hervorgeht, hatte

Letzterer – nur zehn Tage nachdem die Konten der Noxas und Mikos geleert worden waren – von einem Schweizer Rechtsanwalt die Aktien der beiden Briefkastenfirmen erworben. Laut einem *memorandum of understanding* hatte er jedoch das Recht, diese Aktien innerhalb von 24 Monaten wieder zurückzugeben. Die Hintergründe für diese ungewöhnliche Vereinbarung sind nicht bekannt. Auch nicht der Anlass des Telefonats. Verbrieft ist nur die Äußerung von Knežević, dass er das Projekt so schnell wie möglich wieder loswerden wolle. Als Begründung führte er an, dass er viele Gespräche geführt habe, »unter anderem auch ein persönliches mit Striedinger und den lokalen Verwaltungsbehörden«. Danach sei er zu dem Schluss gekommen, »dass die Profiteure aus dem Projekt AB Maris und Darija Dr. Wolfgang Kulterer, Mag. Günter Striedinger und Milan Naperotić« wären. Jetzt möchte er das Projekt so schnell wie möglich und ohne Schaden verlassen. Dabei gehe es ihm auch darum, mit seiner »Familie in Kroatien sicher leben zu können«. Auf Dörhöfers Einwand, er habe »auch derartige Geräusche gehört«, meinte Knežević laut Dörhöfers Aufzeichnungen, »er hätte zwar keine schriftlichen Beweise, aufgrund der von ihm geführten Gespräche bestehe aber kein Zweifel«.

Zugegeben, bei Knežević handelt es sich um einen höchst umstrittenen Geschäftsmann. Der heute im Londoner Exil lebende Montenegriner war einer der engsten Mitarbeiter von Premierminister Milan Djukanović. Und zwar in einer Zeit, in der sich auch die Regierungen der jugoslawischen Teilstaaten mithilfe der Unterwelt durch den Schmuggel von Zigaretten finanziell über Wasser hielten. Dabei werden beiden noch immer die besten Kontakte zur Balkan-Mafia nachgesagt. Aber vielleicht sollte man gerade deshalb seine Äußerungen nicht auf die leichte Schulter nehmen. Außerdem bestand bankintern schon länger der Verdacht, dass ehemalige Vorstandsmitglieder der HGAA in die gegenständlichen Projekte persönlich involviert waren. Es wurden auch immer wieder die Namen von Striedinger und Kulterer dabei genannt. So etwa befindet sich in einem Kreditakt der Firmenbuchauszug von Kuchers IEK, auf dem es bei den beiden Aufsichträten Herbert Lackner und Ingeborg Lackner einen Hinweis zu Striedinger gibt: Ein Sachbearbeiter hatte handschriftlich dazu die Anmerkung »Schwager Striedinger« und »Schwester Striedinger« gemacht. Während es in einem anderen Aktenvermerk vom 6. Juni 2008 wörtlich heißt: »Nach Dr. Kulterer soll Striedinger mit dieser Causa nichts mehr zu tun haben.«

Der internen Bankenkorrespondenz lässt sich auch entnehmen, dass die Ungewissheit über die Eigentümer des Immobilienprojekts nach Meinung der Juristen »nicht nur ein Verkaufshindernis« darstellt. Es sei auch ein rechtliches Problem im Sinne eines möglichen Verstoßes gegen die »Sorgfaltspflichten zur Bekämpfung von Geldwäscherei und Terrorismusfinanzierung (§ 40 BWG)«, heißt es wörtlich. Daraufhin hat man anscheinend die vermeintlichen Besitzer zu einem Gespräch gebeten. Jedenfalls existiert von Striedinger, Kulterer und Naperotić eine eidesstattliche Erklärung vom 10. März

2009, wonach ihnen keine Rechte an bzw. aus den Projekten »Porto Mariccio« (Darija/Noxas) und »Dragonera« (AB Maris/Mikos) zustehen. Interessant ist, dass das Trio die inkriminierten Projekte mit jenem Namen nannte, der nur von Insidern in den Protokollen der jeweiligen Generalversammlungen verwendet wurde. Außerdem wurde der Eid zu einer Zeit geleistet, als die Sache längst gelaufen war. Das hat auch die Rechtsabteilung der Bank sofort erkannt: »Das sagt zwar nichts über die Vergangenheit aus, wohl aber für die Gegenwart und letztlich auch für die Zukunft«, heißt es in einer E-Mail an den Vorstand. Und weiter: Man werde »zwar nie ganz ausschließen können, dass zum Beispiel in Zukunft Ausschüttungen über Umwege (Steueroasen etc.) dem einen oder anderen nicht Gewünschten zukommen. Mit unseren Nachforschungen bzw. den vorliegenden Erklärungen sollten wir aber unseren Pflichten Genüge getan haben.«

Und als dann nur einen Monat später auch von der Züricher Treuco AG ein unaufgefordertes Schreiben einging, in dem bestätigt wurde, dass die österreichische MA Privatstiftung Inhaberin sämtlicher Aktien der Mikos und Noxas sei, war das Thema bei der Hypo endgültig vom Tisch. Nur sechs Monate vor Auffliegen der ganzen HGAA-Affäre hatte man in der Klagenfurter Völkermarkter Straße längst andere Sorgen.

Die Spur des Geldes

Wer glaubt, dass mit der Offenlegung der MA Privatstiftung Licht in die Rolle der Dunkelmänner käme, irrt. Denn als Stifter tauchen außer dem bereits sattsam bekannten Gerhard Kucher auch der ehemalige Steuerberater der HGAA, Hermann Gabriel, und der kroatische Hypo-Anwalt Vladimir Berneš im nebulösen Umfeld dieses Projekts auf. Die Spur zu Gabriel, der auch mehrmals in den Urkunden von Striedingers Privatstiftungen aufscheint, ist nicht neu: Mit Kenneth und Elisabeth Schönpflug saßen sein Schwager und seine Schwester als Verwaltungsräte in der Noxas und der Mikos. Auch die neue Fährte zu Berneš ist keine wirkliche Überraschung: Der ehemalige Richter aus Poreč und frühere Vorstand der IEK gilt als Spezialist für Grundstücksangelegenheiten. Er gehört laut kroatischem Geheimdienst SOA »zum engsten Freundeskreis von Milan Naperotić und erledigt für ihn die heikelsten Aufgaben wie etwa Bestechungen«. Zu seinem bevorzugtem Kundenkreis sollen auch Stevo Žufić, der einstige starke Mann der IDS und heutige Immobilienmakler, sowie Ivan Jakovčić, der Landeschef von Istrien, gehören.

»Als interessant erweist sich in diesem Zusammenhang ein Intermezzo aus dem Jahr 2004 mit dem Jordanier Abid Nazir, einem Luxemburger Staatsbürger, der sich in diesem Jahr zum zweiten Mal mit Naperotić und Vertretern der HAAB in Poreč treffen wollte«, verraten die SOA-Agenten in ihrem Bericht. Dabei ist es um geplante Investitionen in Istrien und Dubrovnik gegangen. Das Treffen hat sich allerdings um etliche Stunden verzögert: Abid Nazir, den französische und deutsche Geheimdienstquellen mit angeblichen Schmiergeldzahlungen an den früheren Präsidenten Jacques Chirac und Bundeskanzler Helmut Kohl in Verbindung bringen[22], wurde am 9. Februar 2004 am Flughafen von Pula verhaftet. Laut SOA habe die Hypo daraufhin sofort »den Anwalt Berneš und Ivan Jakovčić mit der Angelegenheit betraut«. Worauf beide nach einer Intervention beim damaligen Chef des kroatischen Abschirmdienstes (POA), dem jetzigen Innenminister Tomislav Karamarko, tatsächlich eine Freilassung erwirken konnten.[23] Bei dem anschließenden Treffen soll dann »insbesondere mit Naperotić, der persönliche Interessen verfolgte, sowie mit einem Vorstand der HAAB über eine Investition in Barbariga und Dragonera« verhandelt worden sein. »Hierzu soll erinnert werden, dass Ivan Jakovčić persönlich den Verkauf zugunsten der HAAB in die Wege geleitet hat und als Gegenleistung dafür unter anderem auch sein Wahlkampf finanziert wurde.«

Der Einstieg der Kärntner Hypo in dieses 274 Kilometer weit entfernte und letztlich rund 80 Millionen Euro teure Risikoprojekt als Miteigentümer erfolgte erst drei Jahre später. Alles begann mit einer internen

---

22 Gemeint ist die sogenannte Elf-Aquitaine-Affäre rund um den Verkauf der ostdeutschen Leuna-Raffinerie.

23 Erwähnenswert ist in diesem Zusammenhang vielleicht, dass die private Sicherheitsfirma Soboli d.o.o., die Karamarko zugeordnet wird, in der Folge einen lukrativen Beratervertrag von der Hypo bekam.

Mitteilung vom 17. Juli 2003, wonach aufgrund des »Verhandlungsgeschicks« der damaligen Vorstände Günter Striedinger und Wolfgang Kulterer die Möglichkeit einer Beteiligung an der Darija d.o.o. und ihren Liegenschaften »ausgehandelt« werden konnte: Die Gelegenheit sei günstig, da ein »fixierter Verhandlungspreis« von 150 Euro pro Quadratmeter möglich sei, obwohl sich aus dem Gutachten eines »für die Bank tätigen Sachverständigen« ein Preis von 155 bis 200 Euro ergeben hätte. Am besten wäre eine Beteiligung in Form einer Kapitalerhöhung, wurde vorgeschlagen. Nur eine Woche später gab es einen Investitionsantrag in Höhe von 14,6 Millionen Euro. Zu diesem Zeitpunkt lagen weder Bilanzdaten noch Planrechnungen vor. Auf dem Antragsformular waren unter »Stärken« des Projekts eine ganze Reihe von Vorzügen aufgezählt: Die gute Lage des Grundstücks, das große Interesse internationaler Investoren, die langjährige gute Geschäftsbeziehung, das Vorhandensein aller erforderlichen Genehmigungen, ein akzeptabler Quadratmeterpreis sowie ein großes Potenzial für Preissteigerungen der Liegenschaft. Das Feld »Schwächen« blieb leer.

Bevor man jetzt ins Detail geht, muss man zwei Dinge Revue passieren lassen.

Erstens: Dieselbe Liegenschaft wurde nur drei Jahre zuvor um lediglich fünf Euro pro Quadratmeter gekauft, und es gibt keine kaufmännische Erklärung, was eine Wertsteigerung um das Dreißigfache bewirkt haben könnte. Die einst erteilte Umwidmung von Naturschutzgebiet in touristische Nutzungsfläche war ausgesetzt worden. Offiziell, weil man dort, wo schon die römischen Kaiser ihre privaten Ölgärten pflegten, plötzlich auf alte Ruinen stieß; inoffiziell, weil der neue Landeshauptmann von Istrien, Ivan Jakovčić, angeblich sein eigenes Süppchen kochen wollte.

Und zweitens: Die HAAB hatte zu diesem Zeitpunkt eine aufrechte Option, in der es wörtlich heißt: »Für den Fall, dass es dem Kreditnehmer bis spätestens 01. 06. 2003 nicht gelingen sollte, das Grundstück zu verkaufen, hat die Bank die Möglichkeit, dieses Grundstück zu einem Preis von DEM 50,00 pro m^2 vom Kreditnehmer zu erwerben. Der Kreditnehmer ist in diesem Fall verpflichtet, der Bank ein entsprechendes Angebot zu erstellen.«

Laut dieser von Günter Striedinger rechtswirksam als Notariatsakt unterzeichneten Vereinbarung hätte also die Bank ab dem 2. Juni 2003 die Möglichkeit gehabt, die rund 375 000 Quadratmeter große Liegenschaft zu einem Preis von 25 Euro pro Quadratmeter beziehungsweise um insgesamt rund 9,4 Millionen zu erwerben. Bei dieser Gelegenheit hätte sie vom Kaufpreis sogar auch noch die offenen Kredite in Höhe von 3 146 200 Euro abziehen können. Warum sie trotzdem im Zuge der knapp zwei Monate später – über die Hypo Alpe Adria Consultants Liechtenstein AG (HCLi) – durchgeführten Kapitalerhöhung nur ein Viertel dessen um 14,6 Millionen Euro von der Schweizer Briefkastenfirma Noxas erwarb, werden vielleicht einmal die Gerichte klären. Laut Beteiligungsvertrag sollte diese Summe einerseits zur Finanzierung der Kapitalerhöhung (3,75 Millionen Euro) und andererseits zur Rückführung der Kredite dienen. Bleibt

193

immer noch ein Restbetrag von 7,7 Millionen Euro, der angeblich zur Abdeckung der angelaufenen Entwicklungskosten und als Abgeltung für die Verpflichtung der Noxas, bis zum 30. September 2003 mit keinem Dritten irgendwelche Verkaufsgespräche zu führen, bestimmt gewesen ist.

Auch das ist aus wirtschaftlicher Sicht völliger Nonsens: Denn Entwicklungskosten wurden – sofern solche bei einem brachliegenden Bauprojekt überhaupt anfallen können – von der Darija getragen. Und im Hinblick auf den Optionsvertrag, wonach die Hypo quasi ein Vorkaufsrecht hatte, erübrigt sich auch eine Zahlung für das Unterbleiben irgendwelcher Verkaufsgespräche. Wie dem auch sei: Striedinger und Kulterer müssen den Stumpfsinn intern überzeugend vorgetragen haben. Jedenfalls wurde das Beteiligungskonzept von den jeweiligen Ausschüssen einstimmig angenommen. Allerdings sind die dazugehörigen Beschlüsse und Unterschriften bis dato nicht auffindbar. Das gleiche gilt für Vertragsdokumente und Zahlungsbelege. Daher kann auch nicht nachvollzogen werden, wann und wie im Detail diese Beteiligung erworben wurde und welche Zahlungsflüsse tatsächlich erfolgt sind. Zusammengefasst lässt sich daher die Beteiligung der Hypo an der Darija wie folgt darstellen:

Aufgrund der angeblich »geschickten Verkaufsverhandlungen« von Günter Striedinger und Wolfgang Kulterer hat eine Konzerntochter der HGAA (nämlich die Hypo Consultants Liechtenstein) um 14,6 Millionen Euro die 26-prozentige Beteiligung an einer kroatischen Gesellschaft (Darija) erworben, deren einziges Asset die von einer anderen Konzerntocher (HAAB) finanzierte Liegenschaft war. Und zwar bei gleichzeitigem Verzicht auf die bis dahin ausbezahlten Kredite in Höhe von mehr als drei Millionen Euro und unter Zugrundelegung eines Quadratmeterpreises von 125 Euro. Was immer vor dem Hintergrund gesehen werden muss, dass die HAAB aufgrund eines aufrechten Optionsvertrags die Möglichkeit gehabt hätte, die gesamte Liegenschaft um einen Preis von 25 Euro pro Quadratmeter beziehungsweise um insgesamt 9,4 Millionen zu erwerben. Wobei in diesem Fall zudem die offenen Kredite davon unberührt geblieben wären, sodass die Gesamtkosten eigentlich nur 6,2 Millionen Euro belaufen hätten, während die 26-prozentige Beteiligung sogar nur auf 1,6 Millionen gekommen wäre.

Für die CSI-Hypo errechnet sich daraus für die HGAA ein Schaden von mindestens 13 Millionen Euro. Geht man bei dieser Überlegung noch einen Schritt weiter und stellt in Rechnung, dass Kulterer und Striedinger in ihrem Beteiligungsvorschlag einen Quadratmeterpreis von 155 Euro behauptet haben, dann liegt der Nachteil für die HGAA – wegen der nicht realisierten Wertsteigerung – sogar bei über 50 Millionen. Aber das sind juristische Spielereien. Sollte dieses Finanzierungsprojekt tatsächlich strafrechtliche Folgen haben, erhebt sich eine weitere Frage: Ist das Ganze den Verantwortlichen nur passiert, oder war es Absicht – oder Vorsatz, wie Juristen es nennen? Auffällig ist, dass das Beteiligungskonzept von Kulterer und Striedinger unmittelbar nach Eintritt sämtlicher Bedingungen für die Ausübung einer weitaus günstigeren Kaufoption »ausverhandelt« wurde. Dass beide von dieser Vereinbarung Kenntnis haben mussten, ist evident. Und es fällt weiters auf, dass diese Option mit keinem einzigen Wort im Beteiligungsvorschlag der beiden erwähnt wird. Die Optik ist auf jeden Fall schief: Es entsteht der Eindruck, dass dieses Finanzierungsmodell mit allen Mitteln durchgezogen werden sollte. Ein Eindruck, der sich knapp ein Jahr später, als sich die HGAA am 13. Mai 2004 auch an der zweiten Projektgesellschaft (AB Maris) beteiligt, noch verschärft: Denn auch diesmal sind die Beweggründe und näheren Umstände nur schwer nachzuvollziehen. Fakt ist, dass sich die Bank – über die Hypo Consultants Liechtenstein – an der Schweizer AB Maris-Holding Mikos um zehn Millionen Euro mit 26 Prozent beteiligt hat. Näheres ist nicht bekannt.

Dem entsprechenden Kredit- und Beteiligungsvertrag kann lediglich entnommen werden, dass die damaligen Fifty-Fifty-Eigentümer – Kuchers IEK Immobilienentwicklungs AG und die dem freiheitlichen Finanzreferenten Neudeck nahestehende TECTO-Beta Beteiligungs GmbH – sich entschlossen hätten, ihre Anteile in der Mikos AG zu »konzentrieren«. Laut dem *Schweizerischen Handelsamtblatt* (SHAB) wurde auch diese Briefkastenfirma – ähnlich wie schon die Darija-bezogene Noxas Holding AG zuvor – äußerst kurzfristig, nämlich erst am 17. Mai des gleichen Jahres ins Handelsregister eingetragen. Bündig ist auch der dazugehörige 118. SHAB-Vermerk mit der Tagebuchnummer 5978:

Sacheinlage: Die Hälfte aller Stammanteile der AB Maris d.o.o., in Pula (HR), gemäß Sacheinlagevertrag vom 05.06.2004, zum Preis von CHF 29 412 000,00, wofür 29 412 Namensaktien zu CHF 1000,00 ausgegeben wurden.

Nähere Details zu diesem Sacheinlagevertrag sind nicht bekannt. Es gibt auch keine Hinweise, ob – und gegebenenfalls wie – diese Sacheinlage eventuell mit dem Treffen zwischen der Hypo und dem in Luxemburg lebenden Abid Nazir zusammenhängt. Klar ist nur, dass die Hälfte des Stammkapitals der AB Maris – das immer nur die vorgeschriebene Mindesteinlage von 20 000 Kuna (rund 2800 Euro) betrug – mit umgerechnet 18,3 Millionen Euro bewertet und in die Mikos eingebracht wurde. Konkret muss es sich dabei um jene Hälfte des Stammkapitals handeln, deren Eigentümer Kuchers IEK war. Die Anteile der TECTO wurden nämlich erst vier Monate später an die Mikos verkauft. Und zwar um den Nominalwert – womit praktisch über Nacht bei der AB Maris ein Wert von 18 Millionen Euro verschwand.

Spätestens jetzt wird klar, dass die AB Maris zwei völlig verschiedene Eigentümergruppen gehabt hat: Eine um den Hypo-Anwalt Kucher und seine IEK und eine um den damaligen Finanzreferenten der FPÖ, Detlev Neudeck, über die ihm nahestehende TECTO, deren Gesellschafter drei österreichische Privatstiftungen sind.[24] Da nicht anzunehmen ist, dass die TECTO freiwillig

---

24   Andreas Adami Privatstiftung, GT Privatstiftung und T.A.G. Privatstiftung, die mit Detlev Neudeck, Andreas Adami und Thomas Gruber alle die gleichen Stifter aufweisen.

18 Millionen Euro in der Adria versenkt, ist hier Raum für Spekulationen. Prinzipiell muss angenommen werden, dass die Neudeck-Gruppe bereits vorher und auf andere Weise finanziell befriedigt wurde. Zum Beispiel durch die kostenlose oder freundschaftliche Hereinnahme als Gesellschafter in andere Unternehmen. Zufall oder nicht: Zwei Monate nachdem die Konten der beiden Schweizer Holding-Firmen geleert wurden, ist im österreichischen Firmenbuch die Agroeast GmbH eingetragen worden. Dort scheint ein TECTO-Eigentümer als Gesellschafter auf. Geschäftsführer der Agroeast ist Wolfgang Kulterer, von dem vermutet wird, dass er über die Schweizer Intralux AG auch Gesellschafter ist.

Eine andere Möglichkeit der Ersatzbefriedigung wäre die brüderliche Teilung des Verkaufserlöses aus der 26-prozentigen Hypo-Beteiligung. Sie hat immerhin 10 Millionen Euro gekostet. Bedenkt man, dass die AB Maris zu diesem Zeitpunkt lediglich über eine Immobilie verfügte, die weniger als die Hälfte gekostet hat, ist das für die Neudeckgruppe immer noch ein Nullsummenspiel. Damit wäre sie immerhin ohne Schaden aus dem Risikoprojekt ausgestiegen, während die bis dahin angelaufenen Kredite in Höhe von 11 Millionen Euro jetzt Sache der Mikos und damit auch der Hypo waren. Was andererseits wieder heißt, dass die Hypo mit ihrer Beteiligung eigentlich nur den alten Eigentümern ihre eigenen Kreditforderungen finanziert hat. Zusammenfassend ergibt sich für CSI-Hypo folgender Sachverhalt:

Die AB Maris war beim Einstieg der Bank ertraglos und nicht in der Lage, diese Kredite zu bedienen. Jedem damit befassten Organ des Geldinstitutes musste daher auch klar sein, dass eine Beteiligung an dieser Gesellschaft mit einem besonders hohen Ausfallsrisiko behaftet ist. Es konnte auch nicht Aufgabe der HCLi sein, diese Immobilienbeteiligung bloß zu erwerben, um sie weiterzuverkaufen. Dazu wäre sie allein schon aufgrund der bestehenden Kreditverträge mit der Konzernmutter HABInt, die als Kreditgeber ein Pfandrecht hatte, gar nicht in der Lage gewesen. Abgesehen davon hatte die Bank bei der AB Maris auch keine Geschäftsführungsposition und nur eine Minderheitsbeteiligung. »In Wirklichkeit diente dieser Anteilserwerb der Realisierung von Gewinnen durch die im Einflussbereich des Rechtsanwalts Dr. Kucher samt allfälligen Hintermännern stehenden Gesellschaften«, vermuten die Juristen. Gleiches gelte für die Neudeck nahestehende TECTO, wobei alle gewusst hätten, »dass sie auf einer nur mehr schwer und überdies nicht mehr mit so einem Gewinn veräußerbaren Liegenschaft sitzen«.

Im gegenständlichen Kredit- und Beteiligungsantrag der Hypo klingt das anders. Da ist von einem »besonders lukrativen Angebot« die Rede. Begründet wird das Schnäppchen mit einem Quadratmeterpreis von 52 Euro, während der Wert laut einem Gutachten »unseres gerichtlich beeideten Schätzers in Istrien« bei rund 86 Euro läge. Trotzdem hätten hier bei den verantwortlichen Gremien bereits alle Alarmglocken läuten müssen: Nur neun Monate zuvor hatte der gleiche Gutachter die in unmittelbarer Nähe liegenden Grundstücke der Darija noch mit 155 Euro pro Quadratmeter – also fast auf das Doppelte – geschätzt. Ein Umstand, der eher auf einen rapiden Wertverfall als auf ein profitables Geschäft hinweist. Die Hast, mit der dieser Handel durchgezogen wurde, war ebenfalls verdächtig. Laut Kreditantrag sollte die Zuzählung der Mittel »aufgrund der besonderen Dringlichkeit« sofort mit Unterzeichnung des Kaufvertrages erfolgen. Begründet wurde diese Eile allerdings nicht. Dementsprechend schnell – und anscheinend auch ungeprüft – wurde der Deal vier Tage später innerhalb von 24 Stunden durch alle Gremien durchgewinkt und vom Vorstand (Wolfgang Kulterer, Günter Striedinger, Thomas Morgl) dem Kreditausschuss des Aufsichtsrates zur Beschlussfassung vorgelegt. Der hat ihn ebenfalls noch am selben Tag bewilligt. Wenn auch nur mittels Umlaufbeschluss und mit dem Schönheitsfehler, dass die einzelnen Originalunterschriften im Kreditakt nicht auffindbar sind. Daher bleibt fraglich, ob der Aufsichtsrat bei dieser undurchsichtigen Beteiligung überhaupt eingebunden war.

Sündenbock und Melkkuh

Auch wenn alle Kontrollinstanzen ordnungsgemäß durchlaufen wurden: Das finanzielle Engagement der Hypo an der AB Maris war ein Vabanquespiel. Genauso wie die Finanzierung der Darija, wenngleich es im Laufe dieser Beteiligung wenigstens zu einer Kapitalerhöhung von rund 3,7 Millionen Euro kam. Um bei der AB Maris zu bleiben: Dort blieb das Stammkapital immer nur in der Höhe der vorgeschriebenen Mindestsumme von 20 000 Kuna, was rund 2800 Euro entspricht. In der Praxis trug damit die HGAA allein das gesamte wirtschaftliche Risiko. Denn als Sicherheit für sämtliche Kreditverbindlichkeiten, die sich inklusive Zinsen immerhin auf beängstigende 51 Millionen Euro summierten, gab es neben meist nachrangigen Liegenschaftspfandrechten nur Blankowechsel und Schuldscheine.

Die Chancen des Miteigentümers Mikos – bzw. die von dessen Hintermännern – waren besser: Im Fall eines lukrativen Verkaufs wären aufgrund des Beteiligungsverhältnisses 74 Prozent vom Gewinn fällig gewesen. Während sich ihr maximaler Verlust nur anteilsmäßig auf das Stammkapital bezogen und somit bei knapp 2000 Euro gelegen hätte. Bei der Darija und ihrer Holding Noxas hätte die maximale Haftungssumme etwas mehr als 2,7 Millionen Euro betragen. Alles in allem ein überschaubares Risiko, da allein schon aus den Abtretungspreisen für die Darija (10 Mio. Euro) und AB Maris (14,6 Mio. Euro) ein schöner Betrag lukriert werden konnte. Nicht geklärt ist, inwieweit sich die anonymen Gesellschafter auch aus den jeweiligen Darlehen noch zusätzlich Mittel zugeführt haben. Man macht nicht Schulden, man genießt Kredite, heißt es. Die Hypo war diesbezüglich sehr großzügig und hat diesen Genuss über Jahre hinweg freizügig verteilt. Da kann man schon in Versuchung kommen:

Insgesamt griffen die Gesellschafter der AB Maris und Darija von April 2001 bis April 2006 sechsmal in die Kreditkasse der HABInt. Dabei entfielen mit 32,8 Millionen Euro mehr als zwei Drittel der Gesamtsumme auf die AB Maris, die, wie Zyniker meinen, auch die meisten Gesellschafter hatte. Sämtliche Kredite, die sich in einer Größenordnung von zwei bis 12,5 Millionen Euro bewegten, wurden mehrmals prolongiert. Bis zum Projektverkauf im Jahre 2010 standen alle Kredite noch aus. Vor der HABInt gab es drei Kredite von der HAAB in Höhe von insgesamt rund zehn Millionen Euro. Sie gingen hauptsächlich für den Grundankauf (7,7 Mio Euro) drauf und wurden durch die späteren Kredite bzw. im Zuge der Beteiligung durch die HCLi getilgt. Dreht man das Kreditkarussell noch bis zum Anfang der Unternehmensgeschichte zurück, kommt man bei einem Kredit in Höhe von damals 50 Millionen Schilling in der Hypo Bank Kroatien zum Stehen. Diese Schuld wurde durch die Kredite von der HAAB getilgt.

Die Vergabe all dieser Kredite erfolgte ohne Vorlage und Prüfung eines Gesamtkonzepts. Den Verantwortlichen musste klar sein, dass die Projektgesellschaften über kein Eigenkapital verfügten und keine laufenden Einnahmen erzielten. Das konnte jeder aus dem Firmenbuch und den Bilanzen lesen. Es waren daher auch keine Kreditrückzahlungen zu erwarten. So gesehen handelt es sich hier zumindest um ein krasses Fehlverhalten der Bank, die dabei wie eine monströse Kreuzung aus Sündenbock und Melkkuh erscheint. Jedenfalls haben die Verantwortlichen offensichtlich sorglos und ohne ausreichende Kontrolle in enormer Höhe Mittel freigegeben. Darüber hinaus gab es für alle Kredite, ohne die dafür erforderlichen Beschlüsse, »VIP-Konditionen«, obwohl es sich bei AB Maris und Darija finanztechnisch um sogenannte Special Purpose Vehicles (SPV), also Zweckgesellschaften, gehandelt hat. Eine VIP-Behandlung steht normalerweise auch nur Personen zu, die man kennt. Die tatsächlichen wirtschaftlich Berechtigten dieser Projektgesellschaften sind bis heute unbekannt. Und was noch auffällig ist: Sämtliche Kreditzuzählungen für die AB Maris gingen auf ein Konto bei der Bayrischen Landesbank in München.

Erst Anfang 2006, als sich in Klagenfurt bereits der Swap-Skandal über die Hypo zusammenbraute, machte man die Zusage eines weiteren Kredits von einer Beteiligung anderer Banken abhängig.

Das Ansuchen kam von der AB Maris und lautete auf 100 Millionen Euro. Begründet wurde es mit dem Realisierungswunsch des Tourismusprojekts »Porto Mariccio«[25]. Es war in vier Auszahlungsphasen aufgeteilt, wovon die erste, die 12,5 Millionen Euro umfasste, zur Finanzierung der »Start-up-Phase des Projekts« gedacht war. Als Sicherheit wurde wieder einmal die Verpfändung der Liegenschaft »und eine positive Stellungnahme des Rechtsanwalts Vladimir Berneš über offene Grundstücksfragen« geboten. Der Antrag wurde in der Kreditausschusssitzung (KAS) diskutiert und dem Auf-

---

25   Exklusives Urlaubsresort mit Fünf-Sterne-Hotel, Villen, Appartements, Golfplatz und Hafen, das mit Hilfe der Tochtergesellschaften Porto Mariccio Marina d.o.o. und Porto Mariccio Golf d.o.o. realisiert werden sollte.

sichtsrat zur Genehmigung empfohlen. Dieser nickte, wie schon so oft bei diesem Projekt, die Kreditvergabe mittels Umlaufbeschluss ab, wobei müßig ist zu erwähnen, dass die einzelnen Originalunterschriften im Kreditakt nicht vollständig vorhanden sind.

Trotzdem unterscheidet sich dieser Kreditakt von allen anderen: Wie aus dem KAS-Protokoll hervorgeht, kam in der Sitzung auch das Thema Eigentümer zur Sprache. Wenn auch nur kurz, da es von Kulterer und Striedinger sofort mit dem Hinweis abgeblockt wurde, dass ihnen diese zwar bekannt seien, deren Namen aber nicht genannt werden könnten. Die Vorherrschaft der beiden in der Bank dürfte damals allerdings bereits geschwächt gewesen sein: Die Gremien stimmten zwar der Finanzierung der ersten Phase mit 12,5 Millionen Euro zu. Die Auszahlung der restlichen 87,5 Millionen wurde jedoch von der Auflage abhängig gemacht, dass binnen 270 Tagen ein Bankenkonsortium gefunden wird, das zur vollständigen Ausfinanzierung des geplanten Projekts weitere 71 Millionen zur Verfügung stellt. Aufgrund der unbekannten Eigentümerstruktur wurde allerdings ein solches nie gefunden.

Die Meinung der CSI-Ermittler zu diesem Kreditfall ist trotzdem schon Standard: »Es ist völlig unverständlich, wie es zu Bewilligungen kommen konnte, mit denen weitere 12,5 Millionen Euro flüssig gestellt wurden. Dies um so mehr, als man nicht einmal den Versuch unternahm, die Auszahlung dieser Mittel von der Übernahme der Anteile des Mehrheitseigentümers abhängig zu machen, der ohne jegliches Risiko von der weiteren Mittelzuführung überproportional profitierte«. Nachsatz: »Was ›Start-up-Phase‹ bedeuten soll bei einem Projekt, das bereits fünf Jahre alt ist, wird von den Ermittlungsbehörden zu klären sein.«

Am 21. März 2006 wurde die erste Phase des genehmigten Kredits vertraglich umgesetzt. Da standen Kulterer und Striedinger wegen der Swap-Affäre bereits gehörig unter Druck, und die Finanzmarktaufsicht ging in der Zentrale der Bank aus und ein. Und als hätte man die spätere CSI-Kritik geahnt, wurde zur Absicherung noch schnell die Verpfändung sämtlicher Geschäftsanteile der AB Maris und eine Hypothek auf den gesamten Grundbesitz in den Vertrag aufgenommen. Die Verpfändung von Grund und Boden war jedoch reine Formsache: Zum einen befand sich die HGAA damit nach ihren Konzerntöchtern HAAB und HCLi nur auf dem dritten Rang. Und zweitens war aus den Unterlagen ersichtlich, dass die Liegenschaften nach wie vor als Wald gewidmet waren. Die versprochene Umwidmung in Bauland ist nie erfolgt. Also selbst wenn die HGAA aus der letzten Gläubigerreihe heraus jemals darauf hätte zugreifen können – sie hätte nichts in der Hand gehabt: Im Hinblick auf die geplante Syndikatsfinanzierung von insgesamt 171 Millionen Euro lag die Werthaltigkeit dieses Pfandes lediglich bei 17 Prozent. Genauso steht es auch im eigenen Kreditakt.

Obwohl die Kreditvergaben rund um AB Maris und Darija einem gängigen Schema entsprachen, verblüfft im konkreten Fall doch, dass es hier anscheinend keine Schamgrenzen gab. Die Umwidmung sei ihm schon vor dem Kauf versprochen worden, plauderte zum Beispiel Wolfgang Kulterer, damals noch Hypo-Chef, vor der Lokalzeitung *Glas Istre* aus. Damit ihm nichts Falsches unterstellt wird: In U-Haft saß der leidenschaftliche Military-Reiter, der in dieser Gegend jahrelang nach einem geeigneten Platz für eine Pferderanch Ausschau gehalten hat, wegen ganz etwas anderem. Auch die Bürgermeisterin von Vodnjan, die dem skandalösen Verkauf der Rivieraküste zugestimmt hat, wurde wegen einer anderen Korruptionsaffäre zu einer Gefängnisstrafe verurteilt. »Bald werden viel Gras und einige schöne Apart-Hotels über die Sache wachsen«, prophezeit Joachim Riedl in der *Zeit*:

»Und das Meer kräuselt sich nur leicht.«

Thesen und Taten

»Das war nicht ganz unrisikovoll«, kommentierte der langjährige FC-Bayern-München-Kicker Karl-Heinz »Kalle« Rummenigge in der ARD eine heikle Situation beim Endspiel der Fußball-WM 1990. Sprachliche Fehlpässe wie dieser sind Juristen nicht erlaubt. Dementsprechend trocken klingt die rechtliche Auslegung der CSI-Hypo zum Kreditfall AB Maris/Darija: »Bei der Finanzierung eines Kreditgeschäfts ist insbesondere auf dessen Verwertbarkeit für den Fall der wider Erwarten eintretenden Zahlungsunfähigkeit zu achten«, heißt es einleitend auch für den Laien noch leicht verständlich. »Im gegenständlichen Falle behaupten die Verdächti-

gen und Kreditnehmer rechnerisch Sicherheiten an-
nähernd in Höhe der Ausleihungen. Diese Darstellung
ist mit Entschiedenheit in Zweifel zu ziehen, zumal die
Liegenschaften fast zehn Jahre lang einer Verwertung
nicht zugeführt werden konnten.« Die jeweiligen Kre-
ditverlängerungen seien dabei lediglich der Versuch gewesen, »den objektiv zu erwartenden dramatischen For-
derungsausfall zu kaschieren«.

Dann wird's nur mehr juristisch: »Diese aufgrund von
›Mangelverwertbarkeit‹ vorgenommenen Prolongatio-
nen ändern überdies nichts an der strafrechtlichen Ver-
antwortlichkeit der Verdächtigen, da bestehende Sicherheiten nur dann beachtlich wären – sollten sie überhaupt
die Finanzierungsbeträge decken –, wenn diese Sicherheiten innerhalb angemessener Frist und ohne weiteres
Zutun anderer Personen realisierbar wären.« Zumindest
ab 2003 hätte die Bank »mit an Gewissheit grenzender
Wahrscheinlichkeit« annehmen können, dass die Projektgesellschaften entweder nicht in der Lage waren zu
zahlen oder überhaupt nicht zahlen wollten. »Es besteht
daher der konkrete Verdacht, dass die Verdächtigen das
Verbrechen der Untreue nach § 153 Abs. 1 und 2 zweiter
Fall StGB zu verantworten haben.«

Für Nichtjuristen: Untreue nach den oben angeführten
Gesetzesstellen begeht, wer seine Befugnis, über fremdes
Vermögen zu verfügen oder einen anderen zu verpflich-
ten, wissentlich missbraucht und dadurch dem Machtgeber – hier der HGAA mit ihren kreditgebenden Konzerngesellschaften – zumindest bedingt vorsätzlich einen
50 000 Euro übersteigenden Vermögensschaden zufügt.

Die Verdächtigenliste in dem Fall ist lang. Auf dem Deckblatt der Strafanzeige stehen: Mag. Günter Striedinger, Dr. Wolfgang Kulterer und andere ehemalige Verantwortliche der Hypo Alpe-Adria-Bank Gruppe sowie sonstige Personen. Damit kommen faktisch auch alle mit der Kreditvergabe befassten Ausschussmitglieder und Aufsichtsräte in Frage. Laut geltendem Recht liegt ein »Missbrauch auch dann vor, wenn sich der Täter nach außen im Rahmen der Befugnis handelnd über Begrenzungen im Innenverhältnis hinwegsetzt«. Für Bankorgane ergeben sich diese Begrenzungen unter anderen aus den jeweiligen Kreditverträgen und den sogenannten Kredithandbüchern, in denen auch die einzelnen Pouvoirgrenzen festgelegt sind. Dann gilt abgesehen vom Strafrecht auch das Aktien- und GmbH-Gesetz – sowie das Allgemeine Bürgerliche Gesetzbuch (ABGB), demzufolge »ein Machthaber dem Machtgeber den größtmöglichen Nutzen« zu verschaffen hat.

»Vergibt jemand an offensichtlich zahlungsunfähige oder zahlungsunwillige Personen oder Gesellschaften einen Kredit, ohne das Risiko zu überprüfen oder die nötigen Unterlagen einzuholen, ist er dran. Egal, ob nach ihm auch noch andere ihren Sanktus draufgegeben haben«, übersetzt Johannes Zink, einer der Strafrechtsexperten der CSI-Hypo, aus dem juristischen Fachchinesisch. Genau diese Konstellationen lägen im gegenständlichen Fall reihenweise vor. »Die Verantwortlichen bewilligten teils allein, teils mit anderen Organen horrende Kreditverträge und gingen eine haarsträubende Beteiligung ein, ohne auch nur irgendwie eine fundierte

Risikoprüfung vorgenommen zu haben. Dadurch haben sie einen vorhersehbaren Schaden zumindest billigend in Kauf genommen«, klammert Zink »Wissentlichkeit« oder sogar »Vorsatz« vorerst aus. »Die strafrechtliche Seite müssen die Gerichte klären. Wir vertreten nicht zuletzt auch die zivilrechtlichen Interessen der Bank und konzentrieren uns bei den Ermittlungen auf eventuelle Schadenersatzklagen.« Die ersten seien bereits eingebracht, und auch im konkreten Fall stünden die Chancen für eine erfolgreiche Durchsetzung wahrscheinlich nicht schlecht. In Anbetracht des extremen Verlustrisikos der Kredit- und Beteiligungsgeschäfte sowie der Vorgänge rund um deren Genehmigung könne man davon ausgehen, »dass dies nicht dem mutmaßlichen Gesamtwillen des Geschäftsherrn entsprach, wie wir Juristen sagen«, meint Zink.

Wo die Sünde wohnt

Die Anzeige ging am 28. April 2010 bei der Klagenfurter Staatsanwaltschaft ein. Nur zwei Wochen später, an einem Morgen um Punkt neun Uhr, wurde an sieben Kärntner Adressen gleichzeitig geklingelt. Draußen vor der Tür standen Staatsanwälte, Mitglieder der SoKo Hypo und Beamte des Landeskriminalamts. In der Hand hatten sie einen Hausdurchsuchungsbefehl, der sie ermächtigte, in der Rechtsanwaltskanzlei Kucher & Mössler, den Geschäftsräumen der Rubicon Invest- und Beratungs AG und der MA Privatstiftung sowie in den privaten Domizilen von Hermann Gabriel, Gerhard Kucher und Günter Striedinger nach verdächtigen Unterlagen zu suchen. Die Hausdurchsuchung stand anscheinend in unmittelbarem Zusammenhang mit dem Hypo-Deal von Vodnjan. Die Information über die Razzia erreichte Striedinger per Telefon in seinem Zagreber Büro und ließ ihn sofort wieder nach Kärnten eilen. Am längsten dauerte die Nachschau im *Artecielo*, einem Büro- und Veranstaltungsgebäude am Kurandtplatz 1 im Klagenfurter Stadtteil St. Martin. Dort hat sich nicht nur Striedinger mit seiner Rubicon angesiedelt. Es ist auch die Geschäftsadresse von gezählten 35 Unternehmen, von denen es bei 22 irgendwie eine Spur zur Hypo-Affäre gibt – und sei es nur als pleitegegangener Kreditnehmer.

Skurrilstes Beispiel ist wahrscheinlich die WTS Unternehmensberatungs GmbH, eine ehemalige Gesellschafterin des Bestattungsunternehmens Pax. Friedrich Karl Flick und Jörg Haider sind nur zwei prominente Namen aus der Liste jener, die von diesem Unternehmen zur letzten Ruhe gebettet worden sind. Im Juli 2010 wurde Pax selbst zum Millionengrab. Als Hauptgläubiger trauert allein die Klagenfurter Skandalbank um rund sechs Millionen Euro. »Es hat sich nicht aufklären lassen, wohin das Hypo-Geld geflossen ist«, soll der Masseverwalter der *Kronenzeitung* geklagt haben. Der Verbleib sei nach wie vor rätselhaft, »da von Pax ja nichts angeschafft worden ist um diesen enormen Betrag«.

Weiters hat dort der SK Austria Kärnten sein Büro. Hier geht es im Umfeld um einen Sponsorvertrag von fünf Millionen Euro. Ex-Präsident Haider soll ihn im

Zuge des HGAA-Verkaufs der BayernLB als Zugabe he-
rausgepresst haben. In diesem Fall ermittelt die Münchner Staatsanwaltschaft wegen des Verdachts der Beste-
chung. Der Aufsichtsrat des angeblich korrumpierten
Fußballvereins, Mario Canori, ehemaliger Vizebürger-
meister von Klagenfurt und BZÖ-Parteikollege Haiders,
ist mit seiner Cosmac Holding GmbH ebenfalls im gleichen Haus untergebracht.

Dann gibt es noch die Neptun Privatstiftung von Gerhard Süss, Ex-Chef der an kroatische Dunkelmänner
verkauften Hypo Consultants und Mitgesellschafter
von Striedingers Rubicon. Und auch die Rafiki Privatstiftung von Hermann Gabriel, seiner Schwester und
seinem Schwager firmiert an dieser Adresse. Gabriels
Verwandtschaft war als Verwaltungsrat der Schweizer
Briefkastenfirmen Mikos und Noxas in die Barbariga/
Dragonera-Affäre verstrickt.

Und bei der Basic Invest-Consult GmbH sowie der
Dalmatien Beteiligungs GmbH wird's dann wirklich
spannend: Erstere Gesellschaft kann dem Einflussbereich von Zdenko Zrilić, einem der Hauptbeschuldig-
ten im Hypo-Skandal, zugeordnet werden. Letztere soll
noch immer Aktien am kroatischen Getränkehersteller
Maraska (Zadar) halten, bei dem die Bank einen zwei-
stelligen Millionenbetrag versenkte. Von der Dalmatien
GmbH führt auch eine Spur zu den skandalumwitterten
kroatischen Aktiengesellschaften Saponia d.d. (Osijek)
und Brodomerkur d.d. (Split).

Als letztes Beispiel wäre noch die Michaeler & Partner Planning und Engineering GmbH anzuführen. Der

Eigentümer Otmar Michaeler ist u. a. in Zadar, wo auch Zrilić wohnt, für zwei große Hotelprojekte zuständig, die bei der Hypo mit einem dreistelligen Millionenbetrag in der Kreide stehen.

Genauso erwartungsvoll wie in Hermann Gabriels Hauptquartier am Kurandtplatz dürften die Hypo-Ermittler auch in die Büroräume Gerhard Kuchers in der St. Veiter Hauptstraße 9 einmarschiert sein. Denn ähnlich wie im *Artecielo* stehen an dieser Adresse ebenfalls 13 von 25 Unternehmen in irgendeinem Zusammenhang mit Geschäften der Skandalbank.

An prominentester Stelle wären hier einmal Kuchers Best Investholding AG, die IEK Immobilienentwicklungs GmbH in Liqu. und die MA Privatstiftung zu nennen. Erstere Aktiengesellschaft hieß früher BC Holding AG und spielt bei der Vorzugsaktien-Affäre[26] der Hypo Leasing eine Schlüsselrolle. Der Fall beschäftigt nicht nur die österreichische, sondern auch die liechtensteinische Staatsanwaltschaft, wobei hier der Verdacht auf Geldwäsche und Bilanzfälschung im Raum steht. Die beiden letzteren Gesellschaften dürften als ehemalige Eigentümer der AB Maris und Darija der Hauptgrund für die überfallartige Hausdurchsuchung gewesen sein.

Mit Sicherheit haben sich die Ermittler bei dieser Gelegenheit auch für Striedingers Tate Privatstiftung sowie die Gandalf Privatstiftung, die Gabriel und Kucher gehört, interessiert. Beide Gesellschaften sind steuer-

---

26   Siehe Seite 241.

begünstigt und gelten als Holdings für das Privatver-
mögen der ehemaligen Hypo-Leute. Die Filos GmbH,
eine Tochter der Gandalf, besitzt mit der Makara d.o. in
Kroatien eine Gesellschaft, in deren Eigentum zumindest eine Liegenschaft in Istrien steht, die von der Hypo
finanziert wurde. Geschäftsführer der Makara ist der
ehemalige Zahnarzt Dragutin Bašić, der den Verkauf der
Hypo Consultants, deren Geschäftsführer er ebenfalls
war, eingefädelt hat.

Aber auch Geschäftsunterlagen der KNS Projektentwicklungs GmbH, die früher einmal an dieser Adresse
gemeldet war, könnten im Visier der Kripo gestanden
haben. Das bereits Ende 2003 gelöschte Unternehmen
gehörte Wolfgang Kulterer, Milan Naperotić und Günter Striedinger – und zwar zu einer Zeit, als alle drei noch
auf der Gehaltsliste der Hypo standen.

Glaubt man Beobachtern der Hausdurchsuchung,
dann schwankte die Atmosphäre bei den Betroffenen
zwischen übertriebener Hektik und gespielter Gelassenheit. Während die Ermittler rund um SoKo-Hypo-Chef
Bernhard Gaber kartonweise Akten aus dem Hause
schleppten, gab sich Striedinger – der die Strecke Zagreb–Klagenfurt in neuer Rekordzeit zurückgelegt hatte –
drinnen betont gelassen. Nur sein Anwalt telefonierte
hektisch gestikulierend in der Gegend herum. Selbst
Kucher brauchte eine Schrecksekunde von zwei Monaten, um auf die Hausdurchsuchung zu reagieren. Dafür
ging er dann gleich zum juristischen Gegenangriff über:
In seiner Stellungnahme an die Staatsanwaltschaft ließ
er an den forensischen Erkenntnissen der CSI-Truppe

vom Tatort AB Maris/Darija kein gutes Haar. Einge-
reicht wurde sie zwar von einem befreundeten Anwalt,
aber wer Kuchers Schriftsätze kennt, die immer unauf-
geregt sachlich und schlüssig klingen, ahnt, dass der
Freund nur Ghostwriter war. Es hätte auch mindestens
noch sechs Monate gedauert, bis ein Außenstehender
diese komplexe Materie so kapiert hätte, dass er die
60-seitige CSI-Sachverhaltsdarstellung (ohne Beilagen)
auf nur 16 Seiten so glaubwürdig hätte verdrehen können.

Zuerst einmal machte Kucher sich mit der Vermutung
Luft, dass sich aus den Begleitumständen, insbesondere
durch die »ganz offenkundig von den Anzeigerinnen
lancierten« Medienberichte, ergäbe, »dass der Zweck
nicht darin lag, der Staatsanwaltschaft bestimmte Umstände in neutraler Weise zur Kenntnis zu bringen, sondern damit ganz bewusst auf die Setzung strafprozessu-
aler Schritte gegen die Beschuldigten abgezielt wurde«.
Dazu muss man wissen, dass sich nahezu zeitgleich mit
der Einbringung der Anzeige der Chef-Jurist der CSI-
Hypo, der Grazer Rechtsanwalt Guido Held, in einem Interview für den *Standard* quasi für weitere Verhaftungen
ausgesprochen hat. »Die Höhe der Beute«, meinte Held
wörtlich, »welche die verantwortlichen Organe und ihre
Geschäftspartner verschoben haben, und die Höhe der
Strafandrohung dafür ist so dramatisch, dass ich davon
ausgehe, dass die Haftgründe vorliegen.« Und dann warf
er dem gemeinen Volk noch einen Happen hin: »Es darf
nicht sein, dass sich die Täter mit der Beute verabschie-
den, dass sich die Beute verdünnt.«

Sonne, Strand und Steueroasen

Bank, *Skiper* und Steuermann

Die kalten Sturmwinde der Bora sind abgeflaut. Über dem Golf von Piran liegt leichter Dunst. Die aufgehende Maisonne lässt die *Rezidencija Skiper* in einem warmen Licht erstrahlen und bringt Idylle in den ausufernden Gebäudekomplex, der sich auf einem Areal von 120 Hektar am Rand des kroatischen Dörfchens Savudrija, auf halbem Weg zwischen den istrischen Küstenstädten Umag und Piran, erstreckt. Und je höher die Sonne steht, desto mehr Leben kommt in die feudale Ferienanlage – komplett mit eigenem Hubschrauberlandeplatz, 28 Villen, 261 Appartements und einem mamorstrotzenden Hotelpalazzo, der von Kempinski, Europas ältester Hotelkette mit Sitz in Genf, betrieben wird. Spätestens gegen Mittag fahren vor dem Golfclub die ersten Nobelkarossen vor. An Wochentagen weisen die Nummernschilder die Fahrer fast durchweg als aus der näheren Umgebung kommend aus, zumeist aus Pula, Laibach oder Italien. Es sei denn, es ist Urlaubszeit und Hochsaison. Da kommen die elitären Clubmitglieder, wie auch an Wochenenden, schon von weiter her und versuchen einen der 90 Parkplätze vor dem 82 Hektar großen Golfareal zu ergattern. Wobei der schwarze Audi Q7 aus Luzern, der dunkelgrüne Jaguar XF aus dem bayerischen Bad Tölz

Sonne, Strand und Steueroasen

und der dunkelbraune Porsche 911 Carrera S mit Diplomatenkennzeichen noch am ehesten den durchschnittlichen Lebensstandard und Einzugsradius der Gäste repräsentieren, während der in Goldmetallic gehaltene Maybach aus dem slowenischen Örtchen Celje wiederum die Herkunft und den Lebensstil der Upperclass am besten vertritt.

Finanziert hat den ganzen Pomp, zu dem auch ein eigenes Kongresszentrum direkt am Meer gehört, natürlich die Hypo Alpe Adria. Sie war von Anfang an mit 25 Prozent an dem Projekt beteiligt und hat seit 1995 insgesamt 192 Millionen Euro an Krediten für die luxuriöse Ferienanlage locker gemacht. Zurückgeflossen sind indes bislang lediglich 18 Millionen[27], weshalb sich das Kärntner Engagement samt angelaufenen Zinsen bereits bei mehr als einer Viertelmilliarde bewegt. Seit Anfang Mai 2010 liegt das finanzielle Risiko jedoch allein beim österreichischen Steuerzahler. Da zog das neue Management der erst kurz zuvor verstaatlichten Hypo notgedrungen eine Option und übernahm um einen symbolischen Euro die restlichen 75 Prozent vom damaligen Mehrheitseigentümer, einem slowenischen Baukonzern, da dieser die Kredite nie bedienen konnte. Die Übernahme erfolgte gerade noch rechtzeitig, wie man

---

27   Die Rückzahlung stammt bereits aus dem Jahr 2005 und dem Verkauf von zwei Appartementhäusern an zwei Tochtergesellschaften (X-Turist d.o.o. und Y-Turist d.o.o.) der Hypo. Sie reduzierte die damaligen Kreditverbindlichkeiten in Höhe von 32 Millionen Euro um mehr als die Hälfte.

Sonne, Strand und Steueroasen

heute weiß, denn die Vegrad d.d. befindet sich seit Oktober 2010 im Konkurs. Doch da war *Skiper* bereits außer Reichweite des Masseverwalters.

Trotzdem könnte das idyllische Ferienparadies für die Bank noch immer zu einer finanziellen Hölle werden. Mit Sicherheit dann, wenn sich Kempinski als Betreiber des Resorts tatsächlich zurückzieht, was wegen permanenter Differenzen zwischen Hotel- und Bankmanagement schon länger im Raum steht. Denn wirft der Traditionsbetrieb das Handtuch, sinken die Chancen der Hypo drastisch, zumindest einen Teil der Investitionen wieder zurückzuverdienen. Allein schon deshalb, weil die zum Hotel gehörenden 22 Luxusvillen und vier Appartementhäuser mit ihren 20 Nobelbleiben ohne das Flair eines Fünf-Sterne-Hotels praktisch unverkäuflich sind.

Als das *Skiper*-Abenteuer begann, hofften noch alle auf einen lukrativen Deal. Ausgedacht hat sich das kühne Projekt der Klagenfurter Geschäftsmann Miro Oblak, ein gebürtiger Slowene, der bereits Ende der Achtzigerjahre, kurz vor Abspaltung der jugoslawischen Teilstaaten, damit begonnen hatte, die brachliegenden Gestade rund um das elterliche Wochenendhaus, in dem er schon als Kind seine Ferien verbrachte, sukzessive aufzukaufen.[28] Die ersten Grundstücke waren mit 15 bis 35 Euro

---

28 Der Zeitpunkt war äußerst günstig: Istrien war schon zu Titos Zeiten ein Ferienparadies der jugoslawischen Nomenklatur, wobei nicht nur die Serben vor Kriegsausbruch versuchten, ihre dortigen Gründe so schnell wie möglich in Devisen zu tauschen.

pro Quadratmeter wirklich billig. Doch als die Kriegs-
wirren sich gelegt hatten und die Grundstückpreise in
der Gegend um das Zehnfache stiegen, musste Oblak
sein erstes Musterhaus mithilfe seiner istrischen Hausbank IKB finanzieren. Doch als diese – auf Druck lokaler
Größen, wie Oblak vermutet – bei der Kreditauszahlung
knauserte, sprang die Klagenfurter Hypo ein, die damals
erst kurze Zeit auf dem Markt und gierig nach Kunden
war. Außerdem befürchtete der damals fürs Auslandsgeschäft zuständige Günter Striedinger, Oblak könnte *Skiper* wieder mit dem Raiffeisenverband Klagenfurt durch-
ziehen, der bereits seine Ferienanlage in Portorož finanziert hatte, was für die Bank unter dem Giebelkreuz ein
gutes Geschäft gewesen sein soll. Mit entsprechendem
Elan griff Striedinger in das Kreditportfolio der Hypo –
und bald danach hatte sich das anfangs vergleichsweise
noch bescheidene Immobiliengeschäft zu einem Investitionsprojekt der Superlative ausgewachsen.

»Er hat an das Projekt geglaubt und mir damals mit
einem Kredit von zwei Millionen Mark aus der Patsche
geholfen. Dafür war ich ihm wirklich dankbar«, erinnert
sich Oblak an seine ersten Geschäftskontakte mit dem
späteren Vorstand der HGAA, wenngleich seine Beziehung zu dieser Bank inzwischen merklich abgekühlt ist
– zumal *Skiper* heute fast als Synonym für die verlust-
reichen Balkangeschäfte der Kärntner Hypo Alpe Adria
steht.

Die ersten rauen Winde kamen im Herbst 2005 auf,
als mit der Errichtung des Hotelresorts gerade die dritte
Bauphase begann und *Skiper* bei der Hypo zwar bereits

einen Kreditrahmen von 90 Millionen Euro hatte, aber keinen Betreiber des Hotels. Damals seien Striedinger und Kulterer plötzlich mit dem Geschäftsführer der Falkensteiner Michaeler Tourism Group AG (FMTG), Otmar Michaeler, vor der Tür gestanden und hätten den Verkauf an die Südtiroler Hotelkette gefordert, behauptet Oblak, der das Ansinnen entrüstet von sich wies. »Ich wollte nicht, dass *Skiper* so endet wie die anderen drei kroatischen Hotelanlagen der Falkensteiner-Gruppe, deren Prospekte beim Billa in Österreich auf dem Boden liegen«, rechtfertigt der zeitweilige Heißsporn noch heute seine Abneigung gegen jeden Massentourismus: »Und genau so habe ich es den Herren auch gesagt.« Nur dass von da an nichts mehr wie früher war: Zuerst sperrte die Hypo – »nach dem Motto: kein Betreiber, kein Hotel« – die Auszahlung der Kredite, bis Oblak endlich mit Kempinski aufwarten konnte. Und als diese Geschäftshürde genommen war, wurde der Konflikt ab Oktober 2006 auf eine persönliche Ebene verlegt.

Auf unerklärliche Weise seien über zehn Millionen Euro versickert, hieß es plötzlich, und Oblak sah sich über Nacht mit den wüstesten Gerüchten konfrontiert. »Im Übrigen kündigen wir vorsorglich alle bestehenden Kreditverträge vorzeitig auf, stellen sämtliche Kredite fällig und fordern Sie auf, die aushaftenden Kreditverträge laut beiliegender Aufstellung binnen 14 Tagen an uns zur Einzahlung zu bringen«, heißt es wörtlich in einem unverhofften Brief der damals erst neuen Hypo-Vorstände Siegfried Grigg und Josef Kircher. Im Weiteren skizzierten die Banker die Konditionen der Rückzah-

Sonne, Strand und Steueroasen

lung, forderten Bürgschaften und dabei nicht weniger als die Übertragung aller Gesellschaftsanteile um einen symbolischen Euro. Für Oblak, der mit seinem Sohn und anderen Investoren über die kroatische Kemco d.o.o. 75 Prozent der Anteile hielt und zuletzt immer nur mit Kulterer verhandelt hatte, »weil der Striedinger schon weg war«, ein reiner Erpressungsversuch: »Die wollten mich einfach aus dem Projekt drängen«, gerät er noch heute in Rage. Damals seien nämlich die Grundstückspreise in Istrien geradezu explodiert und die Hälfte der bereits fertiggestellten Appartements und Villen schnell verkauft gewesen. Und das zu angeblichen Höchstpreisen: So etwa sollen die Luxusappartements im Durchschnitt etwa 5600 Euro und die Villen sogar bis zu 11 000 Euro pro Quadratmeter eingebracht haben. »Da ist die Hypo gierig geworden und wollte das Geschäft alleine machen«, ist sich Oblak sicher und verweist auf andere Fälle, in denen die Desperados vom Wörthersee genauso agiert hätten.[29]

Auch die erst wesentlich später in einem internen Revisions- und Prüfbericht der Hypo aufgetauchten »unbegreiflichen Mängel und Nachlässigkeiten bei der Projektabwicklung« will der Mann nicht gelten lassen. Schon gar nicht den Vorwurf, dass »Grundstücksspeku-

---

29 Konkret nannte Miro Oblak in diesem Zusammenhang die sogenannte »Spitzbart-Affäre« und den Fall »Maraska«. In beiden Fällen haben die Mehrheitsgesellschafter der jeweiligen Unternehmen unter höchst merkwürdigen Umständen ihre Geschäftsanteile verloren.

lationen zulasten des Hotelprojekts nicht auszuschließen« seien, da bei einem internen Verkauf zwischen den beiden Projektierungsgesellschaften Rezidencija *Skiper* d.o.o. und *Skiper* Hoteli d.o.o. »ein Quadratmeterpreis von 600 statt der marktüblichen 352 Euro bezahlt worden ist«. Letztere Gesellschaft sei nämlich auf Wunsch der Hypo errichtet worden, »wobei das Stammkapital als Sacheinlage eingebracht worden ist, weshalb ein Gutachter den Wert der Liegenschaften auch bestätigen musste«. Darüber hinaus habe sogar das Handelsgericht in Rijeka durch eine unabhängige Revisionsfirma nicht nur die Grundstückspreise, sondern auch sämtliche Verträge, die sich auf die Sacheinlage bezogen haben, überprüfen lassen.

»Es muss wahrlich höchst dringende Gründe dafür gegeben haben, dass die Hypo nicht nur die gesamten aushaftenden Kredite zurück, sondern auch die damit finanzierten Projekte geschenkt haben wollte. Einzig: Grigg und Kircher bleiben diese schuldig«, wunderte sich auch Josef Redl im *profil*, zumal die angeführten Argumente der Bank eher schwammig waren. »Zur Begründung verweisen wir darauf, dass Sie Vertragsverletzungen ebenso zu verantworten haben wie zahlreiche Umstände, die nach unserer Ansicht die Einbringlichkeit der Kreditforderung gefährden können; beides rechtfertigt die vorzeitige Aufkündigung der Kreditverträge«, heißt es dazu in dem ominösen Brief. Lapidarer Nachsatz: »Wir ersparen es Ihnen und uns, diese Gründe hier im Detail darzulegen. Faktum ist, dass eine ganze Reihe derartiger Gründe vorliegt.«

Doch Oblak wusste sich zu wehren: Er klagte auf Einhaltung der Verträge – was im März 2007 zu einem Vergleich und einem weiteren Kredit in Höhe von 35 Millionen Euro führte – und trennte sich erst eineinhalb Jahre später von seinem Projekt, das für ihn längst zu einer Passion geworden ist, von der er wahrscheinlich nie wird lassen können. Selbst heute noch, wenn er mit seiner Dobermannhündin Sarah auf dem Weg zu seinem Büro durch das Gelände streift, klaubt er jeden Papierfetzen auf und ärgert sich, wenn abends nicht rechtzeitig das Flutlicht eingeschaltet wird, das das videoüberwachte Areal in jeder Logo-Farbe einer Firma erstrahlen lassen kann. Und mit dem gleichen Stolz, mit dem er seine Besucher fast immer zu der von ihm gestifteten Kapelle gleich neben dem Golfclub führt, die der Gottesmutter als Fürbitterin um Gesundheit gewidmet ist, hat er auch stets die letzte Septemberausgabe des amerikanischen Designer-Magazins *Wallpaper* parat, das mit Fortune jährlich auf die Suche nach außergewöhnlichen Herbergen geht: Denn im vergangenen Jahr wurde sein *Kempinski Adriatic* zu einem der besten Business Hotels der Welt gekürt.

Von der Mücke zum Mammutprojekt

Inzwischen versucht auch die Klagenfurter Staatsanwaltschaft, das verworrene Finanzabenteuer rund um das ehrgeizige Investitionsprojekt zu durchleuchten, und Oblak, der im laufenden Verfahren als Beschuldig-

Sonne, Strand und Steueroasen

ter geführt wird, fühlt sich von der Unterstellung, er habe einen Batzen Geld abgezweigt, verfolgt. »Man hat meinen Namen benutzt wie Toilettenpapier«, schnaubt er und legt sich im gleichen Atemzug auch für *Skiper* ins Zeug: »Ich bin bestimmt kein Heiliger, aber ich habe 20 Jahre meines Lebens für dieses Projekt gearbeitet und lasse es mir nicht in den Dreck ziehen. Was da zurzeit abläuft, ist einfach unbeschreiblich.« Und dann beschreibt er es doch.

Die Grundidee zu *Skiper* in seiner extravaganten Form kam dem gelernten Betriebswirt auf Mustique, einer zu den Grenadinen gehörenden Privatinsel in der Karibik. Das nur 5,7 Quadratkilometer winzige Atoll gilt seit den Swinging Sixties als der Urlaubstreff der internationalen Schickeria. Damals schenkte Collin Tennant, der Spross einer adeligen Industriellenfamilie aus Schottland – der 1958 die fast unbewohnte Insel aus einer Laune heraus um 45 000 Pfund[30] erstanden hatte –, seiner Freundin, Prinzessin Margaret, ein Stück Land samt dazugehörender Villa zur Hochzeit und löste damit einen wahren Boom aus: Inzwischen beherbergt das schmucke Eiland, das auf Deutsch »Mücke« heißt, Leute wie Mick Jagger, Bill Gates oder den amerikanischen Designer Tommy Hilfiger und ist von der Außenwelt hermetisch abgeschirmt. Gemanagt wird das exklusive Feriendomizil von der Mustique Company, einem Zusammenschluss der hundert Villenbesitzer, der die einzelnen Behau-

---

30   Nach heutigem Wert rund 240 000 Euro.

223

sungen je nach Größe und Ausführung für 10 000 bis 150 000 Dollar pro Woche vermietet – inklusive Butler, Gärtner und Köchin versteht sich.

Oblak, der während seines Studiums 1995 vom amerikanischen Rüstungskonzern Northrop Grumman als Konsulent für Radaranlagen angeworben wurde, verbrachte fast vier Jahre auf dieser Insel, wo er über seine Klagenfurter Interco Handelsagentur GmbH auch ein kleines Haus besaß. Damals gehörte ihm über die kroatische Kemco auch bereits der Großteil des heutigen *Skiper*-Territoriums. Doch als ein Arzt bei ihm Krebs diagnostizierte, verlor der umtriebige Geschäftemacher plötzlich die Lust am Immobiliensammeln, überschrieb alles auf seinen Sohn und sah sich mit ihm nach einem Käufer für die Kemco um. Der war in der CEIT srl, einer Gesellschaft aus dem Badeort Montegrotto bei Padua, auch schnell gefunden, zumal es damals für Italiener – wie übrigens auch für Slowenen – praktisch unmöglich war, in Istrien Grundbesitz zu erwerben. Es war zwar gesetzlich nicht verboten, aber die kroatischen Behörden lehnten wegen der schon historischen Grenzstreitigkeiten mit diesen Ländern jedes Ansuchen konsequent ab, wobei sie ihre Negativbescheide nicht einmal begründen mussten, da ein Rechtsmittel dagegen ohnedies unzulässig war.[31]

Für den Kauf von Firmen galt diese sture Haltung

---

31 Seit der offiziellen Beilegung der Grenzstreitigkeiten Anfang 2007 ist diese Vorgangsweise obsolet.

Sonne, Strand und Steueroasen

nicht. Umso gieriger griff die CEIT nach der Kemco und erwarb für umgerechnet vier Millionen Euro das gesamte *Skiper*-Projekt. Knapp ein Drittel davon bekamen die Oblaks in bar, mit dem Rest blieb die Familie im Grundbuch. Ein Deal, der auch bei der Hypo auf Gegenliebe stieß, da sie ihre Kredite so besser abgesichert glaubte. Allerdings stimmte die Bank dem Handel nur unter der Bedingung zu, dass Oblak, der als einziger mit den Finessen der örtlichen Behörden vertraut war, auch weiterhin als Projektmanager zur Verfügung stand und sein Sohn bei Kemco in der Geschäftsführung blieb, was in der Praxis einer Geiselhaft gleichkam.

Die Italiener spielten trotzdem ihr eigenes Spiel. Denn wie sich später herausstellte, gaben bei der CEIT etliche Lega-Nord-Bonzen als Aktionäre den Ton an: angefangen vom Fraktionschef in der Abgeordnetenkammer, Giancarlo Pagliarini, über Maurizio Ballochi, den Schatzmeister, und Stefano Stefani[32], den Tourismusstaatssekretär, bis hin zur Gattin von Parteichef Umberto Bossi, Manuela Marrone. Aber auch die politischen Partner der Autonomistenpartei, Silvio Berlusconis Forza Italia und die Nationale Allianz von Gianfranco Fini, sollen mit von der Finanzpartie gewesen sein, von der es in-

32   Der Politiker erregte 2003 in Deutschland großes Aufsehen, als er in einem Interview die Deutschen als »einförmige, blonde Supernationalisten« bezeichnete, die alljährlich »lärmend über unsere Strände herfallen«, worauf Bundeskanzler Gerhard Schröder seinen Italienurlaub absagte und Stefani, der selbst 20 Jahre mit einer Deutschen verheiratet gewesen war, zurücktreten musste.

Sonne, Strand und Steueroasen

zwischen heißt, sie hätte *Skiper* nur als Aushängeschild und Füllhorn für die eigenen Parteikassen benutzt. Tatsache ist, dass etwa 200 Investoren über eine Tochtergesellschaft Aktien in Höhe von jeweils 20 000 bis 40 000 Euro gezeichnet haben, im guten Glauben, damit ein eigenes Feriendomizil zu finanzieren, ohne dass dieses Geld jemals seinen Weg nach Savudrija gefunden hätte, geschweige denn ein Name der naiven Aktionäre den seinen ins Grundbuch.[33]

Der Skandal war perfekt, als die vermeintlichen Besitzer eines Tages ihre Anwesen auf *Skiper* besichtigen wollten und im Grundbuch noch immer die Kemco als Eigentümer vorfanden. Da wurde auch die Hypo nervös, zumal die CEIT vom vereinbarten Eigenkapital in Höhe von knapp sechs Millionen Euro bis dahin lediglich eine Million aufgebracht hatte. Warum die Klagenfurter Glücksritter dies erst nach drei Jahren bemerkten, wird wie vieles in diesem Finanzskandal, der auch in Italien hohe Wellen schlug, ein ewiges Rätsel bleiben. Manche vermuten, der damalige Kärntner Landeshauptmann und Mehrheitseigentümer der Bank, Jörg Haider, habe bei den durchtriebenen Machenschaften seiner italienischen Gesinnungsgenossen die rechte Hand im Spiel gehabt. Nur: Beweise dafür gibt es bis dato nicht. Als gesichert gilt lediglich, dass Haider bei seiner Landes-

---

33   Dabei fällt auf, dass nur gezählte 14 Investoren später ihre Forderungen bei Gericht geltend machten, was den Schluss zulässt, dass es sich bei den meisten Zahlungen um Schwarzgeld handelte.

Sonne, Strand und Steueroasen

bank zugunsten der Lega-Nord-Aktionäre interveniert hat, als die Hypo ihre Sicherheiten ziehen wollte und die Italiener auf Herausgabe der Kemco-Anteile verklagte. Geendet hat dieser Rechtsstreit, der 2001 bei den zuständigen Handelsgerichten in Kroatien begann – »wo die Bank schon damals alles verloren hätte«, wie Oblak behauptet – fünf Jahre später in Padua mit einem Vergleich. Dieser sah vor, dass die Hypo die Italiener aus der Haftung entlassen sollte, während die Bossi-Clique im Gegenzug auf ihre eingebrachte Million verzichtete. Sowohl den Vergleich als auch die Gerichtsverlegung hatte Oblaks Anwalt getrickst, der darauf spekuliert hatte, dass die politischen Hintermänner der CEIT kein Interesse daran hätten, in ihrem jeweiligen Wahlkreis monatelang in die Berichterstattung der Medien gezerrt zu werden.

In diesem brandheißen Umfeld geriet auch Oblak gehörig unter Druck: »Mein Sohn und ich bekamen sogar Pistolenkugeln mit der Post geschickt«, berichtet der eingebürgerte Österreicher, der seit 42 Jahren in Klagenfurt lebt. Die mafiose Geste sei auch gerichtlich aktenkundig, wenngleich nicht aufgeklärt, da die auf den Patronen festgestellte DNA nie zugeordnet werden konnte. Heute will der langjährige Steuermann von *Skiper*, der nebenbei auch zwei erfolgreiche Krebsoperationen hinter sich brachte, nicht ausschließen, dass die versteckte Morddrohung sogar aus der Hypo selbst stammt. Jedenfalls sind ihm die Vorgänge in der Klagenfurter VölkermarkterStraße schon lange nicht mehr geheuer. Spätestens seitdem er weiß, dass Kulterer im August

Sonne, Strand und Steueroasen

2006 einen Schnüffler beauftragt hatte, ihn auszuspionieren. Das behauptet zumindest der schillernde Privatdetektiv Dietmar Guggenbichler, der angeblich auch auf Kulterers Vorstandskollegen angesetzt war. Darüber hinaus existiert die Abschrift eines bizarren Telefonats zwischen den beiden, das anscheinend mitgeschnitten wurde. Darin verspricht Guggenbichler, er wolle klären, »ob nun Striedinger oder Oblak die im Raume stehenden Millionen abgeräumt haben«. Dabei würden ihm Freunde beim kroatischen Geheimdienst helfen: »Denn wenn man was flicken will, geht es nur über diese Leute. Oder wir lassen ihn umlegen. Halten Sie sich die Ohren zu; das haben Sie jetzt nicht gehört.«

Kulterer laut Telefonprotokoll alarmiert und realistisch: »Ich glaube eher, dass es so kalkuliert ist, dass mich irgendwann, wenn ich in Kroatien unterwegs bin, ein LKW übersieht.«

Skiper im Sturm

Als der Konflikt zwischen Oblak und der Hypo derart eskalierte, herrschte in Klagenfurt bereits große Nervosität, und die Banker trauten einander offensichtlich nicht mehr über den Weg. Nachdem herausgekommen war, dass das Management versucht hatte, den Verlust von 328 Millionen Euro, welche die Hypo bei einer Devisenwette verspekuliert hatte, an der Bilanz vorbeizuschmuggeln, mussten die Finanzjongleure befürchten, dass auch ihre Kroatien-Geschäfte unter die Lupe genommen würden. Zugleich sah sich der Bankvorstand wegen Bilanzfälschung vor Gericht gestellt, und im Wiener Parlament tagte ein Bankenuntersuchungsausschuss. Kurzum: Es herrschte Ausnahmezustand, und Oblak, der selbst von sich behauptet, keine Freunde, sondern »nur Bekannte und gute Bekannte« zu haben, fand sich immer öfter an die Öffentlichkeit gezerrt: Zuerst kursierte das Ondit, er sei ein hoher Geheimdienstler und mit dem kroatischen Ex-General Vladimir Zagorec in dubiose Waffengeschäfte verwickelt gewesen. Und irgendwann hieß es überhaupt, er stecke mit der gesamten Balkanmafia unter einer Decke. »Ich wurde permanent angepatzt«, schimpft Oblak, »vor allem von einem Klagenfurter Journalisten, dessen Frau bei der Hypo Pressesprecherin war.« Ein Grund mehr für ihn, noch heute Kulterer persönlich in der Gerüchteküche zu vermuten, »denn dadurch hätte er in den Medien zumindest zeitweise von sich ablenken können«.

Stoff zum Würzen gab es freilich genug: Zum einen war Oblak, der mittlerweile sechs Sprachen spricht, stets geheimnisumwittert und dürfte dieses Image auch gepflegt haben. Und zum anderen waren die Balkan-Finanzierungen der Hypo fast immer etwas nebulös. Was nicht nur im konkreten Fall den Durchblick für Außenstehende immens erschwert, sind die meist komplizierten Gesellschaftskonstruktionen. Da sind Geduld und Geografie gefragt, denn die einzelnen Firmennetze, die sich fast immer auch über mehrere Länder erstrecken, sind verworren und kaum zu entflechten: Soweit es *Skiper* betrifft, waren zum Beispiel allein auf

Sonne, Strand und Steueroasen

der Projektseite bis dato zwölf kroatische, drei österreichische, vier liechtensteinische und je zwei italienische und slowenische Gesellschaften involviert. Nach Gesellschaftsformen aufgeschlüsselt wären das 14 Gesellschaften mit beschränkter Haftung, fünf Aktiengesellschaften, zwei Privatstiftungen und zwei Anstalten.

Die Hypo-Gruppe wiederum ist durch acht Konzerntöchter bei dem Projekt vertreten. Konkret durch die österreichische Alpe Adria Immobilien AG, die Hypo Alpe Adria Immobilien Beteiligungs GmbH, die Hypo Alpe Adria Beteiligungs GmbH, die Hypo Alpe Adria Consultants GmbH, die Hypo Alpe Adria Bank AG, die Hypo Alpe Adria Bank International AG sowie die kroatische Hypo Alpe Adria Bank d.d. und die Hypo Alpe Adria Consultants AG aus Liechtenstein.

Alles in allem tauchen somit bei einem virtuellen *Skiper*-Diagramm insgesamt 31 Verzweigungen auf, was das Nachvollziehen einzelner Finanzierungswege oder die Aufklärung eventueller Machenschaften natürlich entsprechend erschwert. Und um die Verwirrung komplett zu machen: Zwei der zwölf kroatischen Projektgesellschaften, nämlich die X-Turist d.o.o. und die Y-Turist d.o.o., die immer im Alleinbesitz der Bank gewesen waren, wurden in den letzten sieben Jahren gleich viermal innerhalb der HGAA herumgereicht. »Es war schon immer eine Lieblingsbeschäftigung von Kulterer, mindestens alle zwei Jahre die Beteiligungsstrukturen in der Bank zu verändern«, erinnert sich dazu der ehemalige Hypo-Manager Harald Rohrer und vermutet dahinter sogar System. Auf diese Weise ließe sich bei Bedarf nicht nur der Informationsfluss zu einzelnen Personen oder Abteilungen bequem unterbrechen, sondern auch ein eventuelles Klumpenrisiko leichter verschleiern. Außerdem sei jeder Eigentümerwechsel auch immer mit einem Aktenumzug verbunden: »Und da kann schon einmal etwas verloren gehen.«

»Aber nicht bei mir!«, wendet Oblak sofort ein und wedelt zum Beweis mit einem Interview, das der Zagreber Staatsanwalt Lazo Pajić anlässlich einer »Fact-finding Mission« des Kärntner Untersuchungsausschuss-Vorsitzenden Rolf Holub im letzten September gegeben hat. Demnach hätten die kroatischen Ermittlungsbehörden im Zuge eines Rechtshilfeersuchens aus Österreich *Skiper* bereits unter die Lupe genommen, aber »nichts Strittiges gefunden«, weshalb Pajić den Österreichern auch rät, woanders zu suchen. »Wenn dahinter eine Straftat steckt«, so der Staatsanwalt laut *Večernji List,* »sind die Angaben darüber in der Hypo-Bank, die alle Dokumente hat.« Doch dort war *Skiper* offensichtlich erst Ende 2006 wirklich ein Thema, als Striedinger bereits Geschichte und Kulterer nur mehr Aufsichtsratvorsitzender war. Zumindest finden sich im sogenannten Datenraum der Bank kaum frühere Dokumente, die sich zu dem Fall wirklich kritisch äußern. Aber auch die später datierten Unterlagen sind in ihrer Aussage eher unverbindlich und lassen den jeweiligen Entscheidungsträgern der Bank genügend Spielraum für gewünschte Interpretationen.

Ein Beispiel dafür ist etwa das Protokoll der letzten Jahressitzung des Aufsichtsrates der Konzernmutter

HBInt. »Zu den Mängeln und Risiken des Projekts gehören fehlende Eigenmittel, nur teilweise rückgeführte Verkaufserlöse sowie Verwertungsrisiken aufgrund der bestehenden Projektkonzeption«, heißt es dort emotionslos angesichts der Tatsache, dass damals die Schieflage von *Skiper* bereits bedrohlich war. Wobei selbst Oblak einräumt, dass die Projektkosten, die ursprünglich mit einem Gesamtvolumen von 170 Millionen Euro veranschlagt waren, nicht zuletzt auch aufgrund der extravaganten Vorstellungen von Kempinski »eine gewisse Eigendynamik bekamen«. Einmal abgesehen von den permanenten Bauverzögerungen, weil die Vegrad, die sich bei der Hotelausschreibung gegen die österreichische Strabag als Generalunternehmer durchgesetzt hatte, ihre Subunternehmer nur schleppend bezahlte. »Was in der oft wochenlangen Stehzeit enorme Zusatzkosten verursachte, weil wir eine lebendige Firma mit bis zu 70 Beschäftigten waren«, wie Oblak vorrechnet. Allein deshalb schon hätte er die Baufirma immer wieder rausschmeißen wollen: »Aber die Wasserköpfe vom Wörthersee wollten sich nicht von ihrem größten Kreditkunden in Slowenien trennen.«

Im Gegenteil: Als Oblak im März 2008 – nachdem die Eröffnung des Hotels erneut um ein Jahr verschoben werden musste – endgültig auf *Skiper* die Segel strich, bestand die Bank sogar darauf, dass er und seine Investoren ihren 75-Prozent-Anteil an die schon damals konkursgefährdete Vegrad abtraten. Den Kaufpreis in Höhe von 15 Millionen Euro finanzierte natürlich die Hypo, weshalb sich seither hartnäckig das Gerücht hält, dass in

Wirklichkeit die Bank als Käufer hinter dem Deal stand, die durch diese Konstruktion lediglich ihre strapazierten Bilanzen schonen wollte.

Doch die Strategie ging gründlich schief, weil nichts mehr funktionierte. Nur sechs Monate später holte die Hypo Oblak wieder zu *Skiper* an Bord und bot ihm einen gut dotierten Managervertrag, der ihm auch erlaubte, den Haupteigentümer Vegrad als Generalunternehmer zu feuern. Als dann infolge der weltweiten Finanzkrise die Immobilienwerte auch in Osteuropa in den Keller rasselten, war trotzdem an einen lukrativen Verkauf der freien Villen und Appartements nicht mehr zu denken. Dessen ungeachtet schlug der damalige Hypo-Vorstand und Kurzzeit-General Franz Pinkl ein Kempinski-Angebot großspurig aus, wonach die Hotelkette bereit gewesen wäre, die Resortanlage, die im August 2009 endlich eröffnet werden konnte, für 180 Millionen Euro zu übernehmen. Angeblich schwebte dem Banker, der schon als Chef der Österreichischen Volksbanken AG keine glückliche Hand gehabt hatte, trotz aller Krisen ein euphorischer Kaufpreis von 250 Millionen vor, was sich noch als schwerer Fehler erweisen könnte. Denn nun, da Schnäppchenjäger auf dem internationalen Immobilienmarkt noch immer voll auf ihre Kosten kommen und die Kärntner Skandalbank, um sich zu konsolidieren, alles zu Geld machen muss, was nicht zum Kerngeschäft gehört, könnte der Verlust deutlich höher ausfallen. So etwa verscherbelte die Hypo als neuer Alleineigentümer von *Skiper* erst kürzlich eine der schönsten Villen, die direkt am Meer gelegen zu den echten Perlen der Anlage gehört, um 1,12 Millionen Euro an einen unbekannten Russen – und das inklusive 23 Prozent Mehrwertsteuer.

Gekostet habe der Bau vor fünf Jahren rund das Doppelte, kapituliert Oblak vor der Inkonsequenz des Hypo-Vorstands, der sich seit 2006, dem Schicksalsjahr der Bank, bereits in der vierten Generation befindet. Allerdings habe er ähnliche Schleuderpreise schon länger vermutet: »Man wollte immer an die Anlage kommen, um sie an bestimmte Personen zu verschenken. Das war ständig in der Luft.«

Die Bank als Hotelier

In der Sitzung geht es um Konzernkredite: Vorstandsdirektor Günter Striedinger berichtet über eine Reise mit Jakob Kuess nach Kroatien. Der Villacher Bauunternehmer möchte im Süden der Stadt Rovinj ein Grundstück kaufen. Es hat eine Top-Lage, direkt an der Küste. Derzeit befindet sich die Liegenschaft im Eigentum des Verteidigungsministeriums; auf dem Grundstück steht eine alte Wehranlage. Sie soll in der Folge in ein Fünf-Sterne-Luxushotel umgebaut werden. Das Verteidigungsministerium ist gerade dabei, diese Immobilie an die Gemeinde weiterzuverkaufen. Dann ist sie nicht mehr im Pool des kroatischen Privatisierungsfonds, aus dem man als ausländischer Privatmann nur schwer etwas herauskaufen kann. Kuess wird die Liegenschaft dann direkt von der Gemeinde erwerben, teilt Striedinger seinen Kollegen mit.[34] Wahrscheinlich hat sich Milan Naperotić, der Konsulent der Hypo und private Geschäftspartner der Bankvorstände Kulterer und Striedinger, ohnedies schon um die Formalitäten gekümmert. Er ist der Mann fürs Grobe, wenn es in Istrien um Immobilien geht. Jedenfalls hat er die nötigen Beziehungen zu den lokalen Politikern. In Kroatien ist er Konsulent für die Bank, privat ist er mit den Hypo-Vorständen Striedinger und Kulterer Miteigentümer der Klagenfurter KNS Projektentwicklungs GmbH. »Der Kaufpreis für die alte Militäranlage wird zwischen 15 und 18 Millionen Euro kosten und vorerst zur Gänze von der Hypo-Bank Klagenfurt finanziert werden«, bereitet Striedinger die Meeting-Teilnehmer auf einen Kreditantrag vor. Das Projekt soll schon in der nächsten Einzel-Kreditausschusssitzung (EKAS) vorgestellt werden. Zusammen mit zwei weiteren Projekten besitze die Bank nun ca. 450 Hektar Grund, direkt an der Westküste Kroatiens in bester Lage. Insgesamt würden sich in den nächsten fünf Jahren daraus Zusatzfinanzierungen von rund zwei Milliarden Euro ergeben, meint Striedinger.

Dann werden noch schnell drei weitere kroatische Tourismusprojekte besprochen: 87 Prozent der Hafenanlage Marina Dalmatia in Sukosan seien für »eine lokale

---

34 Die Vorgehensweise bei dieser »Privatisierung« (Staatseigentum – Gemeindeeigentum – Privateigentum) wird in Istrien Lex Hypo genannt. Sie soll mithilfe von Ivo Sanader und dem früheren Tourismusminister Božidar Kalmeter entwickelt worden sein.

Investorengruppe« vorerst von der Hypo Vrijednostice d.o.o. gekauft worden, heißt es im Sitzungsprotokoll vom 6. Mai 2002. Der Finanzierungsauftrag wird noch erfolgen. Bei den Zagreber Hotels Esplanade und Palace seien die Kaufverträge mit einem Ex-General schon so gut wie unter Dach und Fach. Eine zusätzliche rechtliche Überprüfung seitens der Bank würde sich erübrigen, da die Verträge bereits von einer Rechtsanwaltskanzlei geprüft worden seien. Und dann seien von Herrn Vuk Mrvić, dem heutigen Mitgesellschafter von Striedingers Belgrader Rubicon d.o.o., drei Gesellschaften in Serbien genannt worden, die von der Hypo Consultants übernommen würden.

Das Tempo, mit dem diese Finanzierungen durchgezogen wurden, war typisch für die Zeit: Keine andere Bank investierte in den letzten zehn Jahren mehr in touristische Balkan-Projekte als die HGAA. Ihr Ex-Vorstand Wolfgang Kulterer sah darin wohl das große Geschäft: »Kroatien hat einen Nachholbedarf im Fremdenverkehr von 1,5 Milliarden Euro«, rechnete er damals vor: »Wir wollen mit Großinvestitionen Türöffner für hohe Qualität im kroatischen Tourismus sein.« Und in der Folge wurde ein Projekt nach dem anderen aus dem Boden gestampft: Der GS Hotels & Resorts des gebürtigen Kroaten Goran Štrok, der heute in London lebt, haben die Klagenfurter vier Hotels in Dubrovnik und eines in Rijeka finanziert. Dabei hat die Hypo allein 50 Millionen Euro in das Hotel Palace, einen im Krieg stark beschädigten Kommunistenbau in Dubrovnik, investiert. Die verfallene Ferienanlage Borik und das abgewohnte

Hotel *Punta Scala* in Zadar wurden ebenfalls mit Hypo-Millionen aufgemöbelt. Betreiber und Miteigentümer sind – genauso wie beim *Hoteli Punat* in der gleichnamigen Stadt – kroatische Tochtergesellschaften der Falkensteiner Michaela Tourism Group FMTG. »Wir haben die wenigsten Ausfälle in Kroatien, sie bewegen sich im 0,0-Bereich, weil jedes Engagement mit Real-Sicherheiten unterlegt ist«, gab sich Ex-Vorstand Günter Striedinger 2003 noch vollmundig. Und in einem Sitzungsprotokoll der Konzernsteuerung heißt es: »Die Consultants-Gruppe ist vor allem auch in Zadar und Umgebung sehr aktiv tätig. Hierbei handelt es sich vorwiegend um Erbe-Engagements der Slavonska banka Osijek, die nun (nach mehrjähriger Vorarbeit durch die Hypo-Bank) als sehr lukrativ bezeichnet werden können. Vor allem das Engagement *Borik* wird als absolutes ›asset‹ bezeichnet. Eine zukünftige Wertsteigerung ist garantiert.«

Inzwischen hat sich das Blatt gewendet: Die Štrok-Gruppe ist ein finanzieller Dauerpatient. Und die Südtiroler FMTG will zwar – wie der Geschäftsführer Otmar Michaeler dem *WirtschaftsBlatt* gegenüber versicherte – die Kredite regelmäßig bedienen – trotzdem waren laut PWC-Kreditanalyse bei *Punta Scala* und *Borik* Ende 2009 rund 200 Millionen Euro offen. Ursprünglich sollten die Projekte über den Verkauf der 176 Appartements refinanziert werden; allerdings ist der erwartete Run auf die Ferienwohnungen ausgeblieben. Das Problem dabei: In Kroatien dürfen seit 2004 Wohnungen innerhalb einer Tourismusanlage nicht verkauft, sondern nur langfristig vermietet werden. Ein Gesetz, das die *Rezidencija Skiper* in Savudrija zum Beispiel nicht mehr betrifft. Denn dort hat Miro Oblak rechtzeitig für eine Parzellierung der Anlage und entsprechende Eintragung im Grundbuch gesorgt, womit das Hotel-Resort, das auch von der Ausstattung her höher anzusetzen ist, die weitaus besseren Verkaufschancen hat.

Ungehörte Vorwürfe

Zwei Tage lang knöpfte sich der Sicherheitsbeauftragte der Klagenfurter Hypo, »Oberst« Albert Stangl, ein ehemaliger Stapo-Beamter, einen nach dem anderen vor und legte über jede Unterhaltung ein stichwortartiges Protokoll an. Der erste Absatz ist immer eine Zusammenfassung des Gesamteindrucks: »Gibt sich konstruktiv, aufgeschlossen und gesprächsfreudig. Vielleicht etwas vorsichtig und unsicher«, heißt es über einen Sachbearbeiter aus der Kreditabteilung. Und in Bezug auf einen Aufsichtsrat steht dort: »Ausgezeichnetes Gesprächsklima, das in der Frage mündete, ob ich nicht auch einmal Zeit für ihn bzw. seine Firma hätte.« Doch schon im zweiten Absatz wird die Sache ernst: »Er ist von der ganzen Angelegenheit sehr negativ berührt. Er möchte keinesfalls eine Veränderung im Vorstand der Hypo.«

Die Gespräche fanden Mitte Juni 1999 statt. Anlass war eine Serie anonymer Briefe, die an Teile des Aufsichtsrats, die Finanzmarktaufsicht, den Kärntner Finanzlandesrat Karl Pfeiffenberger und den Sekretär von Jörg Haider, Gerald Mikscha, gingen. In den Briefen,

Sonne, Strand und Steueroasen

die per Fax versandt worden waren, geht es um genau jene Vorwürfe, die heute gerichtsanhängig sind: Korruption, faule Kredite, Schwarzgeld und Geldwäsche. »Der Tudjman-Clan, zu welchem die Herren Kulterer und Striedinger außerordentliche Kontakte haben, plündert Kroatien aus. Die Hypo war auch am Deal jener Bank beteiligt, wodurch der Sohn von Tudjman extrem reich und die Bank insolvent wurde«, heißt es etwa in dem Schreiben an Mikscha. An einer anderen Stelle wiederum wird auf Geldwäsche angespielt: »Es laufen dubioseste Zahlungsströme in Kroatien und Italien, wobei immer der Vorstand involviert ist«, heißt es wörtlich. Und zum Schluss: »Die Kroatien Connections der Hypo sind meines Erachtens nicht nur ein Problem der Hypo, sondern auch ein Problem Kärntens: Wenn ein Teil des Kreditrisikos schlagend wird, trifft dies die Hypo voll und, aufgrund der Haftung, das Land ebenfalls.« Im Sinne Kärntens sollte die Lösung der Probleme ziemlich ruhig ablaufen, empfahl der Anonymus, rät jedoch, nicht die Haus-Kanzlei Confida mit einer Buchprüfung zu beauftragen, »da diese vom Vorstand voll beherrscht wird«.

Hypo-Aufsichtsrat Hans-Dieter Prentner, ebenfalls ein Briefempfänger, sei daraufhin in einen Gewissenskonflikt gekommen, protokollierte Oberst Stangl nach einem Gespräch mit ihm: »Prentner sagte, er habe den Wirtschaftsprüfer ausgesucht. Einerseits wollte er eine große Effizienz bei der Untersuchung, andererseits auch eine Fairness. Er will, dass Dr. Kulterer bleibt.« Außerdem soll er Mikscha folgenden Rat gegeben haben: »Wenn du gescheit bist, vernichtest du den Brief. Er hat

239

Sonne, Strand und Steueroasen

nichts mit Politik zu tun.« Manche behaupten, Prentner habe damit Jörg Haider auf eine Einnahmequelle aufmerksam gemacht. Tatsache ist, dass sein ehemaliger Sekretär tief in die Affäre rund um die angeblichen Haider-Millionen in Liechtenstein verstrickt ist. »Wäre man damals den Vorwürfen in der Bank nachgegangen, gäbe es heute den Hypo-Skandal nicht«, meint dazu ein Ermittler. Doch nach dem Motto »Haltet den Dieb!« machte man sich nicht auf die Suche nach den angeblichen Übeltätern, sondern nach dem anonymen Briefboten. Der hat inzwischen seine Tarnung aufgegeben und im März 2010 sein Wissen auch offiziell in einer Sachverhaltsdarstellung der Staatsanwaltschaft Klagenfurt mitgeteilt.

Spezialservice für Privatkunden

Die Unterlagen und Informationen, die der ehemalige Hypo-Manager Harald Rohrer lieferte, waren zwar unvollständig, passten aber wie Puzzlestücke in das bisherige Ermittlungsbild. Die Erhebungen selbst haben sich im Laufe der letzten zwölf Monate immer mehr nach Liechtenstein zur Hypo-Tochter Alpe Adria Privatbank AG (AAP) verschoben. Ursprünglich hieß sie IPM Bank, war eine kleine Wertpapierbank und gehörte der GRAWE. Die Hypo hat sie 2002 erworben und von Anfang an ihre Pläne damit gehabt: »Da mit Ende des Jahres das Bankgeheimnis in Österreich fällt, könnte diese Bank ›als neues Produkt‹ für Kunden genutzt werden.

Einige unserer Kunden werden das sicherlich zu schätzen wissen«, freute sich Wolfgang Kulterer. Am heimischen Markt sei eine vermehrte Nachfrage von Veranlagungen der »sogenannten Wörthersee-Prominenz« erkennbar. Ein enormes Interesse bestehe für einen Immobilienfonds mit kroatischen Projekten. In der Folge kam die AAP, die dazwischen auch Hypo Alpe-Adria-Bank (Liechtenstein) AG (HBLi) hieß, immer wieder wegen Verstößen gegen das Bankengesetz und die Sorgfaltspflichten – sprich: Geldwäsche – ins Gerede. Die ersten Untersuchungen durch die fürstliche Finanzmarktaufsicht gab es im Herbst 2006. Sie betrafen »Anforderungen an das Risikomanagement hinsichtlich Krediten an kroatische Kreditnehmer« und eine »Kreditkonstruktion im Zusammenhang einer Kapitalerhöhung innerhalb der Gruppe«. Wobei mit letzterem die sogenannte Vorzugsaktien-Affäre gemeint ist, die auch in Österreich die Staatsanwaltschaft beschäftigt.

Konkret ging es dabei um eine Kapitalaufstockung bei der Hypo Alpe-Adria-Leasing Holding AG (HLH) in Höhe von 200 Millionen Euro, die durch die Ausgabe von Vorzugsaktien in zwei Tranchen erfolgte. Die erste Tranche (100 Millionen Euro) wurde im Juli 2004 vollständig von der HBInt gezeichnet und in der Folge an zehn Vorzugsaktionäre weiterverkauft (Vorzugsdividende: 6,25 Prozent). Tatsächlich erhielten dann sieben privilegierte Aktionäre direkte oder indirekte Kredite über die HBLi (Zinsen: 4,5 Prozent), wobei bei allen diesen Aktionären ein Naheverhältnis zur HLH bestand. Der größte dieser sieben Aktionäre, die BC Holding AG, wurde vom Gründungshelfer der HLH, Gerhard Kucher, wenige Tage vor Ausgabe der Vorzugsaktien gegründet. Gleichzeitig wurden von Kenneth Schönpflug – dem Mitstifter der MA Privatstiftung, die seinem Schwager Hermann Gabriel und Gerhard Kucher gehört – in Liechtenstein elf Anstalten gegründet, die jeweils identische Kredite in Höhe von 5,15 Millionen Euro von der HBLi bekamen. Das günstig geliehene Geld wurde anschließend über die Global Group Invest Anstalt an die BC Holding für den Erwerb der Aktien weitergereicht. Als Besicherung diente das einzige Vermögen der BC Holding: die Vorzugsaktien. Der zweite Interessenskreis kam aus dem Umfeld der Vienna Capital Partners (VCP): Hier bekamen die Privatstiftung Annagasse und die Collegia Privatstiftung über die Schweizer Partner Marketing AG bzw. die Wiener AGB Treuhand und Beratungs GmbH von der HBLi Blankokredite zum Erwerb der Vorzugsaktien. Bei der zweiten Tranche ist das System ähnlich gewesen.

Was für die Vorzugsaktionäre aufgrund der Zinsdifferenz ein Supergeschäft war, ist gesetzlich ein Problem: Aufgrund der Kreditfinanzierung innerhalb des Konzerns gilt nämlich die Kapitalaufstockung nicht als Eigenkapital, weshalb es bei der HLH zu einer Kapitalunterschreitung kam, was letztlich auch die FMA auf den Plan rief. Und die Staatsanwaltschaft sieht den Fall noch krasser: Sie sieht einerseits den Zinsvorteil für die Vorzugsaktionäre – ohne dass sie eine wertadäquate Gegenleistung erbracht hätten – als Schaden für die Bank, was im Falle einer strafrechtlichen Verfolgung Untreue wäre:

»Gleichzeitig besteht der Verdacht, dass die Organe der HGAA durch die beschriebene Vorgehensweise das Delikt der Bilanzfälschung begangen haben, indem sie vorsätzlich überhöhte Eigenmittel darstellten.«

Vom Vorzug, ein Vorzugsaktionär zu sein, haben übrigens auch der Seniorchef von Kika/Leiner, Herbert Koch, und die Raiffeisen Bezirksbank Klagenfurt (RBK) profitiert. Ihr mögliches Problem dabei: Koch war zum Zeitpunkt des Aktienerwerbs noch Aufsichtsratsvorsitzender der HBInt, was zumindest unmoralisch, wenn nicht ein Insiderhandel ist. Und der Vorstand der RBK ist der Bruder von Hypo-Vorstand Günter Striedinger.

Liechtensteinspiele

Für den Chef der SoKo Hypo, Bernhard Gaber, und seinen Stellvertreter, Ernst Speiser, ist Liechtenstein inzwischen schon fast ein zweiter Arbeitsplatz geworden. In der Regel zieht es die beiden bei jedem Besuch im Fürstentum zuerst in die Pflugstrasse 7, wo die Gebrüder Gerald und Wilfried Hoop ihrer Arbeit nachgehen. Denn ihre Kanzlei ist die Firmenadresse nahezu aller liechtensteinischen Stiftungen, Anstalten oder Aktiengesellschaften, die in den Klagenfurter Bankenskandal involviert sind. Die beiden sind längst ein eingespieltes Team und ergänzen sich prächtig: Gaber, ein gelernter Gendarm, der nach einer Cobra-Ausbildung – dem österreichischen Pendant zur deutschen GSG 9 – unter anderem auch für den Personenschutz von Bundespräsident Kurt Waldheim und Bundeskanzler Franz Vranitzky zuständig war, gilt in seiner Umgebung als ehrgeizig, zielstrebig und kompetent. Außerdem ist der zweifache Familienvater, der 1993 zur Kärntner Kripo (Betrugs- und Wirtschaftsdelikte) kam und später Ausbildungen an der Sicherheitsakademie des Innenministeriums und der Mitteleuropäischen Polizeiakademie absolvierte, aufgrund seiner zahlreichen internationalen Ausbildungskurse in halb Europa gut vernetzt. Seine angeborene Ungeduld ist ansteckend und hält sein 19-köpfiges Ermittlungsteam permanent auf Trab. Speiser ist eher der ruhende Pol in der Truppe. Er wirkt väterlich, fast bescheiden und wäre sicher auch ein guter Pfarrer geworden. Seine Spezialität ist der Durchblick, eine Eigenschaft, die bei den verwirrenden Firmenkonstruktionen, die den Hypo-Fall beherrschen, ein Segen ist. Im Augenblick hat sich die SoKo vor allem auf drei hauptverdächtige Unternehmensgruppen konzentriert: Auf jenes um den kroatischen Ex-General Vladimir Zagorec, dann auf die »wirtschaftliche Einheit« von Zdenko Zrilić und schließlich auf das Firmenkonglomerat rund um Hermann Gabriel und Gerhard Kucher. Wer diese Organigramme einmal durchschaut, hat höchstwahrscheinlich auch den Überblick, wer noch alles wo dazugehört. Wobei es diesbezüglich den Ermittlern vor allem um die Rollen ehemaliger Hypo-Manager geht. Auf den jeweiligen Hausdurchsuchungsbefehlen oder Rechtshilfeersuchen scheint diesbezüglich vor allem der Name Günter Striedinger immer auf. Die meisten anderen Protagonisten im Skandal laufen unter dem Sammelbegriff »weitere

Verantwortliche der Hypo Group Alpe Adria«. Als Begründung für die meisten Ersuchen oder Befehle steht der Verdacht der Untreue oder des Betrugs.

Eines der letzten Schreiben der Staatsanwaltschaft Klagenfurt, das Liechtenstein betrifft, ist eine Anordnung der Auskunftserteilung über diverse Bankkonten und Bankgeschäfte und betrifft ausschließlich die seit Frühjahr 2009 in Liquidation befindliche Alpe Adria Privatbank. Die Anordnung beruht zum Teil auf Anzeigen der eigenen Mutter HBInt, die keinen Zugriff auf die Daten hat, was daran liegt, dass die österreichische Hypo an der liechtensteinischen Tochter nur mehr 49 Prozent hält. Die Mehrheit wurde Ende 2007 an die AAP Holding AG (AAPH) verkauft, deren Aktionäre sich bisher stets geweigert hatten, angeforderte Unterlagen herauszurücken. Deshalb gibt es auch die wildesten Spekulationen, wer hinter den Verweigerern stehen könnte: Die Gerüchte reichen hier von Zagorec und Kucher/Gabriel über Tilo Berlin und Striedinger/Kulterer bis hin zu den früheren Vorständen der HBLi Markus Müller und Andreas Zogg.

Die Begründung für den Kontoöffnungsantrag könnte alle betreffen: »Der Tatverdacht lautet zusammengefasst, dass die Verantwortlichen der HGAA, darunter vor allem Mag. Günter Striedinger, im bewussten und gewollten Zusammenwirken mit kroatischen, serbischen und slowenischen ›Projektentwicklern‹ die Konzerngesellschaften vorsätzlich am Vermögen schädigten, indem sie vor allem für den Ankauf von Liegenschaften und darauf zu errichtende ›Bauprojekte‹ Finanzierungen gewährten, obwohl sie wussten, dass die Finanzierungsmittel nicht dem Wert der finanzierten Gegenstände entsprachen oder nicht für den Finanzierungszweck verwendet werden: wobei der Schaden der HGAA nach der Aktenlage zumindest dreistellige Millionen-Euro-Beträge ausmacht.«

Abgesehen von den selbst zusammengetragenen Unterlagen wurden der Staatsanwaltschaft Klagenfurt auch durch ein Rechtshilfeansuchen des Fürstlichen Landgerichts in Liechtenstein etliche Gesellschaften, Anstalten und Stiftungen bekannt, hinter denen Vladimir Zagorec vermutet wird »und die zu einem beträchtlichen Teil schon mit kroatischen Finanzierungsfällen verknüpft werden konnten, bei denen konkreter Untreueverdacht besteht. Im Zeitraum von 2003 bis 2007 wurden für 23 solcher Gesellschaften Konten bei der AAP eröffnet, von denen aktuell noch 18 aktiv sind.« Der darauf vorhandenen Gesamtsaldo in Höhe von 16,5 Millionen Euro wurde von den liechtensteinischen Behörden mittlerweile wegen des Verdachts der Geldwäsche allerdings gesperrt.

Die Zadar-Connection

Ein typisches Einzelbeispiel für komplizierte Verwicklungen ist der Fall Zdenko Zrilić. Die HBInt finanziert für den kroatischen Geschäftemacher und angeblichen Ex-Repräsentanten der Hypo in Zadar mehrere Projekte und Unternehmen, bei denen er entweder Miteigentümer oder Geschäftsführer war bzw. in einem Konsulen-

Sonne, Strand und Steueroasen

tenverhältnis stand: Konkret soll das die liechtensteinische Modul Group AG, die Granit Vrkic d.o.o., die KNG Invest und Velox betreffen. Das Gesamtobligo, das Zrilić zugerechnet werden kann, beträgt rund 250 Millionen Euro. Der HDZ-Mann, der in seiner Heimatstadt wegen seines Einflusses auf die Regierungspartei und gewisse Größen der Unterwelt fast schon gefürchtet ist, hält auch 30 Prozent am Hotel-Projekt *Punta Scala* und eine Mehrheit an *Borik*. Die zweifelhafte Geschäftspartnerschaft könnte für FMTG-Geschäftsführer Otmar Michaeler noch zum Problem werden, da sich die Hypo-Ermittlungen damit auch auf die Finanzierung dieser beiden Hotels ausweiten könnten. Laut derzeitigem Ermittlungsstand soll die Vergabe der diesbezüglichen Projektkredite jedoch unverdächtig sein. Der Südtiroler Hotelmanager, den Jörg Haider noch kurz vor seinem Tod mit dem Verdienstabzeichen des Landes Kärnten ausgezeichnet hat und der erst Ende des Vorjahres Präsident der Südtiroler Volksbank wurde, will von den privaten Machenschaften seines Kompagnons nichts wissen. Dieser sei ihm von der Hypo vorgestellt worden, »und das wird ja wohl reichen«. Die Möglichkeit, dass er von Zrilić mit krummen Geschäften hintergangen wurde, schließt Michaeler aus. Er sei für die finanziellen Angelegenheiten selbst zuständig, und die PS Immo in Liechtenstein habe weder mit ihm noch mit Punta Scala was zu tun. »Ich bin weder Opfer noch Teil eines kriminellen Systems«, versichert er.

Ex-Vorstand Günter Striedinger kann das nicht behaupten: Vor zwei Monaten hat sich Zrilić über die

Sonne, Strand und Steueroasen

Tehno d.o.o. an seiner Rubicon Nekretnine d.o.o. beteiligt. Ursprünglich hieß Striedingers kroatische Immobi-
liengesellschaft Templaris. Böse Zungen behaupten, er
habe den Namen nur deshalb geändert, weil die oberste
Liechtensteiner Holding von gleich mehreren umstrittenen Finanzierungsprojekten in Kroatien fast gleich
heißt. Allerdings ist bei der Templarius-Stiftung der
wirtschaftlich Berechtigte Vladimir Zagorec[35]. Zu den
Tochter- und Enkelgesellschaften der Oberholding zählten u. a. die Projektgesellschaften des Hypo-Deals von
Vodnjan, AB Maris und Darija, die Puris Verwaltungs
GmbH und die Schweizer Briefkastenfirmen Mikos und
Noxas – sowie eine Neli d.o.o. in Kroatien: Sie hat mit
Aleksandar Crnković den gleichen Geschäftsführer wie
Striedingers Rubicon. Und auch bei Wolfgang Kulte-
rer lässt sich eine Verbindung zu der ominösen Ermes-
sensstiftung herstellen: Denn sein Geschäftspartner bei
der Villacher WBG Business Service GmbH, Gerhard
Prasser, hielt zehn Prozent an einer Enkeltochter der
Templarius.[36]

35   Siehe Abbildung 15.
36   Siehe Organigramm Seite 278.

Jäger und Gejagte

Der Korruptionshetzer

Er nahm schon als Ministerialrat im Deutschen Bundeskanzleramt kein Blatt vor dem Mund. »Hier ist nicht der
Raum, um über Existenz und Umfang der juristischen
Brillanz des gegenwärtigen Bundesministers des Innern
zu diskutieren«, meinte Wolfgang Hetzer im Januar 2002
in einem Gastbeitrag für das Fachmagazin *Der Kriminalist* über seinen damaligen (1998–2005) Chef Otto Schily.
Trotzdem ging der Referatsleiter für die Aufsicht des
Deutschen Bundesnachrichtendienstes, dessen Thema
eigentlich eine Gesetzesnovelle zur Terrorbekämpfung
war, noch kurz auf die akademische Sozialisation des
SPD-Politikers ein. Hetzer zitierte dabei aus einer Biographie[37], wonach Schily auch nach Einschätzung ehemaliger Kommilitonen in seiner juristischen Ausbil-
dung eher »am unteren Rande seiner Möglichkeiten« geblieben sei. »Diese Befunde sind angesichts der weiteren
beruflichen Entwicklung möglicherweise völlig bedeu-
tungslos geworden«, witzelte er in einem Nebensatz –
und wurde nach Erscheinen des Artikels mit sofortiger
Wirkung vom Dienst suspendiert.

---

37   Reinhold Michels »Otto Schily: Eine Biographie«, Deutsche Verlags-
     Anstalt, 2001.

Jäger und Gejagte

Heute ist Hetzer, der sein Studium der Rechts- und Staatswissenschaften in der Rekordzeit von sieben Semestern absolvierte, Berater des Generaldirektors des Europäischen Amts für Betrugsbekämpfung (OLAF)[38] in Brüssel und dort vor allem für die Korruptionsbekämpfung zuständig. Der Sechzigjährige gilt europaweit als Spezialist für organisierte Kriminalität, trägt sein Herz nach wie vor auf der Zunge und hetzt von einer Vortragseinladung zur anderen. »Meine dienstliche Hierarchie lebt dabei in ständiger Sorge, dass ich gelegentlich eine eigene Meinung habe und sie auch äußere. Diese Sorge ist begründet«, gab Hetzer Mitte Februar 2010 beim Internationalen Forum für Wirtschaftskommunikation zu: »Ich weise deshalb darauf hin, dass ich hier nur persönliche Auffassungen vortrage. Die Europäische Kommission wird dadurch in keiner Weise verpflichtet.« Und dann legte er los:

»Die Finanzindustrie, die Wirtschaft und die Politik sind teilweise eine Domäne der organisierten Kriminalität geworden«, lautet nur eine der Schlussfolgerungen, mit denen der EU-Beamte in seinem Referat über *Organisierte Kriminalität als Wirtschaftsform* die Zuhörer verblüffte. Eine andere Conclusio lautet: »Die Finanzkrise ist keine Krise, sondern das unvermeidliche und vorhersehbare Ergebnis einer systemischen Fehlentwicklung, an deren Beginn persönliches Versagen, professionelle Inkompetenz, politische Nachlässigkeit und kriminelle Energie stehen.«

38   Office Européen de lutte anti-fraude.

250

Dazwischen analysierte der OLAF-Experte nicht nur einzelne Fälle – wie etwa die Affären rund um Siemens, den britischen Rüstungskonzern BAE oder die Hypo Alpe-Adria Bank – sondern ging am Beispiel Griechenland auch auf die Rolle der Regierungen ein. Hetzers Quintessenz dazu: »Die Finanzierungsbedürfnisse staatlicher Parteien, die Machtinteressen von Politikern und die Gewinnorientierung von Unternehmen sind in unheilvoller Weise zusammengewachsen.« Insbesondere die Korruption hätte sich zum verführerischsten und gefährlichsten Leitmotiv der Moderne entwickelt. Sie ermögliche es gerade der organisierten Kriminalität, bei der Durchsetzung ihrer Absichten auf konventionelle Druckmittel wie Waffengewalt zu verzichten und elegantere einzusetzen: »Geld korrumpiert nicht nur. Es räumt auch jeden Weg frei.« Damit schließe sich der Teufelskreis: »Jede Gesellschaft, innerhalb und außerhalb Europas, hat die organisierte Kriminalität, die sie verdient, weil sie an ihr und mit ihr verdient«, schloss Hetzer seinen Vortrag. Spätestens bei diesem Schlusssatz dürfte auch Wolfram Senger-Weiss, ein Spross der Vorarlberger Spedition-Dynastie und aufmerksamer Zuhörer des Referenten, ins Grübeln geraten sein: Immerhin gehörten zwei seiner Familienmitglieder zu jenen privilegierten Investoren, die über Tilo Berlin beim Verkauf der Klagenfurter Hypo an die BayernLB innerhalb kürzester Zeit ein kleines Vermögen verdienten.

Für Europas schärfsten Korruptionsjäger sind »komplexe Finanzgeschäfte wie ein Bankenverkauf oder vertrackte Anlageformen wie Hedgefonds immer auch ein

Nährboden für Wirtschaftskriminalität«. Wenngleich Komplexität an sich noch nichts Verwerfliches sei. »Sie können aber Möglichkeiten schaffen, den Vertragspartner oder Marktteilnehmer zu übervorteilen«, meint Hetzer. Der Meinung ist auch der deutsche Kapitalrechtsexperte Christian Schröder[39]: »Konstruiert und strukturiert man quasi im Reagenzglas Finanzprodukte, mit denen man dem Erwerber oder dem Publikum eine nicht vorhandene Solidität oder eine scheinbar attraktive Rendite vorgaukeln kann«, erklärt der ehemalige Strafrichter und jetzige Professor an der Martin Luther-Universität in Halle-Wittenberg, »dann dient die Komplexität des Produktes eben nur der Verschleierung allfälliger Risken.« Dabei gäbe es immer Möglichkeiten, »den Zuschnitt dieser Produkte so individuell zu gestalten, dass sie auf die Naivität, Unkenntnis oder Gier des jeweiligen Anlegerkreises ausgerichtet sind«. Beunruhigend ist für Schröder, »dass diese Entwicklung den Finanzmarkt letztlich selbst erfasst hat und dass sogar professionelle Marktteilnehmer die Risiken der von ihnen getätigten Geschäfte nicht mehr überblicken«. Deshalb werde die eigene Risikoabschätzung oft durch fremde Risikoeinschätzung – also sogenannte Ratings – ersetzt. Ein Umstand, der wiederum Hetzer schelmisch fragen lässt, »ob und gegebenenfalls nach welchen Kriterien die Rating-Agenturen von kriminellen Vereinigungen oder dreisten

---

39   Christian Schröder: Handbuch Kapitalmarkstrafrecht, Carl Heymanns Verlag.

Versagern und Betrügerorganisationen abzugrenzen sind«.

Nicht weniger provozierend zieht auch der Ex-Chef des Wiener Büros der Vereinten Nationen für Drogen- und Verbrechensbekämpfung UNDOC[40], Antonio Maria Costa, seine Schlussfolgerungen aus der letzten Finanz- krise. »Die Globalisierung hat auf den Finanzmärkten eine Casinokultur mit dramatischen Konsequenzen ent- stehen lassen«, expliziert der UN-Experte. »Dazu zählt auch die transnationale organisierte Kriminalität, die bereits eine gesamtwirtschaftlich relevante und globale Ausdehnung erreicht hat.« Im Mittelpunkt all dessen die pure Korruption:

Regierungen hätten erlaubt, dass das System und seine wichtigsten Vertreter außer Kontrolle gerieten, während Finanziers und Wirtschaftsführer ohne Regeln selbst dann noch eine Bereicherungsorgie veranstalten konn- ten, als das System schon kollabierte. Banker, Fondsma- nager und Vermögensverwalter hätten ihre Dienstleis- tungen und ihre Seelen verkauft, um riesige Summen zu verdienen, wobei die Offshore-Finanzzentren Gelder jeder Herkunft akzeptierten, ohne Fragen zu stellen. Und Armeen von Rechnungsprüfern, Buchhaltern und Rechtsanwälten hätten sich legalen und illegalen Unter- nehmen wie Söldner zur Verfügung gestellt, um schmut- zige Geschäfte zu verstecken oder ihnen den Anschein der Rechtmäßigkeit zu geben.

40   United Nations Office of Drugs and Crime.

»In dieser Unkultur, in der Betrug, illegale Bereicherung und strukturelle Erpressung zum Funktionsmodus angeblicher Leistungseliten geworden sind, liegt der korrupte Kern der Finanzkrise«, pflichtet Hetzer bei: »Das ist ein Befund, der mich selbst überrascht und sprachlos macht.« Der Brüsseler Korruptionsjäger hat dabei mit keinem Wort die Klagenfurter Hypo Alpe Adria erwähnt.

Klagenfurt–München und zurück

»Ich nach Kärnten?«, fragte sich Tilo Berlin, ein Wahlkärntner aus Hannover, bevor er am Karfreitag 2007 seine Frau Filippa das erste Mal mit der Idee konfrontierte, von Hamburg nach Klagenfurt zu übersiedeln. Bis dahin hatten beide diesen Gedanken immer als absurd verdrängt, aber insgeheim doch davon geträumt. »Oft und durch Jahre hinweg hatten wir überlegt, wie schön es wäre, wenn man Sonntagabends nicht mehr wegfahren müsste und im geliebten Land einen Beitrag leisten könnte«, erinnert sich der Investmentbanker mit einem Anflug von Heimatkitsch. Dann habe er noch am gleichen Tag Wolfgang Kulterer die Übernahme des Vorstandsvorsitzes in der HGAA als »Osteropfer« in Aussicht gestellt. Die Hingabe wurde auch dankbar angenommen, wie man heute weiß: Landeshauptmann Jörg Haider, dem es hauptsächlich darum ging, dass der neue Bankchef aus Kärnten kam und nicht aus Bayern, stimmte sofort zu. Der zweite Eigentümer der Bank, die GRAWE, war ebenfalls einverstanden, hätte aber im Auf-

Jäger und Gejagte

sichtsrat mit drei von sieben Sitzen ohnedies nichts zu
entscheiden gehabt. Und Werner Schmidt von der BayernLB konnte den Zweiflern in seinen Reihen vorführen,
wie wohlwollend man als Deutscher in Klagenfurt aufgenommen wird. Aber auch das Opferlamm war zufrieden:
»Den Österreichern galt ich als Kärntner, den Bayern als
einer der Ihren«, freute sich Berlin über seine Bestellung.
Auch den ersten Arbeitstag am 1. Juni 2007 im hyper-
modernen Kontor am Alpe-Adria-Platz 1 wird er nie
vergessen: »Von meinem Schreibtisch aus bot sich nicht
nur ein prachtvoller Blick auf die Bergketten rund um
das Klagenfurter Becken, auch der Ulrichsberg schaute
formatfüllend herein: Ein Büro mit Blick auf meinen
Hausberg – das wäre in meinen kühnsten Träumen
nicht planbar gewesen.« So können nur Sieger empfin-
den: »Mit Aussicht auf Gehalt und Spesen bin ich wieder
ein richtiger Banker, der im Hypo-Jet die Wachstumsmärkte Südosteuropas bereist, in vernünftigen Hotels
verkehrt und einen Dienstwagen von der Bank erhält.«
Vergessen waren die Sorgen der Monate zuvor, als er mit
seinen privaten Reserven am Ende war und nicht einmal
wusste, wie er das Schulgeld für die im Ausland befindlichen Kinder aufbringen sollte. Und als jede Mietzahlung
für das Haus in der Hamburger Schliemannstraße seine
ganze finanztechnische Kreativität erforderte. Kurzum:
»Das zurückliegende Jahr war an Intensität und Tempo
kaum zu überbieten«, notierte er in sein Tagebuch.

Es sei denn, der promovierte Jurist erinnert sich an
seine Zeit nach dem Bundesheer: Damals träumte der
junge Tilo noch von einer Formel-1-Karriere und heuerte

255

beim Renault 5 alpine-Werksteam als Fahrer an, das damals von Helmut Marko, dem heutigen Motorsport-Chef des Weltmeisters Red Bull Racing, gemanagt wurde. Er saß jedoch nur ein einziges Mal in einem Renndress hinter dem Steuer: 1980 beim traditionellen Alpl-Bergrennen im steirischen Krieglach. Und selbst das nur kurz, denn bereits in der dritten Kurve war der Wagen Schrott: Der übermütige Oberleutnant der Reserve hatte am Vortag mit Freunden seine Starterlaubnis mit Wein begossen und musste, um den Schaden bezahlen zu können, fast ein Jahr lang bei der Grazer D & R-Werbeagentur Etiketten auf Streichholzschachteln kleben. Den Job hat ihm Helmut Marko, der, wenn's um Geld geht, keinen Spaß versteht, höchstpersönlich vermittelt. Der Salto vorwärts allerdings, den er am Vorabend mit einem Doppelliter in der Hand seinen Kumpeln mehrmals vorführte, soll bis heute unübertroffen sein. Genauso wie sein einziger ORF-Auftritt als Nachwuchsfahrer in einem Club 2.

Der Bauer als Millionär

Auch als Banker suchte der verhinderte Rennfahrer den Kontakt zu den Medien und setzte dabei auf den deutschen PR-Profi Norbert Essing, den er bereits seit Jahren kannte: »Er beherrscht die Spiele der Medienszene in- und auswendig und ist auch in Deutschland erstklassig vernetzt«, schwärmt Berlin noch heute von ihm. »In seiner norddeutschen Art« habe er »wie die Faust aufs Auge der österreichischen Medienseele« gepasst, weshalb Kulterer mit ihm nie zurechtgekommen sei. Am schwersten habe man es mit den Wiener Medien gehabt. Deshalb habe man sich in Österreich zuerst »über gezielte Hintergrundgespräche« um die Kärntner Journalisten bemüht. Irgendwann habe Berlin dann Kulterer nicht mehr dabei haben wollen: »Seinem Naturell entsprechend bekämpfte er mediale Attacken stets unverzüglich mithilfe seines provinziellen Anwalts, ohne Wesentliches von Unwesentlichem zu unterscheiden.« Inzwischen reagiert er allerdings auf lästige Journalistenfragen genau so empfindlich wie sein Vorgänger: So etwa ist er im Vorjahr gegen mehrere Redakteure in Österreich und Deutschland mit einer Strafanzeige vorgegangen, weil sie im Zuge ihrer Berichterstattung über die Hypo-Affäre aus deutschen Gerichtsakten zitierten. Unter anderem ging es dabei auch um die Namensliste jener Investoren, die beim Verkauf der HGAA an die BayernLB in kürzester Zeit 150 Millionen Euro verdient haben: »Die Mitglieder von Berlins Millionenbande«, wie Ashwien Sankholkar die Investorengruppe im *Format* nennt. Sie wurden nicht zuletzt durch ihn enttarnt, was bei den Betroffenen einen wütenden Aufschrei auslöste: »Wie mit uns umgegangen wird, ist skandalös. Dass österreichische Investoren für den Einstieg bei einer österreichischen Bank kritisiert werden, ist ein starkes Stück«, empörte sich etwa Ex-Mayr-Melnhof-Boss Michael Gröller. In die gleiche Kerbe schlug Herbert Koch, Seniorchef der Einrichtungshäuser Kika/Leiner: »Geldverdienen wird ja wohl noch erlaubt sein. Ich habe das reinste Gewissen, das war ein sauberes Geschäft.« Der frühere Hypo-Aufsichtsratschef ist schon einmal durch einen *Format*-Artikel in ein schlechtes Licht gerückt worden. Konkret, nachdem seine Familie von einer Hypo-Tochter ein 5732 Quadratmeter großes Grundstück samt Villa mit direktem Zugang zum Wörthersee gekauft hat. Sankholkar: »Der Preis soll mit sieben Millionen Euro deutlich unter dem Marktwert gelegen sein.« – »Sämtliche Vorgänge waren korrekt und im Einklang mit allen Gesetzen«, nimmt Tilo Berlin seine Investoren in Schutz. Mehr Einblick in den Deal hat er nie gewährt und hält die Investorenliste nach wie vor unter Verschluss.

Fakt ist, dass bei ihm alle Fäden zusammenliefen: Denn seit er in die alteingesessene Adelsfamilie Goess eingeheiratet hat, ist er mit den oberen Zehntausend in Kärnten ebenso gut vernetzt wie mit der Wörthersee-Schickeria. Und mit seinem Hypo-Deal, den er über seine Berlin & Co. S.a.r.l. eingefädelt hat, gewann der schillernde Investmentbanker in seiner Clique zusätzliche Hochachtung. Immerhin hatten seine Investoren die Genussscheine an der Bank mit einem Basiswert von 2,5 Milliarden Euro erworben. Fünf Monate später lag dem mit der BayernLB vertraglich vereinbarten Kaufpreis ein Bankenwert von 3,2 Milliarden zugrunde. In der Riege der zufriedenen Anleger entdeckte *Format* auch einen Namen, der im Kontext solch geglückter Transaktionen in Österreich einfach nicht fehlen darf: Die Familie von Ex-Finanzminister Karl-Heinz Grasser hatte ebenfalls über eine Schweizer Stiftung namens Ferint 500 000 Euro investiert und kurz darauf

Jäger und Gejagte

783 000 zurückerhalten, was immerhin eine Rendite von 56,6 Prozent ausmacht.

Berlin selbst will an dem Deal nur über die Berlin & Co. beteiligt gewesen sein, wobei er an dem Unternehmen 30 Prozent hält. Schlecht geht es dem dreifachen Familienvater trotzdem nicht: Als Firmenvorstand bezieht er ein jährliches Gehalt von 360 000 Euro. Darüber hinaus besitzt er zwei Wohnungen in Berlin und eine in Hamburg, die nach eigenen Angaben »aus steuerlichen Gründen erworben und vermietet sind«. Der vielzitierte Biobauernhof, die sogenannte »Klockerhube« auf dem Ulrichsberg indes, stammt aus der Familie seiner Frau und ist in ihrem Besitz. Doch eigentlich seien seine Kontakte, von denen er rund 4000 in seinem Computer gespeichert haben will, sein wirkliches Kapital: »Ich lebe davon, Beziehungen aufzubauen, eine anständige Performance zu liefern und in guter Erinnerung zu bleiben.«

Das Geständnis

Trotzdem dauerte es fast ein halbes Jahr, bis sich der Ex-Vorstand der BayernLB, Werner Schmidt, an seine erste Begegnung mit Tilo Berlin im Zusammenhang mit der Hypo Alpe-Adria erinnern konnte. Doch bei seiner zweiten Vernehmung knickte der schwäbische Bankfachmann ein und erzählte den erstaunten Staatsanwälten im Münchner Strafjustizzentrum, was sich damals tatsächlich zugetragen habe an jenen folgenschweren Tagen im Winter 2006, als sich die BayernLB mit der Klagenfurter Skandalbank ein Milliardenfiasko einhandelte, das den Freistaat letztlich 3,7 Milliarden Euro kosten sollte. Bis dahin hatten alle Beteiligten eisern an jener Version festgehalten, mit der auch Wolfgang Kulterer 2007 einen Untersuchungsausschuss des Kärntner Landtags abspeiste: Erstmals, so flunkerte der ehemalige Hypo-Boss damals, hätten die Bayern am 26. März 2007 Interesse an einem Einstieg gezeigt. Selbst in seiner zweiten Vernehmung hielt Schmidt anfangs noch an dieser Version fest. Doch dann wurde der Druck immer größer, und schließlich lenkte er ein: Ja, die Geschichte sei anders gewesen. Es habe alles schon am 14. Dezember 2006 begonnen, als die Absage für die österreichische Gewerkschaftsbank BAWAG gekommen sei. Natürlich habe er sofort Kurt Faltlhauser, den damaligen Finanzmister, den ehemaligen Sparkassenpräsidenten Siegfried Naser und seine Vorstandskollegen informiert. Faltlhauser sei in Bezug auf die BAWAG immer euphorischer als Naser gewesen. Sie hätten gefragt, wie so etwas passieren konnte. Dann seien nacheinander die Anrufe von Kulterer und Berlin gekommen. »Kulterer meinte, ich hätte nun eine bessere Chance als bei der BAWAG. Ich teilte ihm mit, dass ich an einer ›Schachtel‹, also nur an 25 Prozent und einer Aktie, nicht interessiert sei, sondern nur an einer Mehrheit«, erinnert sich Schmidt. Kulterer habe gemeint, dass er das ausloten würde. Und der Anruf von Berlin habe den gleichen Tenor gehabt. Daraufhin habe er den Vorstand über die Anrufe informiert. Alle wären der Meinung gewesen, dass die Option weiterverfolgt werden müsse. Man sei sich auch einig gewesen, dass

Faltlhauser und Naser informiert werden mussten. Vier Tage später hätte Berlin erneut angerufen und gemeint, dass es für einen Glücksfall halte, dass die BayernLB bei der BAWAG nicht zum Zug gekommen sei, weil die HGAA ohnedies die bessere Alternative wäre.

Für den schillernden Investmentbanker war die Sache damit gelaufen. Weder er noch Kulterer haben jemals versucht, mit anderen potenziellen Käufern in Kontakt zu treten. Im Gegenteil: Als Die Erste und die Raiffeisen von dem Deal Wind bekamen und sich in das Bieterverfahren einklinken wollten, reagierte Berlin geradezu geschockt: »Ich höre mit Schrecken«, schrieb er am 18. Mai an den Berater der Kärntner Landesholding, Dietrich Birnbacher, »dass es auf Landesebene Überlegungen gibt, ernsthaft über alternative Käufer nachzudenken. Ich hoffe sehr, dass sich die handelnden Personen der auf dem Tisch liegenden Chance bewusst sind, ebenso wie des Risikos, zwischen allen Stühlen zu landen.« Auch wäre es unklug, dem künftigen Partner in irgendeiner Form den Appetit zu verderben: »Das Fenster des Glücks ist kurz und klein, wenn es nicht erkannt wird, wäre damit zumindest für das Land und die Bank nachhaltiger Schaden unvermeidbar.« Eine Kopie des Briefes erhielten auch Jörg Haider und Werner Schmidt – und zwar »vertraulich«.

Kulterer wäre heute wahrscheinlich froh, wenn eine andere Bank zum Zug gekommen wäre: Schmidts Geständnis über den Geschäftsablauf beim Einstieg der BayernLB in die HGAA brachte nämlich seinen ehemaligen Verhandlungspartner bereits in Bedrängnis.

Jäger und Gejagte

Drei Monate lang war er in Untersuchungshaft. In dieser Zeit hat er sich intensiv auf seinen bevorstehenden Prozess vorbereitet, der für Anfang 2011 angesetzt ist. Mit dem Versprechen, nicht die Flucht zu ergreifen, und gegen eine Kaution in Höhe von 500 000 Euro ist er am 11. November wieder auf freien Fuß gesetzt worden. Jetzt droht ihm die nächste Haftstrafe: Kulterer hatte vor dem Kärntner Untersuchungsausschuss unter Wahrheitspflicht ausgesagt, dass es vor dem 19. Februar 2007 keine Gespräche über eine Beteiligung gegeben habe. Für ihn sei bis Ostern immer fix gewesen, dass man den Börsengang machen werde. Vorher sei für ihn das Thema Anteilserwerb durch die Bayern »vollkommen undenkbar gewesen«. »Die Unrichtigkeit dieser Angaben ergibt sich aus den gegenteiligen Depositionen des Dr. Werner Schmidt im Rahmen seiner Beschuldigtenvernehmung im Ermittlungsverfahren 406 Js 44754/09 der Staatsanwaltschaft München, wonach bereits am 19. Jänner 2007 während eines Mittagessens ... die Möglichkeit einer Mehrheitsbeteiligung durch die Bayerische Landesbank erörtert wurde«, heißt es in der Anklageschrift der Staatsanwaltschaft Klagenfurt vom 2. November 2010, die Kulterer noch in der U-Haft zugestellt wurde.

Mit gleichem Schreiben wird gegen ihn auch wegen Untreueverdacht in zwei Fällen Anklage erhoben. Im ersten geht es um die bereits in den Konkurs gestürzte Regionalfluglinie Styrian Airways AG: Hier soll er sich laut Staatsanwalt Andreas Höbl als Vorstandsvorsitzender der HBInt »gegenüber dem damaligen Landeshauptmann Dr. Jörg Haider über dessen vehementes

Drängen« bereit erklärt haben, der Airline über eine Hypo-Tochter einen Kontokorrentkredit in Höhe von insgesamt zwei Millionen Euro einräumen zu lassen. Und zwar »in Kenntnis der zum damaligen Zeitpunkt schlechten wirtschaftlichen Situation des Flugunternehmens und im Wissen, dass dieses nicht in der Lage sein werde, seinen Rückzahlungsverpflichtungen nachzukommen«. Der zweite Fall ist ähnlich gelagert, nur handelt es sich diesmal beim Kreditnehmer um den umstrittenen Privatdetektiv Dietmar Guggenbichler und eine Kreditsumme von 150 000 Euro. Mitangeklagt sind zwei Hypo-Manager, die die Kredite in Kulterers Auftrag ausgeführt haben sollen. Alle drei halten sich für unschuldig. »Der Kredit wurde von einer Tochterbank vergeben, ich war dort nur Aufsichtsrat«, rechtfertigt sich der Hauptangeklagte: »Ich war nicht der Vergebende, aber ich stehe zu den Entscheidungen, die die HAAB getroffen hat.« Gegen ihn spricht jedenfalls der interne Aktenvermerk eines Mitarbeiters, der den damaligen Vorstand im Zusammenhang mit der Pleite-Airline ausdrücklich auf deren unmögliche Bonität hingewiesen haben will. Kulterer soll darauf nur erklärt haben: Dann müsse man »eben in den sauren Apfel beißen und de facto blanko vergeben«.

»Ich bin ein Bauernopfer«

Die Justiz ermittelt in der Causa Hypo schon seit über einem Jahr. Und das mit erheblichem Aufwand. Allein

Jäger und Gejagte

in Österreich sind mit der CSI-Hypo und der SoKo Hypo gleich zwei Sondereinheiten im Einsatz. Die Verdachtslage ist massiv: Es geht um die leichtfertige Vergabe von ungesicherten Krediten vor allem in Kroatien und Serbien, um Geldwäsche für zum Teil zwielichtige Kunden über Stiftungen in Liechtenstein und um private Bereicherung bei Immobilien- und Wertpapiergeschäften. Das sind nur einige der zahlreichen Vorwürfe, denen die Ermittler nachgehen. Bei bisher rund 60 Sachverhaltsdarstellungen der CSI-Hypo sind in jedem dritten Fall Kulterer und sein ehemaliger Vorstandskollege Günter Striedinger unter den verdächtigen Personen. Der Rest verteilt sich auf bereits über 50 weitere Personen, unter ihnen der Ex-Steuerberater der Hypo, Hermann Gabriel, der frühere Anwalt der Bank, Gerhard Kucher, die ehemaligen Vorstände Gerhard Süss und Josef Kircher sowie die Gebrüder Wilfried und Gerald Hoop aus Liechtenstein. Sie alle standen irgendwann einmal bei der Klagenfurter Skandalbank in Lohn und Brot und müssen im Falle einer Verurteilung auch mit saftigen Zivilklagen rechnen.

Bisher ist nur der Vorwurf der Untreue zur Anklage gekommen. Die inkriminierte Schadenssumme beträgt etwas mehr als zwei Millionen Euro. Viel Geld, aber verglichen mit den anderen im Raum stehenden Summen sind das Peanuts. Trotzdem ist bereits eine heftige Diskussion um den Prozess entbrannt: In seinem ersten Interview nach der Haftentlassung bezeichnete sich Kulterer in der ORF-Spätnachrichtensendung *ZiB2* als Bauernopfer. Das sei zu hinterfragen, meinte in der gleichen Sendung *profil*-Redakteur Michael Nikbakhsh: »Umgekehrt bringt die Justiz Fälle vor Gericht, die in der Dimension vernachlässigbar sind.« Hier werde viel Engagement gezeigt für vergleichsweise wenig Ergebnis. Das müsse sich ändern: »Andererseits ist die Frage zu stellen, was die Justiz in den vergangenen Monaten getan hat.« Für Hedwig Schneid könnte dahinter durchaus Taktik stecken: »Wahrscheinlich versucht man ihn an kleinen Dingen festzumachen, die man ihm auch tatsächlich nachweisen kann«, meint die Wirtschaftsjournalistin der *Presse:* »Ich vermute, dass es sehr, sehr schwierig sein wird, Geldwäsche nachzuweisen. Das Delikt ist kaum fassbar.« Außerdem möge man sich an Al Capone erinnern: Auch er sei wegen einer Nichtigkeit, nämlich Steuerhinterziehung, hinter Gitter gebracht worden. Johannes Zink, Strafrechtsexperte der Grazer Kanzlei Held Berdnik Astner & Partner, die als CSI-Hypo-Hauptquartier fungiert, sieht es ähnlich: »Wenn der gesetzliche Strafrahmen ausgenützt wird, reichen zwei Millionen für ein paar Jahre unbedingter Haft.« Erst unlängst sei ein Grazer Geschäftsmann wegen Betrugs mit einem Schaden von etwas mehr als einer Million zu vier Jahren verdonnert worden. Und der sei geständig und unbescholten gewesen. Außerdem würde man sich – im Gegensatz zum Fall des Ex-BAWAG-Chefs Helmut Elsner – die ewige Debatte wegen einer zu langen U-Haft ersparen.

Und während ein Teil des Volkes in Österreich noch murrt, steht bereits der nächste Vorwurf im Raum: Kulterer soll am 7. Februar 2005 bei der Hypo Liechtenstein in Schaan 3 034 116,68 Euro in bar abgeholt haben. Seither fehlt jede Spur von dem Geld. Die Anweisung für die Barauszahlung hat Günter Striedinger unterzeichnet, der sich nicht daran erinnern können will, während Kulterer die Aushändigung im Geldkoffer bereits zugegeben hat. Allerdings hätte es sich dabei um Kundengeld gehandelt, das über ein Transferkonto der HBInt ausgezahlt worden sei, für das nur Vorstände zeichnungsberechtigt seien. Er habe alles der Staatsanwaltschaft erklärt. Den Kunden könne er jedoch nicht nennen, weil er an das Bankgeheimnis gebunden sei. »Ich wäre wohl der blödeste Bankdirektor dieser Welt«, sagte er dem ORF, »wenn ich mir in der eigenen Bank Geld, das einem Kunden gehört, auszahlen lasse, wofür ich fünf Unterschriften brauche. Das ist wirklich schon Fasching.« Abgesehen davon, dass auf der Auszahlungsanweisung neben der von Striedinger nur noch eine zweite steht, hinkt die Rechtfertigung auch anders: Da er im laufenden Hypo-Strafverfahren von seinem ehemaligen Arbeitgeber selbst angezeigt worden ist, ist er auch automatisch vom Bankgeheimnis entbunden. Was auch seinen Sinn hat, da eine faire Verteidigung sonst nicht möglich wäre.

Alltag in Kärnten

Der Kriminalfall Hypo Alpe-Adria werde mehr als ein Jahrzehnt dauern, vermutet Wolfgang Peschorn, Präsident der Finanzprokuratur, der auch die CSI-Hypo untersteht, in den *Oberösterreichischen Nachrichten*. Gerade deshalb sei er auch für mehrere Teilprozesse: »Denn es gibt nicht nur einen großen Übeltäter, der alles zu verantworten hat«, ersucht er um Verständnis: »Es sind Moleküle, kleine Puzzlesteine, die sich zusammenfügen. Daraus leiten wir die Klagen ab.« Dabei gäbe es Kreditengagements von 150 000 über zwei Millionen bis hin zu 40 Millionen Euro. »Es war ein kriminelles Netzwerk. Mehrere Personen sind planmäßig oder zufällig zusammengekommen, mit einem gemeinsamen Interesse – Geld und Gier.«

»Außerdem ticken die Verjährungsfristen«, sekundiert Guido Held, Chef der CSI-Hypo-Rechtsabteilung: Wir müssen zuerst dort zuschlagen, wo Verjährung droht. Ob zumindest Teile all dieser Außenstände je den Weg zurück nach Klagenfurt fanden, lässt sich im lückenhaften und chaotischen Geschäftsarchiv der Hypo, dem sogenannten Datenraum, vorläufig nur unvollständig ergründen. Es wurde ja ständig umgeschuldet und aufgedoppelt, war ein Kredit notleidend geworden. So blieben die meisten Pleiten und Pannen den Finanzbüchern der Hypo lange Zeit erspart.

In vielen Fällen, sagt Kulterer heute, treffe »die Hauptverantwortung für die Probleme« seinen damaligen Vorstandskollegen Günter Striedinger. Der habe »den Markt zu sehr getrieben«, und erst 2004 habe man sich, »wenn auch widerwillig, auf eine Wachstumsbeschränkung geeinigt«. Zu diesem Zeitpunkt war die Bank allerdings bereits unrettbar in ihrem Fiasko versunken, und nur noch eine Verzweiflungstat schien die Bilanz retten zu können. Doch die flotten Jungs aus Klagenfurt ver-

Jäger und Gejagte

zockten bei gewagten Devisenwetten innerhalb von 14 Tagen weitere 328 Millionen Euro. – Der vorletzte Akt der Tragödie hatte begonnen.

In den vorangegangenen Goldgräberjahren war die scheinbar grenzenlose Expansion unbekümmert vorangetrieben worden. Immer neue Claims wurden abgesteckt, die Millionen flossen auf Teufel komm raus, die Bonität der Kreditnehmer kümmerte niemanden. Den Ruf einer Cowboybank, den die Hypo in der Branche bald genoss, verdankte sie zu einem großen Teil dem Chef der kroatischen Tochterbank, Heinz Truskaller. Er habe den ungestümen Mitarbeiter mehrmals ermahnt, das mafiose Mileu zu meiden – und »dass er sich in gewissen Bars nicht benehmen sollte wie ein ausgeflippter Student«, beteuerte Kulterer bei seiner ersten Einvernahme von der SoKo Hypo, bei der der jetzige Hauptbeschuldigte noch als Zeuge vernommen wurde. Doch stets habe Mentor Günter Striedinger seine Hand über den Raureiter mit den schnellen Krediten gehalten. Nicht einmal, als dessen Assistent mit Wechselreiterei einen Schaden von zwei Millionen Euro verursacht hatte, habe Striedinger in die Zügel gegriffen.

Dass sich das Duo deshalb von Anfang an in den Haaren gelegen hätte, scheint allerdings wenig plausibel: Zweieinhalb Jahre unterhielten die beiden mit der KNS Projektentwicklungs GmbH eine gemeinsame Firma, die erst Ende September 2003 liquidiert wurde. Kulterer sagt heute, die angebliche Quetsche habe lediglich dazu gedient, eine auf den schönen Namen Lady H getaufte Motoryacht zu betreiben. Doch der Gesellschaftsvertrag nannte eindeutig die »Beteiligung an in- und ausländischen Unternehmen und Immobilienprojekten« als Betriebszweck. Dafür spricht auch der mittlere Buchstabe im Namen der Gemeinschaftsfirma. Er steht für Milan Naperotić, den langjährigen Konsulenten der HAAB in Kroatien und laut SOA einen der Hauptbeteiligten am Raubbau des kroatischen Volksvermögens.

»Mich hat man schon oft gefragt, warum ich denn überhaupt noch wohne in Klagenfurt, in Kärnten«, philosophiert der Schriftsteller Josef Winkler in seiner Außenansicht *Alltag in Kärnten*. Dort, wo man für viereinhalb Stunden Fußball, die drei Spiele der Europameisterschaft 2008, ein Stadion mit 30 000 Sitzplätzen bauen ließ, das 70 Millionen Euro gekostet habe, aber seit dem Zweiten Weltkrieg keine Stadtbibliothek besitze. Er halte es dann mit Herbert Achternbusch, der über Bayern gesagt hat: »Diese Gegend hat mich kaputt gemacht, und ich bleibe, bis man ihr das anmerkt.«

Anhang

Zagorec Österreich

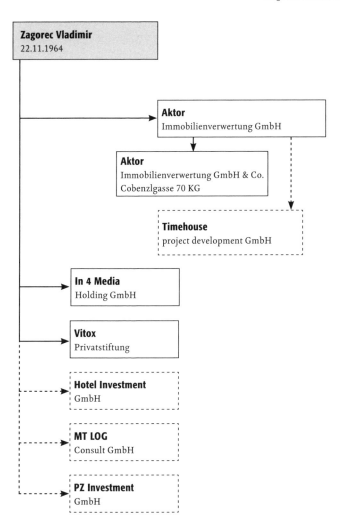

———— aktive Beteiligungen
- - - - - - - ehemalige Beteiligungen

Stand 24. Juni 2010

Zagorec Österreich

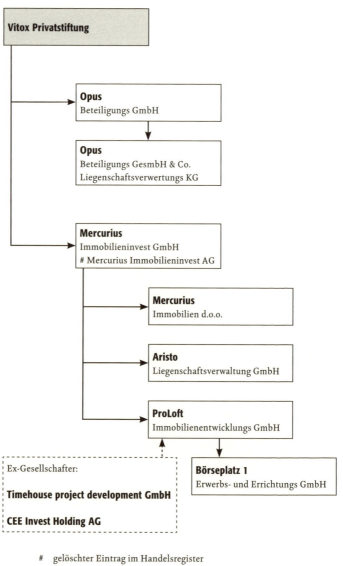

gelöschter Eintrag im Handelsregister
——— aktive Beteiligungen
------- ehemalige Beteiligungen

Zagorec Liechtenstein

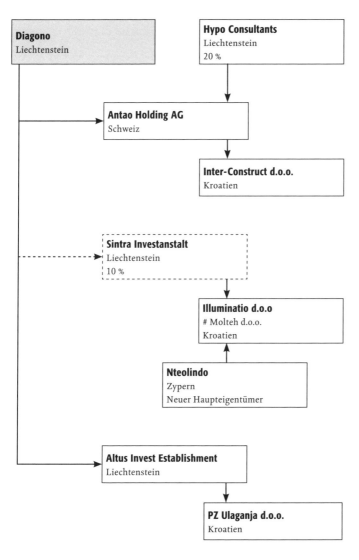

gelöschter Eintrag im Handelsregister
──────── aktive Beteiligungen
-------- ehemalige Beteiligungen

275

Zagorec Liechtenstein

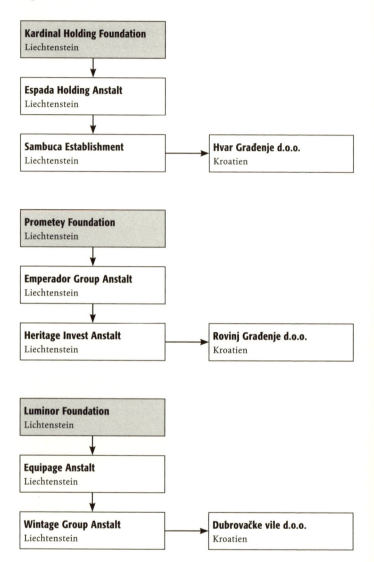

Zagorec Liechtenstein

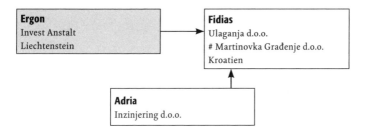

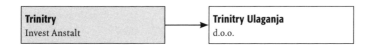

\# gelöschter Eintrag im Handelsregister
───── aktive Beteiligungen
------- ehemalige Beteiligungen

Zagorec Liechtenstein

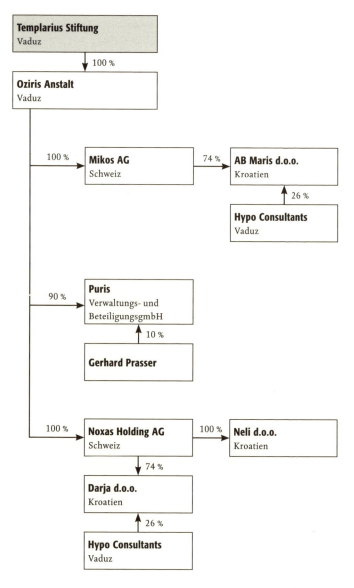

Stand Januar 2006

Geschäftsfall Blok 67

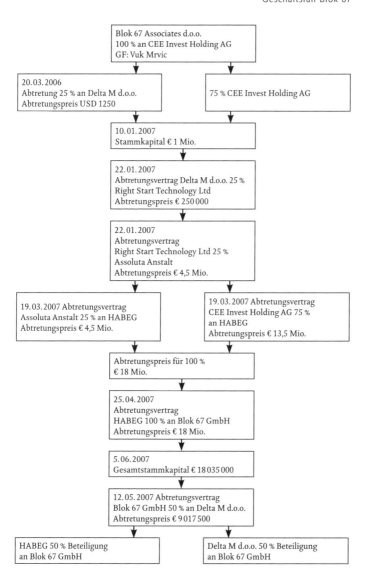

Abkürzungen

AAP	Alpe Adria Privatbank (Hypo Liechtenstein)
AAPH	Alpe Adria Privatbank Holding
BAWAG	Bank für Arbeit und Wirtschaft AG
BayernLB	Bayerische Landesbank
BKS	Bank für Kärnten und Steiermark
BND	Bundesnachrichtendienst
BUWOG	Bauen und Wohnen GmbH
BWG	Bankwesen Gesetz
BZÖ	Bündnis Zukunft Österreich
CA	Creditanstalt
CIA	Central Intelligence Agency (Zentraler Nachrichtendienst = Auslandsnachrichtendienst der Vereinigten Staaten von Amerika)
CK	Centralni Komitet (Central Committee).
CSI	Crime Scene Investigation (Tatort-Ermittlung)
DC	Demokratski Centar
DCRI	Direction centrale du renseignement intérieur (franz. Inlandsgeheimdienst)
DKB	Deutsche Kreditbank
DORH	Državno odvjetništvo Republike Hrvatske (Staatsanwaltschaft der Republik Kroatien))
DST	Direction de la Surveillance du Territoire (franz. Inlandsgeheimdienst)
EPH	Europapress Holding
FMA	Finanzmarktaufsicht
FPÖ	Freiheitliche Partei Österreich
GRAWE	Grazer Wechselseitige Versicherung AG
GvK	Gruppe verbundener Kunden
HAAB	Hypo Alpe-Adria-Bank
HABC	Hypo Alpe-Adria-Bank Kroatien
HABEG	Hypo Alpe-Adria Beteiligungen GmbH
HBA	Hypo Bank Austria

HBC	Hypo Alpe-Adria Bank Kroatien
HBInt	Hypo Alpe-Adria-Bank International AG
HBSE	Hypo Alpe-Adria-Bank Serbien
HCC	Hypo Alpe-Adria Consultants Kroatien
HCH	Hypo Alpe-Adria Consultants Holding
HCLi	Hypo Alpe-Adria Consultants Liechtenstein
HDZ	Hrvatska demokratska zajednica (Kroatische Demokratische Union)
HFP	Hrvatski fond za privatizaciju (Kroatischer Privatisierungsfond)
HGAA	Hypo Group Alpe Adria
HLH	Hypo Alpe-Adria-Leasing Holding
HND	Hrvatski nezavisni demokrati (Kroatische Unabhängige Demokraten)
HNS	Hrvatska narodna stranka (Kroatische Volkspartei)
ICTY	International Criminal Tribunal for the former Yugoslavia (Internationales Kriegstribunal in Den Haag)
IDS	Istarski demokratski sabor (Istrische Demokratische Versammlung)
IKB	Istarska kreditna banka (Istrische Kreditbank)
INA	Industrija nafte agencija (Mineralölindustrie Agentur)
JNA	Jugoslovenska narodna armija (Jugoslawische Volksarmee)
KAS	Kreditausschuss
KOS	Kontraobaveštajna služba (jugoslawischer Auslandsgeheimdienst)
MI6	Military Intelligence, Section 6 (britischer Auslandsgeheimdienst)

Hinweise zur Aussprache

NDH	Nezavisna Država Hrvatska (Unabhängiger Staat Kroatien = kroatischer Vasallenstaat der Achsenmächte im Zweiten Weltkrieg)	SoKo	Sonderkommission
		SPD	Sozialdemokratische Partei Deutschland
OeNB	Österreichische Nationalbank	SPÖ	Sozialdemokratische Partei Österreich
OLAF	Office européen de lutte antifraude (Europäisches Amt für Betrugsbekämpfung)	SPV	Special Purpose Vehicle (=Zweckgesellschaft)
		SWIFT	Society for Worldwide Interbank Financial Telecommunication
OZNA	Organ zaštite naroda armije (Abteilung für Volkschutz = Jugoslawischer Geheimdienst unter Tito)	SZUP	Sluzba za zastitu ustavnog poretka (Kroatischer Verfassungsschutz)
		TDR	Tvornica duhana Rovinj, ein Zigarettenhersteller in Rovinj, Kroatien
PBZ	Privredne banke Zagreb		
POA	Kroatischer Auslandsgeheimdienst	UDBA	Uprava državne bezbednosti (Jugoslawische Geheimpolizei)
RH	Republika Hrvatska (Republik Kroatien)		
SDP	Socijaldemokratska partija (Sozialdemokratische Partei)	UNDOC	United Nations Office on Drugs and Crime
SKJ	Savez komunista Jugoslavije (Bund der Kommunisten Jugoslawiens)	USKOK	Ured za suzbijanje korupcije i organiziranog kriminaliteta (Behörde zur Bekämpfung der Korruption und organisierten Kriminalität)
SOA	Sigurnosno-obavještajnoj agenciji (Kroatischer Inlandsgeheimdienst)		

Hinweise zur Aussprache

Č	tsch wie in Tschüss	S	scharfes S wie Fass, Fuß
C	z wie in Zeit, tz wie in Katze	Š	sch wie Schule
Ć	weiches tsch	R	wird gerollt
Dž	dsch wie in Dschungl	V	w wie Vase
H	immer hinteres »ach«-H	Ž	sch wie Journal
Lj	zusammenhängend wie in Ljubljana	Z	weiches S wie Seife
Nj	zusammenhängend wie Cognac oder Anja	b, d, f, k, l, m, n, p, t werden wie im Deutschen ausgesprochen	

Personenregister

Achternbusch, Herbert 269

Bajić, Mladen 58, 106, 133
Ballochi, Maurizio 225
Bandić, Milan 39
Barbarić, Tereza 111
Barbarić, Terezija 57, 71
Barbie, Klaus 100
Bašić, Dragutin 213
Benner, Stefan Florian 81
Berger, Maria 70, 74
Berlin, Tilo 17 f., 23, 46, 50, 76 f., 79 ff.,
     128 f., 245, 251, 254–261
Berlusconi, Silvio 225
Berneš, Vladimir 190 f., 203
Birnbacher, Dieter 18
Birnbacher, Dietrich 261
Bismarck, Otto von 138
Bosse, Ralf 41
Bossi, Umberto 225, 227
Bucher, Ferdinand 154 f., 157

Canori, Mario 211
Cappiau, James 119
Čermak, Ivan 54, 113, 116
Chirac, Jacques 27, 191
Costa, Antonio Maria 253
Crnković, Aleksandar 248
Cvitan, Dinko 58

Dafermos, Konstantinos 62, 87
Del Ponte, Carla 56
Dielacher, Gabriel 125
Djilas, Milovan 100
Djindjić, Zoran 131 f., 139 ff.
Djukanović, Milan 187
Djukanović, Milo 131 ff.
Djureković, Stjepan 43
Dörhöfer, Andreas 186

Duden, Konrad 139
Duhaček, Antun 44, 46 f.

Elsässer, Jürgen 44, 46
Elsner, Helmut 265
Essing, Norbert 256

Faltlhauser, Kurt 22, 260
Ferrario, Pierre 112
Ferstl, Markus 129, 156
Fini, Gianfranco 225
Förster, Andreas 41

Gaber, Bernhard 15 f., 213, 243
Gabriel, Hermann 63, 68, 96, 125,
     148, 150–153, 158 f., 162, 166–169,
     183, 190, 210 ff., 242, 244 f., 264
Ganzger, Gerald 67
Gates, Bill 223
Genscher, Hans Dietrich 45
Genscher, Hans-Dietrich 26, 45 ff.
Glavaš, Branimir 32
Gotovina, Ante 41 f., 55 f., 71, 83
Granić, Mate 30, 84
Grasser, Karl-Heinz 258
Gregurić, Franjo 127 f.
Grigg, Siegfried 79, 90 f., 219, 221
Gröller, Michael 257
Grubišić, Vinko 137
Guggenbichler, Dietmar 228, 263

Haider, Jörg 16, 18 ff., 23, 31, 35, 37,
     49 ff., 53, 69, 76, 180 f., 183, 210,
     226, 238, 240, 247, 254, 261 f.
Hebrang, Andrija 54
Held, Guido 21 f., 214, 267
Hetzer, Wolfgang 21, 249–252, 254
Höbl, Andreas 262
Hodak, Ivana 104 ff., 111, 123 f.
Hodak, Zvonimir 55, 72, 96

Personenregister

Hombach, Bodo 139f., 148
Hoop, Gerald 92f., 101, 153, 165, 173, 243, 264
Hoop, Wilfried 165f., 173, 243, 264
Horvatinčić, Tomislav »Tomo« 33, 39
Hussein, Saddam 49–52, 122

Izdebski, André 112

Jagger, Mick 223
Jakovčić, Ivan 35, 37, 190f., 193
Janša, Janez 113
Ježić, Robert 126–131
Jocić, Srten 104
Josipović, Ivo 39, 73
Jukić, Ferdinand 107ff.
Jurasinović, Ivan 110, 124

Kalmeta, Božidar 38
Karadžić, Vuk 139
Karamarko, Tomislav 40, 105, 124, 191
Kinkel, Klaus 44, 46
Kircher, Josef 157, 159f., 162, 168, 219, 221, 264
Klasmann, Stephan 146
Klenk, Florian 50
Knežević, Ratko 131f., 142f., 186f.
Koch, Herbert 243, 257
Kogler, Werner 68
Kohl, Helmut 47, 191
Koloini, Franz 50f.
Končar, Danko 178ff., 182
Kosor, Jadranka 59ff.
Krajačić, Ivan 44
Kraus, Karl 86
Kucher, Gerhard 153, 168, 183–186, 190, 197, 199, 209f., 212ff., 242, 244f., 264
Kuess, Jakob 172, 234
Kuharić, Franjo Kardinal 98

Kulterer, Wolfgang 15, 24, 31, 62, 77–80, 120f., 128f., 156f., 160ff., 172f., 183f., 186ff., 192, 194f., 198, 200, 204ff., 208, 213, 219f., 227–231, 235f., 239, 241, 245, 248, 254, 257, 260–268
Kutle, Miroslav 32, 134–138, 141

Lackner, Herbert 153, 188
Lackner, Ingeborg 188
Linić, Slavko 126, 128f.

Mappes-Niediek, Norbert 131, 177
Marinović, Jozo 56
Marko, Helmut 256
Marrone, Manuela 225
Martinz, Josef 18
Matić, Petar 170ff., 174, 176
Meischberger, Walter 50ff.
Melville, Hermann 134, 137
Mesić, Stipe 47, 61, 73ff., 78, 105, 122ff., 131
Michaeler, Otmar 212, 219, 237, 247
Mićunović, Dragoljub 149
Mikscha, Gerald 238f.
Milošević, Slobodan 48, 84, 139, 142, 147f.
Minkulić, Marinko 109
Mintas-Hodak, Ljerka 105f.
Mišković, Miroslav 147f., 159, 161f., 172
Mladić, Ratko 85
Mock, Alois 26
Monsieur, Jacques-Germain 112
Morell, Michael J. 52
Morgl, Thomas 160, 200
Mrvić, Vuk 166f., 236
Müller, Franz 108f.
Müller, Markus 245

Personenregister

Naperotić, Milan 187 f., 190 f., 213, 235, 269
Naser, Siegfried 260 f.
Nazir, Abid 190 f., 197
Neudeck, Detlev 185, 196–199
Nikbakhsh, Michael 50, 265
Nobilo, Anto 178

Oblak, Miro 217–220, 222, 224 f., 227 ff., 231–234, 238
Ostoja, Darko 129 f.

Pagliarini, Giancarlo 225
Pajić, Lazo 28, 68, 70, 81, 137, 231
Palfinger, Hubert 63 ff., 88
Pašalić, Ivić 30 ff., 35, 78, 137, 141
Pavić, Ninoslav »Nino« 33, 101, 136 ff., 141
Pavlević, Ante 98, 100
Pecina, Heinrich 125
Perković, Saša 75 f., 78
Peša, Robert 130
Peschorn, Wolfgang 266
Petrač, Hrvoje 71 ff., 88 f., 103 f., 106, 111, 117 f., 122, 124, 129 ff.
Petritz, Karl-Heinz 50 ff.
Pfeiffenberger, Karl 238
Pinkl, Franz 233
Podbevšek, Joško 42
Polačec, Damir 60
Prager, Lisa 168
Praljak, Slobodan 85
Prasser, Gerhard 184, 248, 278
Prentner, Hans-Dieter 239 f.
Pröll, Josef 20, 174
Pukanić, Ivo 124, 129, 131
Pukanić, Ivo »Puki« 104, 107, 132

Račan, Ivica 58, 126, 136
Radnić, Damir 181
Rech, Elisabeth 70
Redl, Josef 221

Riedl, Joachim 23, 206
Rohatinski, Željko 23
Rohrer, Harald 230, 240
Roither, Hannes 63 ff.
Rothaichner, Josef 69 f., 72
Rummenigge, Karl-Heinz 206

Sanader, Ivo 23, 32 f., 36, 40, 42, 59, 61, 72 f., 104 ff., 124, 126, 128, 130, 136
Sankholkar, Ashwien 257 f.
Šarinić, Hrvoje 27, 57, 83 f., 108 f., 128
Schiller, Ulrich 42 ff., 46, 98
Schily, Otto 249
Schmidt, Werner 17 f., 22, 24, 76 f., 80, 255, 259–262
Schmid, Ulla 50
Schneid, Hedwig 265
Schönpflug, Elisabeth 190
Schönpflug, Kenneth 190, 242
Schröder, Christian 20, 252
Schröder, Gerhard 140
Schuster, Jörg 121
Schwarcz, Georg 62
Senger-Weiss, Wolfram 251
Šiprak, Snježana 56, 71
Sliško, Vjeko 118 f.
Spalić, Stjepan 109
Spasić, Bozidar 43
Speiser, Ernst 243 f.
Stangl, Albert 238 f.
Staudinger, Martin 50
Stefani, Stefano 225
Stepinac, Alojzije 98 ff.
Stoiber, Edmund 22 f., 37
Strasser, Ernst 126
Striedinger, Günter 31, 68, 78, 94, 96, 153–157, 159 f., 167, 183, 186–188, 192–195, 200, 204 f., 208, 210, 213, 218 ff., 228, 231, 234 f., 237, 239, 243 ff., 247, 264, 266 ff.
Štrok, Goran 33, 236
Subotić, Stanko 131 ff.

Personenregister

Sučić, Biljana 56 ff., 111, 121 f.
Šušak, Gojko 27, 54 f., 57, 82 f., 85, 89, 107, 135
Süss, Gerhard 211, 264

Tennant, Collin 223
Tito 47
Tito, Josip Broz 44, 99, 111, 170
Tomulić, Marin 26 f., 54, 110–124
Torberg, Friedrich 25
Truskaller, Karl Heinz 118, 268
Tudjman, Franjo 26 f., 30–33, 35 f., 38, 45, 47, 54 f., 57 f., 73, 75, 78, 82, 84, 89, 98, 103, 105–109, 111, 116, 119 ff., 123, 128, 134 f., 137, 239
Tudjman, Miroslav 47, 54, 104, 239
Turek, Franjo 41 f.

Uthurry-Borde, Jean-Claude 112

Vranitzky, Franz 244
Vucelić, Ivor 106
Vukelić, Branko 59

Waldheim, Kurt 244
Wick, Hans-Georg 46
Winkler, Josef 269
Wolf, Walter 35, 53

Zagorec, Vladimir 27, 34, 53–58, 62–78, 82, 86–97, 100–108, 111, 113, 116 f., 119, 121 f., 124, 130, 159, 175, 229, 244 ff., 248
Zink, Johannes 208 f., 265
Zogg, Andreas 245
Zrilić, Zdenko 211 f., 244, 246 f.
Žufić, Stevo 37 f., 180, 183, 190
Žužul, Miomir 126 f., 130

Joachim Riedl Skandalös Die größten Aufreger der Zweiten Republik

Die österreichische Geschichte liest sich wie eine endlose Reihe spektakulärer Affären, kaum ein prominenter Name oder eine Institution des Staates, die nicht in den Sog eines großen Eklats geraten wären.

Vom Weinskandal zu den Bankenaffären, vom AKH-Skandal zu Udo Proksch und dem Untergang der Lucona, von der Uni-Ferkelei zum Tumult um das Stück »Heldenplatz« von Thomas Bernhard. Joachim Riedl hat die größten Aufreger der Zweiten Republik zu einem Sittenbild der Nachkriegsgeschichte versammelt. Zwischen spannendem Krimi und kuriosen Ereignissen changiert dieses Buch und gewährt tiefe Einblicke in die österreichische Mentalität. Nicht umsonst schrieb Karl Kraus »Für Österreich ist die kürzeste Verbindung zweier Punkte eine krumme Linie.«

Residenz Verlag